中国科技期刊传播力报告（2023）

国际传播能力建设与效能提升专题

中国科协学会服务中心　主编

科 学 出 版 社

北　京

内 容 简 介

《中国科技期刊传播力报告（2023）》以"国际传播能力建设与效能提升"为主题，探讨科技期刊国际传播的宏观环境与传播新挑战；聚焦我国科技期刊国际传播现状，首创国际传播力指数，开展整体传播力和国际传播力的定量统计分析；从个刊和集群两个角度，对比分析国内外科技期刊国际传播经典案例及特征差异；总结我国科技期刊国际传播现存问题，并提出策略与建议，探索符合中国国情的科技期刊国际传播能力建设路径，助力我国科技期刊国际传播效能提升。

图书在版编目（CIP）数据

中国科技期刊传播力报告. 2023 / 中国科协学会服务中心主编. —北京：科学出版社，2024.8. — ISBN 978-7-03-079056-9

Ⅰ.G237.5

中国国家版本馆 CIP 数据核字第 2024W5C238 号

责任编辑：王 治 侯修洲 / 责任校对：孙 青
责任印制：关山飞 / 封面设计：科爱公司

科学出版社 出版
北京东黄城根北街 16 号
邮政编码：100717
http://www.sciencep.com

北京科信印刷有限公司 印刷
科学出版社发行 各地新华书店经销

*

2024 年 8 月第 一 版　　开本：720×1000 1/16
2024 年 8 月第一次印刷　　印张：18 1/4
字数：300 000
定价：198.00 元
(如有印装质量问题，我社负责调换)

《中国科技期刊传播力报告》专家委员会

主　任：　柳斌杰　　原国家新闻出版总署署长
副主任：　郑永飞　　全国政协常委、安徽省政协副主席
　　　　　　　　　　中国科学院院士、中国科学技术大学教授
　　　　　　　　　　《中国科学：地球科学》主编
委　员：　（按姓氏汉语拼音排序）
　　　　　丁　迈　　中国广视索福瑞媒介研究有限责任公司（CSM）
　　　　　　　　　　董事、总经理
　　　　　丁以绣　　中国新闻出版传媒集团编委会主任
　　　　　　　　　　《中国新闻出版广电报》总编辑
　　　　　杜大力　　中宣部"学习强国"学习平台编委、副总经理，
　　　　　　　　　　编审
　　　　　匡文波　　中国人民大学新闻学院教授、博士生导师
　　　　　李　军　　中国期刊协会副会长、世界一流科技期刊建设专
　　　　　　　　　　家委员会委员
　　　　　李广良　　励讯集团政府事务高级总监
　　　　　刘长欣　　同方知网董事长
　　　　　刘建华　　中国新闻出版研究院传媒研究所执行所长、
　　　　　　　　　　研究员
　　　　　刘兴平　　中国科协科学技术创新部部长
　　　　　潘云涛　　中国科学技术信息研究所首席研究员

彭　斌	中国科技出版传媒股份有限公司（科学出版社）总编辑，编审
沈　阳	清华大学新闻与传播学院教授、博士生导师
唐隆华	国家自然科学基金委员会科学传播与成果转化中心副主任
邬书林	中国出版协会理事长
张洪忠	北京师范大学新闻传播学院院长、教授
张铁明	中国高校科技期刊研究会理事长，编审
赵　彦	中国科学报社社长、总编辑
周德进	中国科学院学部工作局正局级巡视员

《中国科技期刊传播力报告》编写委员会

(按姓氏汉语拼音排序)

白雨虹　中国科学院长春光学精密机械与物理研究所
　　　　副总工程师，研究员

柴　钊　科爱公司副总经理，编审

栗延文　机械工业信息研究院副总工程师
　　　　兼《金属加工》杂志社社长，编审

刘培一　科学出版社北京中科期刊出版有限公司副总经理，编审

刘亚东　中国科协学会服务中心主任

楼　伟　中国科协学会服务中心副主任

任胜利　《中国科学》杂志社学术总监，编审

石　磊　清华大学出版社副总编辑，编审

伍军红　《中国学术期刊（光盘版）》电子杂志社文献评价研究中心
　　　　主任，编审

肖　宏　同方知网副总经理、《中国学术期刊（光盘版）》电子杂志社
　　　　有限公司总编辑，编审

张　昕　中国高校科技期刊研究会副理事长兼秘书长，副编审

前　　言

2023年10月，习近平总书记对宣传思想文化工作作出重要指示，强调"着力提升新闻舆论传播力引导力影响力公信力，着力赓续中华文脉、推动中华优秀传统文化创造性转化和创新性发展，着力推动文化事业和文化产业繁荣发展，着力加强国际传播能力建设、促进文明交流互鉴"。全国宣传思想文化工作会议传达了习近平总书记的重要指示，并首次提出了习近平文化思想，会议强调"加强和改进对外宣传工作，增强中华文明传播力影响力"。

科技期刊作为学术交流和科学文化传播的重要载体与信息枢纽，理应在构建和传播中国特色的学科体系、学术体系、话语体系中发挥作用，通过加强国际传播能力建设，促进中外科技交流互鉴，提升我国科技成果在世界范围内的传播力和影响力，为科技强国建设提供重要支撑。

为了推动世界一流科技期刊和世界一流学会建设、促进科技创新能力提升、服务科技经济融合发展，根据中国科学技术协会总体部署，2022年中国科协学会服务中心首次设立"编制《中国科技期刊传播力报告》"课题（以下简称《报告》）。其总体目标和定位是通过第三方视角、第一手数据、第一线案例，在学术影响力之外开辟一套具有新时代中国特色的科技期刊发展评估体系，对我国科技期刊的传播情况进行定量统计，对国内外优秀科技期刊的传播典型案例进行深入剖析，对科技期刊传播的问题与不足进行总结，为我国科技期刊传播能力建设和传播效能提升提供参考数据、实践经验和对策建议。

按照规划，《报告》第一年为科技期刊传播力综合报道，后续每年报告由科技期刊传播力定量统计结果和年度专题构成，以呈现中国科技期刊传播最新进展。作为首部从传播力角度系统反映我国科技期刊发展现状的研究报告，2022版《报告》基于传播学"5W"模型提出了一套全新的科技期刊传播力指标体系，首次设计了科技期刊传播力指数,实现了对我国 4300 余种科技期刊传播能力的定量统计;集中呈现了一批积极拥抱先进出版传播模式、产生良好传播效果的国内外一流科技期刊典型案例,为我国科技期刊在刊网融合时代提高内容建设水平、提升传播效果提供了理论依据与实证数据。2022 版《报告》已于 2023 年 7 月由科学出版社正式出版。

在此基础上,2023 版《报告》聚焦"国际传播能力建设与效能提升"主题,从国际视角来研究和探索科技期刊国际传播现状和发展方向,挖掘和梳理科技期刊高效传播的路径,为我国科技期刊的国际传播能力建设与效能提升提供数据支持和经验指导。在章节框架设计上,秉承定量和定性相结合、宏观和微观并行、问题和策略兼备的理念,以服务我国科技期刊国际传播实践深化为目标。

第一章"科技期刊传播力指数构建与计量分析",延续并优化了 2022 版《报告》所设计的科技期刊传播力指标体系,并首次构建了科技期刊国际传播力指标体系,研制国际传播力指数。基于以上两大指标体系,采集我国科技期刊全球传播相关数据,分类统计了 2022 年我国 4438 种科技期刊的传播力和国际传播力情况,并对各出版单位和各地区科技期刊的整体传播水平和国际传播水平进行了对比分析。从计量结果来看,《报告》统计的 4438 种科技期刊 2022 年发表科技论文 105.17 万篇,发文作者达到 324.10 万人(国际作者 3.99 万人),覆盖发文机构 70.83 万个(国际机构 2.34 万个),编委人数 17.61 万人(国际编委人数 5259 人);国内外总下载/使用频次为 3.22 亿次;国内外总被引频次为 1224.07 万次;纸本发行量 7040.03 万册;在国内各类新媒体渠道推文 40.10 万篇,总关注人数达到了 4591.95 万人次,总阅读量为 3.32 亿次,总点赞量为 165.37 万次,总转发量为 85.54 万次;被国外各类新闻媒体、社交平台提及超过 10.25 万次。

第二章"科技期刊国际传播环境和传播新趋势",调研了英国、美国、欧盟、中国、日本等主要国家和地区近年来如何通过科研合作与科研成果推广、成果平台构建及标准化发展、新型科研评价方式探索、出版环境治理等方式促进学术成果的国际传播;简要介绍了包括数字出版平台、检索平台、社交网络平台、传播服务工具、科技新闻平台在内的当前国际学术交流与传播主要渠道;探讨了技术驱动下的全球科技期刊传播新趋势，以及新技术给科技期刊传播带来的新挑战与新机遇等问题。

第三章"国内外科技期刊国际传播典型案例对比分析"，采用文献资料收集、实地拜访等方式，选取了 13 个在国际出版传播、国际作者与读者服务、国际社交媒体建设等方面表现杰出的国内外科技期刊及科技期刊集群作为国际传播典型案例进行深入剖析。从科技期刊个刊角度，选取 elife、PNAS、Le Nouveau Praticien Vétérinaire 作为国际期刊代表，Light: Science & Applications、Horticulture Research、《中国中药杂志》为国内期刊代表；从科技期刊集团/集群角度，选取 BMJ、牛津大学出版社、IET 为国际科技期刊出版商代表，《中华医学杂志》社、《中国科学》杂志社、清华大学出版社、高等教育出版社为国内科技期刊集群代表。最后归纳对比了国内外科技期刊的国际传播特征差异。

第四章"科技期刊国际传播问题与国际传播效能提升策略"，面向海外科技领域研究人员和科技期刊受众进行调研，根据收回的 1352 份问卷研究和分析影响科技期刊国际传播的主要因素，结合前面三章提出了国际传播效能提升的若干策略。

《报告》以国内外知名数据库和第一手官方数据、直接采集的国内外新媒体数据及第一手案例资料为分析基础，严格遵循数据统计结果与科技期刊传播事实。数据来源包括 2022 年及 2023 年全国期刊核验数据，中国知网《中国知识资源总库》数据，万方平台的期刊下载数据，中华医学期刊全文数据库的期刊下载数据，科睿唯安 Web of Science（WoS）平台的国际引用、使用数据，Worldcat 平台的国际图书馆馆藏数据等，微信公众号、新浪微博、知乎、抖音、快手、哔哩哔哩、今日头条、"学习强国"、Altmetric 等平台上的海内外网络传播数据，以及科学网、优睿科等科技新闻网站所获取的科技新闻转化数据等。

为确保《报告》编制质量，课题组从 3 个层面设计了编制组织架构：一是以柳斌杰为主任的专家委员会，宏观把握研究方向、定位等学术要点；二是编写委员会，负责审定书稿并指导编写；三是以肖宏为组长的编写组，在专家委员会、编写委员会众多专家学者的支持下开展具体研制编写工作。

《报告》编写组成员来自中国知网、中国科协学会服务中心、中国科学院文献情报中心、北京师范大学新闻传播学院、中国高校科技期刊研究会、清华大学出版社、《陆军军医大学学报》编辑部、中国药科大学《中国天然药物》编辑部、清华大学新闻与传播学院等单位。

编写组秉承公正客观的原则，实事求是地收集数据、查找文献、剖析问题、总结规律，力求数据准确、重点突出、论据可靠、表达规范，系统呈现中国科技期刊传播现状与规律。研究编制过程中，由于涉及的数据量庞大，且统计来源、数据选取、统计时段各有不同，部分期刊的指标数据存在一定缺失，使得统计结果难免存在一定误差及疏漏之处，不尽完善，期待广大读者不吝赐教、批评指正。

中国科协学会服务中心

2023 年 12 月

目　　录

前言 i
第一章　科技期刊传播力指数构建与计量分析 1
　第一节　科技期刊传播力指标体系及指数构建 5
　　一、数据来源与标准 5
　　二、科技期刊传播力指标设计 6
　　三、科技期刊传播力数据概览 13
　第一节　科技期刊传播力计量分析 23
　　一、科技期刊传播力指数计算方法 23
　　二、传播力 TOP 科技期刊数据分析 27
　　三、各出版单位期刊传播力分析 69
　　四、各区域期刊传播力分析 82
　第三节　科技期刊国际传播力指标体系及指数构建 91
　　一、数据来源与标准 91
　　二、科技期刊国际传播力指标设计 91
　　三、科技期刊国际传播力数据概览 96
　第四节　科技期刊国际传播力计量分析 103
　　一、科技期刊国际传播力指数计算方法 103
　　二、国际传播力 TOP 科技期刊数据分析 104
　　三、各出版单位期刊国际传播力分析 119
　　四、各区域期刊国际传播力分析 131
第二章　科技期刊国际传播环境和传播新趋势 140
　第一节　科技期刊国际传播环境概述 141

一、推动科研合作共享，促进成果开放传播 142

二、建设开放基础设施，丰富成果传播渠道 146

三、关注期刊公共传播，引入网络传播指标 147

四、识别开放出版风险，维护良好传播环境 149

第二节 科技期刊国际学术交流与传播渠道 150

一、数字出版平台为传播主渠道 150

二、各类检索平台为传播引流 152

三、网络社交平台为传播交流重要平台 154

四、科学新闻平台为传播辅通道 159

五、多元辅助工具/平台为传播助推器 159

第三节 技术驱动下的全球科技期刊传播新趋势 162

一、人工智能大模型崛起变革千行百业 164

二、大模型带来新的知识传播和服务模式 166

三、科研范式变革提出新的传播发展需求 168

四、机器生成内容提出新的出版传播课题 170

五、技术重大进步赋予传播产业发展新机遇 172

参考文献 175

第三章 国内外科技期刊国际传播典型案例对比分析 181

第一节 国际期刊传播典型案例 185

一、建设数字化平台，开辟多元化传播渠道 185

二、开放获取（OA）出版助力传播，增强内容可及性 187

三、优化审稿流程，快速出版高效传播 188

四、组建高质量办刊团队，提升期刊传播过程的学术声誉 188

第二节 国内个刊国际传播典型案例 189

一、精选传播内容，推动成果传播 190

二、打造传播矩阵，加速成果传播 191

三、中文刊加强与国内外机构合作，开展多种模式国际化传播 195

第三节　国际出版机构国际传播典型案例 196
　一、积极开拓海外市场，助力海外传播 197
　二、提供多元产品与服务，丰富传播内容 198
　三、依托机构资源规模化发展，形成品牌效应 200
　四、积极推行开放获取政策，提高传播可见度 201
　五、灵活运用社交媒体 202

第四节　国内科技期刊集群国际传播典型案例 202
　一、找准定位，以刊群整体目标导向打造国际传播阵营 203
　二、造船出海，以自主出版平台建设推动国际传播发展 204
　三、聚集资源，以多元渠道协同运作提升国际传播效能 210
　四、探索创新，以推陈企业管理机制奠定国际传播根基 213

第五节　国内外科技期刊国际传播特征的对比分析 216
　一、构建全球化、立体化、多元化传播网络方面 216
　二、精准市场宣传方面 220
　三、内容新闻化和科普化传播方面 222
　四、国际传播人才方面 223

参考文献 225

第四章　科技期刊国际传播问题与国际传播效能提升策略 228

第一节　科技期刊国际传播受众影响因素研究 229
　一、受众调研问卷概况 229
　二、问卷分析与初步结论 234

第二节　科技期刊国际传播问题分析 236
　一、对国际化办刊重视不够，经验不足 236
　二、面向国际的刊物内容质量需要提升 237
　三、国际传播形式单调保守缺乏创新 238
　四、国际传播人才队伍力量薄弱 239
　五、国际科研生态融入需增强 240

第三节 科技期刊国际传播效能提升策略建议 241
    一、深化认识，明确国际化办刊定位 241
    二、内容为王，推动科技期刊质量建设 242
    三、多元赋能，提升科技期刊传播能力 244
    四、技术革新，发现国际传播新动能 247
    五、多措并举，加强科技期刊运营水平 249

参考文献 250

附 录 252
    附录1 传播力TOP中文理学学术期刊名单 252
    附录2 传播力TOP中文农学学术期刊名单 254
    附录3 传播力TOP中文医学学术期刊名单 255
    附录4 传播力TOP中文工程技术期刊名单 259
    附录5 传播力TOP英文学术期刊名单 265
    附录6 国际传播力TOP英文学术期刊名单 267
    附录7 国际传播力TOP中文学术期刊名单 275

第一章 科技期刊传播力指数构建与计量分析[①]

《中国科技期刊传播力报告（2022）》首次设计了科技期刊传播力指数，从传播者、传播内容、传播渠道、受众和传播效果五个维度综合评估了我国科技期刊的传播力，以国内外知名数据库和基于官方数据、直接采集的新媒体数据及一手案例资料等为分析基础，严格遵循数据统计结果与科技期刊传播事实，揭示了不同出版单位、出版地区的科技期刊传播实况与差异。本章在2022年报告的基础上，一方面延续并优化科技期刊传播力指标体系，统计分析了我国4438种科技期刊2022年度的传播力；另一方面，本章首次研制了科技期刊国际传播力指标体系与国际传播力指数，实现了对我国科技期刊国际传播力的定量评估。此外，本章还对各出版单位和各区域科技期刊的传播水平进行了对比分析。

本章数据包括全国期刊核验数据、国内主要科技期刊数字出版平台、科睿唯安旗下数据库、Altmetric数据库、国内外网络新媒体平台和科技新闻网站等在内的科技期刊全球传播相关数据。

一、2022年科技期刊传播规模概览

从统计结果来看，参与传播力指数计算的4438种学术类科技期刊在2022年发表科技论文105.17万篇，发文作者达到324.10万人（其中国际作者3.99万人），覆盖发文机构70.83万个（其中国际机构2.34万个），编委人数17.61万人（其中国际编委人数5259人）；国内外总下载/使用频次为3.22亿次；国内外总被引频次为1224.07万次；纸本发行量7040.03

[①] 第一章执笔：张洪忠、伍军红、刘荣、汤丽云、赵聪聪。

万册；在国内各类新媒体渠道推文40.10万篇，总关注人数达到了4591.95万人次，总阅读量为3.32亿次，总点赞量为165.37万次，总转发量为85.54万次；被国外各类新闻媒体、社交平台提及超过10.25万次。

二、科技期刊传播力数据分析

科技期刊传播力是指科技期刊综合运用各种传播策略、方法、技术和渠道，实现知识信息在专业领域或大众领域的快速精准传播、广泛覆盖并产生影响，以达到良好的传播效果、实现自身价值的能力和效力。

本章第一节和第二节根据所属学科、语种、发文类型等，将科技期刊划分为英文学术期刊、中文理学学术期刊、中文工程技术期刊、中文农学学术期刊、中文医学学术期刊五大类型，计算科技期刊传播力指数并进行各维度指标数据的对比分析。

（1）从传播者维度来看，中文医学学术期刊的刊均作者总人数（1070.49位）、刊均作者所属机构数量（227.70个）和刊均编委人数（108.02位）最多，如《中国中药杂志》的作者总人数达到3886位，作者所属机构数量为465个，编委人数146位。英文学术期刊的高被引作者占比（3.45%）最高，如《信息材料（英文）》高被引作者占比达到17.80%。中文理学学术期刊的高被引机构占比（50.14%）和高级职称编辑占比（60.58%）最高，如《系统管理学报》的高被引机构占比达到87.88%，《地理研究》《水科学进展》等刊的高级职称编辑占比均为100%。

（2）从传播内容维度来看，中文医学学术期刊的传播内容规模最大，刊均文章总量为336.69篇。英文学术期刊的传播内容在质量方面表现突出，刊均国家级基金论文比为52.46%，如《中国化学快报（英文版）》达到88.58%；刊均高PCSI论文比为2.77%，刊均近3年高使用论文比为2.15%，如《纳微快报（英文）》的高PCSI论文比为16.86%、高使用论文比达到18.35%。

（3）从传播渠道维度来看，英文学术期刊被国内外索引型数据库收录数量较多，每本刊平均被4.86个数据库收录，如《工程（英文）》《国家科学评论（英文）》《中国机械工程学报（英文版）》等刊均被8个数据库收录。在全文发行传播渠道和新媒体渠道数量方面，各类期刊差异较小。中文工程技术期刊的新媒体渠道发文较活跃，每本刊2022年平均发表新媒体渠道文章209.02篇，如《城市公共交通》达到3589篇。

（4）从受众维度来看，中文医学学术期刊的受众规模最大，刊均国内外使用总频次达到114 408次；刊均新媒体渠道关注人数为21 318人。

（5）从传播效果维度来看，中文工程技术期刊2022年刊均纸本发行量最大，为20 794.27册；中文医学学术期刊新媒体渠道传播效果较好，发表的新媒体文章的阅读、点赞和转发量均较高。英文学术期刊刊均国内外被引频次最高，为3890.75次，如《纳米研究（英文版）》国内外总被引频次高达44 375次。

（6）从各类出版单位科技期刊的传播情况来看，两家大型出版单位中，《中华医学杂志》社有限责任公司146种期刊的传播力指数均值为18.23，传播力TOP期刊有9种；中国科技出版传媒股份有限公司124种期刊传播力指数均值为23.60，传播力TOP期刊有35种。8家中型出版单位中，中华医学电子音像出版社有限责任公司参与传播力指数计算的期刊最多，为38种；《中国科学》杂志社有限责任公司科技期刊的传播力指数均值最高，为32.08，传播力TOP期刊数量也最多，为11种。44家小型出版单位中，《中国激光》杂志社有限公司传播力TOP期刊最多，有6种。

（7）从各区域科技期刊的传播情况来看，北京市、上海市和江苏省的期刊数量规模较大，重庆市传播力TOP期刊占比最高，达到17.39%。

三、科技期刊国际传播力数据分析

科技期刊国际传播力是指科技期刊运用各种传播策略、方法、技术和渠道，将期刊本身及其刊载的知识资源在国际范围内进行传播，并产生影响，体现科技期刊的国际化水平以及国际传播能力。对此，本章从国际传播者、国际传播内容、国际传播渠道、国际受众和国际传播效果5个维度来设计科技期刊国际传播指标体系。

本章第三节和第四节根据期刊语种，将科技期刊划分为英文学术期刊、中文学术期刊两大类型，分别计算科技期刊国际传播力指数并对国际传播数据进行对比分析。

（1）从各项评价指标数据来看，除发文规模小于中文学术期刊外，英文学术期刊在国际影响力方面的表现明显优于中文学术期刊。

（2）英文学术期刊中，《镁合金学报（英文）》的国际传播者指数最高，国际作者总人数为408位，国际作者所属机构数量为212个，国际高被引作者占比为1.53%，国际高被引机构占比为5.19%，国际编委人数68位；《纳米研究（英文版）》的国际传播内容指数最高，文章总量为1469篇，近3年高使用论文比为3.63%；《力学学报（英文版）》的国际传播渠道指数最高，被4种国际索引型数据库收录，被264个国际图书馆馆藏；《纳米研究（英文版）》的国际受众指数和国际传播效果指数最高，国际总使用频次为37 909次，国际总被引频次为32 720次，57篇论文转化为国际科技新闻，被国际新闻及政策文件提及360次，被国际社交媒体渠道提及1417次。

（3）中文学术期刊中，《科学通报》的国际传播者指数最高，国际作者人数为19位，国际作者所属机构数为15个，国际编委人数为18位；《中华中医药杂志》的国际传播内容指数最高，文章总量为1704篇，近3年高使用论文比为1.09%，采用双语出版；《煤炭科学技术》的国际传播渠道指数最高，被3种国际索引型数据库收录，被198个国际图书馆馆藏；《激光与光电子学进展》的国际受众指数最高，国际总使用频次为7897次；《生态学报》的国际传播效果指数最高，国际总被引频次为10 170次。

（4）从各类出版单位科技期刊的国际传播情况来看，2家大型出版单位中，《中华医学杂志》社有限责任公司146种期刊的国际传播力指数均值为10.35，国际传播力TOP期刊有9种；中国科技出版传媒股份有限公司124种期刊国际传播力指数均值为17.36，国际传播力TOP期刊有35种。8家中型出版单位中，中华医学电子音像出版社有限责任公司参与国际传播力指数计算的期刊最多，为38种；《中国科学》杂志社有限责任公司科技期刊的国际传播力指数均值最高，为22.61；高等教育出版社有限公司的国际传播力TOP期刊数量最多，为10种。44家小型出版单位中，《中国激光》杂志社有限公司的国际传播力TOP期刊最多，有7种。

（5）从各区域科技期刊的国际传播情况来看，北京市、上海市的国际传播力TOP期刊占比较高。

第一节　科技期刊传播力指标体系及指数构建

一、数据来源与标准

数据主要来源：2022年及2023年全国期刊核验数据、国家新闻出版署期刊和电子出版物数据、中国知网、万方数据知识服务平台、中华医学期刊全文数据库、科睿唯安旗下数据库（包含Web of Science数据库、Essential Science Indicators数据库和InCites数据库）等官方数据，以及在微信公众号、新浪微博、知乎、抖音、快手、哔哩哔哩、今日头条等网络新媒体平台和科学网等科技新闻网站所获取的网络数据。

期刊分类：我国科技期刊共5160种，包括中文科技期刊4551种、英文科技期刊437种、中英文科技期刊172种。其中，少数民族语言、年鉴、生活资讯、文摘以及科普期刊等均不在本章统计分析范围内，最终参加传播力指数计算的学术类科技期刊共4438种。根据所属学科、语种、发文类型等，将科技期刊划分为英文学术期刊、中文理学学术期刊、中文工程技术期刊、中文农学学术期刊、中文医学学术期刊五大类型，其中，英文学术期刊434种，中文理学学术期刊558种，中文工程技术期刊1955种，中文农学学术期刊417种，中文医学学术期刊1074种。具体期刊分类情况见图1-1。

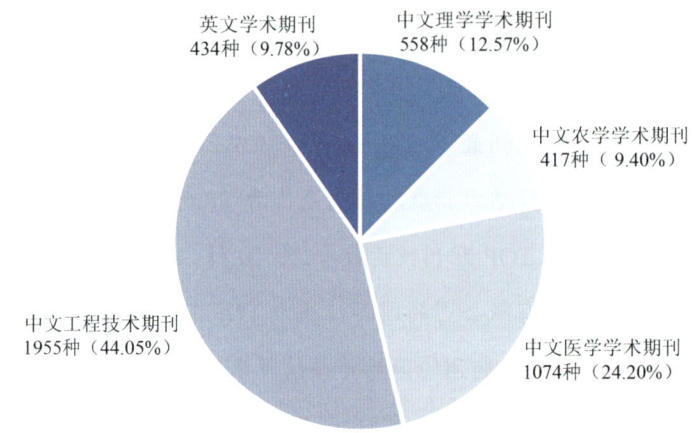

图1-1 参加传播力指数计算的科技期刊分类情况

期刊所属区域划分：按照2022年全国期刊核验数据统计范围涉及的省、自治区、直辖市以及新疆生产建设兵团，将科技期刊归入32个区域（不包括港澳台地区）进行统计分析。

出版单位类型划分：本书所指的小型出版单位是指出版3～9种科技期刊的出版单位；中型出版单位是指出版10～100种科技期刊的出版单位；大型出版单位是指出版100种以上科技期刊的出版单位。

二、科技期刊传播力指标设计

本次科技期刊传播力指标体系以传播学"5W"经典传播模式为框架，参考专家建议，从传播者、传播内容、传播渠道、受众、传播效果5个维度进行设计，最终形成5个一级指标、13个二级指标、22个三级指标，各指标定义如下所述。

（一）传播者（A类指标）

传播者，是指传播行为的引发者，即以发出讯息的方式主动作用于他人的人、群体或组织。具体到科技期刊传播行为中，作者和编辑是主要的传播者。因此，在对科技期刊传播者进行评估时，共设计作者覆盖度、作者权威度、编辑专业度3个二级指标，A1～A6共6个三级指标。

A1.作者总人数

期刊 2022 年发文所涵盖的作者总数量，反映期刊的作者规模与覆盖度。

A2.作者所属机构数量

期刊 2022 年发文所涵盖的机构数量，反映期刊发文机构的覆盖度。下文简称为"发文机构"。

A3.高被引作者占比

期刊 2022 年发文所涵盖的高被引作者数量与期刊 2022 年发文作者总人数的比值，反映期刊作者的整体水平与权威度。

其中高被引作者是指：将中国学术期刊作者近 10 年发表某学科论文的被引频次相加，降序排列，其中总被引频次居同学科前 1%的作者。

A4.高被引机构占比

期刊 2022 年发文所涵盖的高被引机构数量与期刊 2022 年发文机构数量的比值，反映期刊发文机构的整体水平与权威度。

其中高被引机构是指：将中国学术期刊作者所属机构近 10 年发表某学科论文的被引频次相加，降序排列，其中总被引频次居同学科前 1%的机构。

A5.高级职称编辑占比

科技期刊编辑部中拥有副高级及以上职称的人数占期刊从业人员总数的比例，反映期刊编辑团队的专业度。

A6.编委人数

科技期刊编委会的人数，反映期刊编委会的规模。

（二）传播内容（B 类指标）

科技期刊的传播内容以科技论文、科普文章、科技新闻为主体。传播内容指标包括内容规模、内容质量 2 个二级指标，B1～B4 共 4 个三级指标。

B1.文章总量

期刊 2022 年的总发文量,反映科技期刊传播内容的规模。

B2.国家级基金论文比

期刊 2022 年国家级基金资助论文发文数量与 2022 年总发文量的比值,从国家基金资助角度反映传播内容质量。

其中国家级基金包含:①国家自然科学基金;②国家社会科学基金;③国家高技术研究发展计划(863 计划);④国家重点基础研究发展计划(973 计划);⑤国家科技支撑计划;⑥国家科技攻关计划;⑦国家重点研发计划;⑧国家攀登计划;⑨国家科技重大专项,共 9 种国家级基金。

B3.近 3 年高 PCSI 论文比

期刊 2020~2022 年发表的高 PCSI 论文数量与期刊 2020~2022 年发文总量的比值,从论文被引角度反映传播内容的质量。

其中高 PCSI 论文数量来自中国知网《学术精要数据库》,PCSI 指数(论文引证标准化指数)是指将(PCSI 统计源)被引频次进行归一化处理后所得到的相对影响力评价指标,能够表征论文被"控制后统计源"引用的次数与同学科同年度论文平均水平的差距。而高 PCSI 论文是指同年度同学科同种文献类型(研究型、综述型文献)的国内期刊、会议论文中,PCSI 指数排名前 1%的论文,即高 PCSI 论文 Top1%。

B4.近 3 年高使用论文比

期刊 2020~2022 年发表的高使用论文数量与期刊 2020~2022 年文章总量的比值,从论文下载角度反映传播内容的质量。

其中高使用论文是指同年度同学科同种文献类型(研究型、综述型文献)的国内期刊、会议论文中,中国知网总下载频次排名前 1%的论文或 Web of Science 数据库中近 180 天使用频次位列前 1%的论文。若期刊同时被中国知网以及 Web of Science 数据库收录,则取数值较高的用于计算。

（三）传播渠道（C类指标）

总体而言，科技期刊传播渠道可以归纳为以下 4 类：①以邮局、发行商为代表的线下全文发行传播渠道；②以中国知网、万方数据等数据库厂商和期刊官网为代表的线上全文传播渠道；③以 Web of Science、中国科学引文数据库（CSCD）为代表的二次传播平台；④以新浪微博、微信公众号、抖音等为代表的新媒体传播渠道。

本报告从传统传播渠道覆盖度、新媒体传播渠道覆盖度、新媒体传播渠道活跃度三个维度考察科技期刊传播渠道建设情况，设计使用了 C1～C4 共 4 个三级指标。

C1.国内外索引型数据库收录数量

期刊 2020～2022 年被国内外主要索引型数据库收录的数量。期刊每被一种索引型数据库收录得 1 分，累加计算。

本报告统计的索引型数据库包括：中文社会科学引文索引（CSSCI）、中国科学引文数据库（CSCD）、中国科技核心期刊、SCIE、ESCI、AHCI、Scopus、EI、MEDLINE、INSPEC、RSCI、KCI、JST、CA、DOAJ 等综合及专业索引数据库。

C2.全文发行传播渠道数量

期刊 2022 年所拥有的全文发行传播渠道数量。期刊每拥有一种全文发行传播渠道得 1 分，累加计算。

其中全文发行传播渠道包括：期刊全文出版数据库（中国知网或万方数据）、期刊官方网站、邮发渠道 3 种。

C3.新媒体渠道数量

期刊 2022 年已经创建的新媒体平台官方账号数量。期刊每在一个新媒体平台开设账号得 1 分，累加计算。

新媒体平台包括：新浪微博、微信公众号、抖音、快手、哔哩哔哩、今日头条、知乎 7 个国内主流新媒体平台。

C4.新媒体渠道文章总量

期刊主要运营的新浪微博账号和微信公众号在 2022 年所发表的文章总量，反映科技期刊新媒体传播渠道的活跃度。

（四）受众（D类指标）

受众是传播内容的接受者，科技期刊的受众以专业研究人员为主，兼顾部分大众读者。在保证数据可获取性和准确性的前提下，受众维度主要考虑数据库用户使用度、新媒体用户覆盖度两个方面，设计国内外使用总频次、新媒体渠道关注总人数2个三级指标。

D1.国内外使用总频次

期刊2022年所发论文截至统计时在中国知网、万方数据、中华医学期刊全文数据库的下载频次，以及在Web of Science平台的近180天使用次数之和，反映数据库用户对期刊的使用度。

D2.新媒体渠道关注总人数

期刊主要运营新媒体账号截至数据统计时的关注总人数，反映新媒体用户的覆盖度。统计范围包括新浪微博账号粉丝数、微信公众号关注人数、抖音账号粉丝数、哔哩哔哩账号粉丝数、今日头条账号粉丝数、快手账号粉丝数和知乎账号粉丝数。

（五）传播效果（E类指标）

科技期刊的传播效果对于线下订阅用户以及数据库用户主要体现在下载、阅读、引用等行为上；对于新媒体用户则体现在点赞、评论和转发等行为上。传播效果维度共设计纸本发行规模、用户使用转化度、新媒体用户反馈度3个二级指标，E1~E6共6个三级指标。

E1.2022年纸本发行量

期刊2022年的纸本发行总量，反映期刊在线下订阅渠道的受欢迎程度。

E2.国内外被引频次

统计年2022年期刊被《中国学术期刊影响因子年报》和《中国学术期刊国际引证年报》统计的国内总被引频次与国际他引总被引频次之和。

E3.被科技新闻提及次数

期刊 2022 年被国内主要报纸、科学网和"学习强国"等媒体提及的总次数，反映期刊论文转化为科技新闻的效果。

E4.新媒体渠道总阅读量

期刊微信公众号在 2022 年所发文章截至数据统计时的总阅读量，体现期刊的新媒体用户反馈度。

E5.新媒体渠道总点赞量

期刊微信公众号以及新浪微博在 2022 年所发文章、微博截至数据统计时的总点赞量，体现期刊的新媒体用户反馈度。

E6.新媒体渠道总转发量

期刊微信公众号以及新浪微博在 2022 年所发文章、微博截至数据统计时的总转发量，也是体现新媒体用户反馈度的指标。

以上各项指标的数据来源如下：

（1）A1~A4、B1~B4、D1 等指标数据主要来自中国知网与科睿唯安旗下 Web of Science 数据库、Essential Science Indicators 数据库和 InCites 数据库的公开数据；

（2）A5、C2、E1 等指标数据来自 2023 年全国期刊核验数据；

（3）A6 指标数据来自课题组采集的期刊版权页公开的数据；

（4）C1 指标数据主要来自课题组采集的国内外期刊索引数据库公开数据；

（5）C3、C4、D2、E4~E6 指标数据主要来自课题组采集的新媒体平台公开数据；

（6）E2 指标数据来自中国知网；E3 指标数据来自中国知网和课题组采集的科学网、"学习强国"公开数据。

科技期刊传播力指标体系见表 1-1。

表 1-1 科技期刊传播力指标体系

一级指标	二级指标 代号	二级指标 指标名称	三级指标 代号	三级指标 指标名称	说明	单位
传播者 A	1	作者覆盖度	A1	作者总人数	期刊2022年发文涵盖的去重作者总数	位
			A2	作者所属机构数量	期刊2022年发文所涵盖的作者所属去重机构的总数	个
	2	作者权威度	A3	高被引作者占比	期刊2022年发文所涵盖的去重高被引作者数量/A1×100%	%
			A4	高被引机构占比	期刊2022年发文中去重高被引机构数量/A2×100%	%
	3	编辑专业度	A5	高级职称编辑占比	期刊编辑部门中拥有副高级职称及以上的人数/期刊从业人员总数×100%	%
			A6	编委人数	期刊编委会的人数	位
传播内容 B	4	内容规模	B1	文章总量	期刊2022年的总发文量	篇
	5	内容质量	B2	国家级基金论文比	期刊2022年国家级基金资助论文发文数量/B1×100%	%
			B3	近3年高PCSI论文比	期刊2020~2022年发表的高PCSI论文数量/期刊2020~2022年文章总量×100%	%
			B4	近3年高使用论文比	期刊2020~2022年发表的高使用论文数量/期刊2020~2022年文章总量×100%	%
传播渠道 C	6	传统传播渠道覆盖度	C1	国内外索引型数据库收录数量	2020~2022年期刊入选中文社会科学引文索引（CSSCI）、中国科学引文数据库（CSCD）、中国科技核心期刊、SCIE、ESCI、AHCI、Scopus、EI、MEDLINE、INSPEC、RSCI、KCI、JST、CA、DOAJ等综合及专业索引数据库的情况，每入选一种索引型数据库得1分，累加计算	种
			C2	全文发行传播渠道数量	2022年期刊拥有下列3种全文发行渠道的数量：期刊全文出版数据库（中国知网或万方数据）、期刊官方网站、邮发渠道，每拥有一种得1分，累加计算	种
	7	新媒体传播渠道覆盖度	C3	新媒体渠道数量	期刊2022年在下列新媒体平台开设官方账号情况：新浪微博、微信公众号、抖音、快手、哔哩哔哩、今日头条、知乎，每在一种平台开设账号得1分，累加计算	种
	8	新媒体传播渠道活跃度	C4	新媒体渠道文章总量	期刊主要运营的新浪微博账号和微信公众号在2022年发表的文章总量	篇
受众 D	9	数据库用户使用度	D1	国内外使用总频次	期刊2022年所发论文截至统计时在中国知网、万方数据、中华医学期刊全文数据库的下载频次，以及在Web of Science平台的近180天使用次数之和	次
	10	新媒体用户覆盖度	D2	新媒体渠道关注总人数	期刊主要运营的新浪微博账号粉丝数、微信公众号关注人数、抖音账号粉丝数、哔哩哔哩账号粉丝数、今日头条账号粉丝数、快手账号粉丝数和知乎账号粉丝数截至数据统计时的数字之和	人

续表

一级指标	二级指标 代号	二级指标 指标名称	三级指标 代号	三级指标 指标名称	三级指标 说明	单位
传播效果 E	11	纸本发行规模	E1	2022年纸本发行量	2023年期刊核验数据中的年发行期数×平均期发行量	册
	12	用户使用转化度	E2	国内外被引频次	《中国学术期刊影响因子年报》（统计年2022年）的国内总被引频次与《中国学术期刊国际引证年报》（统计年2022年）的国际他引总被引频次之和	次
			E3	被科技新闻提及次数	期刊2022年被国内主要报纸、科学网和"学习强国"等媒体提及的总次数	次
	13	新媒体用户反馈度	E4	新媒体渠道总阅读量	期刊微信公众号在2022年所发文章截至数据统计时的总阅读量	次
			E5	新媒体渠道总点赞量	期刊微信公众号以及新浪微博在2022年所发文章、微博截至数据统计时的总点赞量	次
			E6	新媒体渠道总转发量	期刊微信公众号以及新浪微博在2022年所发文章、微博截至数据统计时的总转发量	次

二、科技期刊传播力数据概览

数据统计结果显示，参与传播力计算的4438种科技期刊2022年传播力总体情况如下：①2022年发表科技论文105.17万篇；②2022年国内外总下载/使用频次为3.22亿次，国内外总被引频次为1224.07万次；③2022年发文作者324.10万人，发文机构70.83万个，编委人数17.61万人；④2022年纸本发行量7040.03万册；⑤2022年科技期刊平均被2.45种国内外索引型数据库收录，全文发行传播渠道平均为2.30个；⑥2022年刊均新媒体渠道为1.20种，在新媒体渠道推文40.10万篇，总关注人数达到了4591.95万人次，总阅读量为3.32亿次，总点赞量为165.37万次，总转发量为85.54万次。

（一）传播者数据分析

参与传播力计算的4438种科技期刊在2022年共有发文作者324.10万人；发文机构70.83万个；刊均高被引作者占比3.04%、刊均高被引机构占比36.50%；刊均高级职称编辑占比50.60%；期刊编委人数共17.61万人。表1-2展示了各类期刊的传播者维度6项指标均值。

表 1-2　各类期刊传播者指标均值情况

指标名称	全部期刊	中文理学学术期刊	中文农学学术期刊	中文医学学术期刊	中文工程技术期刊	英文学术期刊
作者总人数/位	783.81	507.77	881.61	1070.49	710.95	657.75
作者所属机构数量/个	171.41	110.94	180.33	227.70	160.69	148.80
高被引作者占比/%	3.04	3.44	3.11	3.13	2.76	3.45
高被引机构占比/%	36.50	50.14	29.05	32.76	35.46	40.69
高级职称编辑占比/%	50.60	60.58	54.22	41.02	51.49	53.36
编委人数/位	64.65	54.50	53.37	108.02	58.08	72.52

根据统计，期刊在 2022 年内发表论文的作者总人数平均为 783.81 位。各组期刊的作者总人数略有不同，中文医学学术期刊刊均作者总人数最多，为 1070.49 位，其次为中文农学学术期刊、中文工程技术期刊，分别为 881.61 位、710.95 位。

期刊在 2022 年内发表论文的机构数量平均为 171.41 个，中文医学学术期刊刊均发文机构数量最多，为 227.70 个，中文理学学术期刊刊均发文机构数量最少，为 110.94 个。

全部科技期刊高被引作者占比指标均值为 3.04%，英文学术期刊刊均高被引作者占比最高，为 3.45%；其次是中文理学学术期刊，为 3.44%。高被引机构占比指标均值为 36.50%，中文理学学术期刊刊均高被引机构占比最高，为 50.14%。高级职称编辑占比刊均水平为 50.60%，其中中文理学学术期刊刊均高级职称编辑占比达到 60.58%。刊均编委人数为 64.65 位，中文医学学术期刊刊均编委人数最多，达到 108.02 位。

因此，中文医学学术期刊的作者总人数、作者所属机构数量和编委人数 3 项指标均值位列 5 类期刊之首；英文学术期刊的高被引作者占比均值位列 5 类期刊之首；中文理学学术期刊的高被引机构占比、高级职称编辑占比 2 项指标均值位列 5 类期刊之首。

从表 1-3 可见，各类期刊的作者总人数指标分布多集中在 0～<500 位的区间范围；在作者所属机构数指标分布方面，近 40% 的中文医学学术期刊作者所属机构数大于 200 个；在高被引作者占比指标分布方面，各类期刊指标分布多集中在 20%

表 1-3　各类期刊传播者指标分布情况

指标名称	区间	期刊数量/种				
		中文理学学术期刊	中文农学学术期刊	中文医学学术期刊	中文工程技术期刊	英文学术期刊
作者总人数/位	0~<250	184	88	162	463	213
	250~<500	201	100	215	642	86
	500~<750	78	79	185	322	37
	750~<1000	43	29	144	168	40
	1000位及以上	52	121	368	360	58
作者所属机构数/个	0~<50	155	77	119	399	140
	50~<100	193	110	168	598	108
	100~<150	89	75	199	324	51
	150~<200	63	45	173	204	47
	200个及以上	58	110	415	430	88
高被引作者占比/%	0~<5%	455	342	895	1727	361
	5%~<10%	77	63	122	153	60
	10%~<20%	23	12	53	65	13
	20%~<30%	3	0	4	9	0
	30%~100%	0	0	0	1	0
高被引机构占比/%	0~<20%	81	138	264	549	132
	20%~<40%	100	182	492	669	118
	40%~<60%	205	84	301	543	130
	60%~<80%	142	13	16	185	51
	80%~100%	30	0	1	9	3
高级职称编辑占比/%	0~<20%	40	35	232	227	33
	20%~<40%	86	66	291	419	93
	40%~<60%	111	130	290	485	124
	60%~<80%	163	114	172	492	116
	80%~100%	158	72	89	332	68
编委人数/位	0~<50	349	278	779	1250	308
	50~<100	170	109	128	532	80
	100~<150	33	25	83	130	36
	150~<200	5	3	50	30	8
	200位及以上	1	2	34	13	2

以下；在高被引机构占比指标分布方面，5.38%的中文理学学术期刊高被引机构占比在80%以上；在高级职称编辑占比指标分布方面，中文理学学术期刊的高级职称编辑占比总体较高，半数以上理学期刊的高级职称编辑占比在60%以上；在编委人数指标分布方面，各类期刊的编委人数多集中在0~100位的区间范围。

（二）传播内容数据分析

参与传播力计算的4438种科技期刊2022年共发表科技论文105.17万篇，刊均国家级基金论文比为25.67%，近3年刊均高PCSI论文比为2.26%，近3年刊均高使用论文比为1.43%。表1-4展示了各类期刊的传播内容维度4项指标的均值。

表1-4 各类期刊传播内容指标均值情况

指标名称	全部期刊	中文理学学术期刊	中文农学学术期刊	中文医学学术期刊	中文工程技术期刊	英文学术期刊
文章总量/篇	254.35	145.09	261.78	336.69	264.83	119.41
国家级基金论文比/%	25.67	41.38	16.11	15.29	23.23	52.46
近3年高PCSI论文比/%	2.26	2.54	2.27	1.94	2.34	2.77
近3年高使用论文比/%	1.43	1.94	1.05	1.46	1.29	2.15

根据统计，科技期刊2022年平均发表文章254.35篇。中文医学学术期刊刊均文章总量最多，为336.69篇；英文学术期刊刊均文章总量最少，为119.41篇。国家级基金论文比指标整体均值为25.67%，英文学术期刊刊均国家级基金论文比最高，为52.46%，中文医学学术期刊刊均国家级基金论文比最低，为15.29%。期刊近3年刊均高PCSI论文比为2.26%，英文学术期刊刊均高PCSI论文比最高，为2.77%。期刊近3年刊均高使用论文比为1.43%，英文学术期刊刊均近3年高使用论文比最高，为2.15%。由此可见，英文学术期刊的传播内容整体质量较中文学术期刊更胜一筹。

由表1-5可见，在文章总量方面，中文理学学术期刊和英文学术期刊年发文量在100篇以内的较多；而中文农学学术期刊、中文医学学术期刊及中文工程技术期刊文章总量分布在100篇至200篇以内的较多。

表 1-5　各类期刊传播内容指标分布情况

指标名称	区间	中文理学学术期刊	中文农学学术期刊	中文医学学术期刊	中文工程技术期刊	英文学术期刊
文章总量/篇	0~<100	293	117	188	550	300
	100~<200	168	143	309	674	85
	200~<300	52	64	236	269	24
	300~<400	23	29	109	138	12
	400篇及以上	22	64	232	324	13
国家级基金论文比/%	0~<20%	166	291	791	1213	121
	20%~<40%	117	88	231	332	68
	40%~<60%	137	37	46	249	94
	60%~<80%	120	1	5	150	124
	80%~100%	18	0	1	11	27
近3年高PCSI论文比/%	0~<1%	393	302	653	1476	308
	1%~<3%	96	68	254	257	71
	3%~<5%	31	24	91	98	21
	5%~<10%	24	16	66	79	24
	10%及以上	14	7	10	45	10
近3年高使用论文比/%	0~<1%	354	316	738	1463	372
	1%~<3%	150	78	227	363	39
	3%~<5%	24	15	64	72	9
	5%~<10%	20	7	32	41	9
	10%及以上	10	1	13	16	5

在国家级基金论文比方面，中文农学学术期刊、中文医学学术期刊和中文工程技术期刊多分布在20%以内。有27种英文学术期刊的国家级基金论文比达到80%以上；在近3年高PCSI论文比指标分布方面，各类期刊近3年的高PCSI论文占比普遍小于10%；同时，期刊近3年高使用论文比基本集中在0~<5%的区间范围。

（三）传播渠道数据分析

参与传播力计算的 4438 种科技期刊平均被 2.45 种国内外索引型数据库收录，刊均全文发行传播渠道为 2.30 个，刊均新媒体渠道有 1.20 种。2022 年科技期刊在新媒体渠道推文共 40.10 万篇。

表 1-6 展示了各类期刊传播渠道下属 4 个三级指标的均值。英文学术期刊由于语种优势，更容易被国外索引型数据库收录，因此英文学术期刊平均被 4.86 种国内外索引型数据库收录，远高于中文学术期刊。在全文发行传播渠道数量方面，各类期刊差异不大，基本都拥有 2 种全文发行传播渠道。中文工程技术期刊由于倾向于技术指导与应用，因此新媒体发文也相对更加活跃，新媒体渠道刊均推文 209.02 篇。

表 1-6 各类期刊传播渠道指标均值情况

指标名称	全部期刊	中文理学学术期刊	中文农学学术期刊	中文医学学术期刊	中文工程技术期刊	英文学术期刊
国内外索引型数据库收录数量/种	2.45	2.18	1.72	1.70	2.26	4.86
全文发行传播渠道数量/种	2.30	2.32	2.26	2.43	2.27	2.08
新媒体渠道数量/种	1.20	1.15	1.11	1.19	1.26	1.11
新媒体渠道文章总量/篇	170.46	107.42	152.60	144.72	209.02	163.11

表 1-7 展示了各类期刊传播渠道 4 个三级指标数据的分布情况。可以看出，我国科技期刊普遍被 0~3 种国内外索引型数据库收录。英文期刊被数据库收录的数量较多，有 66.59% 的英文期刊被 4 种及以上的国内外索引型数据库收录。从全文发行传播渠道来看，绝大多数期刊的全文发行传播渠道都在 2 种或以上。

在新媒体渠道方面，各类期刊中均有 60% 左右的期刊开通了 1~2 种新媒体渠道；4 类中文学术期刊中，60% 以上的期刊在 2022 年发布新媒体文章数量在 20 篇以下。科技期刊整体上存在传播渠道数量少、新媒体账号运营不活跃等问题。

表1-7 各类期刊传播渠道指标分布情况

指标名称	区间	中文理学学术期刊	中文农学学术期刊	中文医学学术期刊	中文工程技术期刊	英文学术期刊
国内外索引型数据库收录数量/种	0~1	378	348	851	1583	86
	2~3	116	47	131	169	59
	4~5	51	22	91	161	145
	6~7	13	0	1	42	132
	8种及以上	0	0	0	0	12
全文发行传播渠道数量/种	0	8	3	14	36	44
	1	84	66	158	332	110
	2	205	176	289	743	140
	3	261	172	613	844	140
新媒体渠道数量/种	0	239	181	370	755	129
	1~2	312	231	687	1141	303
	3~4	7	5	16	56	2
	5种及以上	0	0	1	3	0
2022年新媒体渠道文章总量/篇	0~<20	385	290	645	1184	209
	20~<50	74	40	138	186	68
	50~<100	36	25	90	161	57
	100~<300	43	32	126	219	60
	300篇及以上	20	30	75	205	40

（四）受众数据分析

参与传播力计算的4438种科技期刊2022年发表文章的国内外使用总频次为3.22亿次，新媒体渠道关注总人数为4591.95万人。表1-8展示了各类期刊受众下属2个三级指标的数据均值。由于英文学术期刊中相当一部分并不是中国知网、万方数据、中华医学期刊全文数据库全文收录期刊，在统计来源相对受限的情况下，英文学术期刊在国内外使用总频次这一指标上的表现较中文学术期刊偏低。中文医学学术期刊的新媒体渠道关注总人数在2万人以上，超过其他类型的期刊。

表 1-8　各类期刊受众指标均值情况

指标名称	全部期刊	中文理学学术期刊	中文农学学术期刊	中文医学学术期刊	中文工程技术期刊	英文学术期刊
国内外使用总频次/次	76 325	54 995	74 088	114 408	75 924	6 120
新媒体渠道关注总人数/人	18 804	14 415	13 894	21 318	19 714	17 624

注：新媒体渠道关注总人数为预估值。

表 1-9 展示了各类期刊受众类指标的区间分布。可以看出，中文理学学术期刊、中文农学学术期刊的国内外使用总频次集中在 5 万次以内，中文工程技术期刊以及中文医学学术期刊的国内外使用总频次高于中文理学学术期刊和中文农学学术期刊。大部分期刊的新媒体渠道关注总人数低于 10 万人。总的来看，我国科技期刊新媒体运营工作普遍处于起步阶段，但同时也有一些受众广泛、传播效果突出的科技期刊新媒体账号。

表 1-9　各类期刊受众指标分布情况

指标名称	区间	中文理学学术期刊	中文农学学术期刊	中文医学学术期刊	中文工程技术期刊	英文学术期刊
国内外使用总频次/万次	0～<2	181	118	246	550	411
	2～<5	209	123	194	640	16
	5～<10	104	95	274	369	4
	10～<50	63	79	332	375	3
	50 万次及以上	1	2	28	21	0
新媒体渠道关注总人数/人	0～<1000	313	227	484	1017	196
	1000～<1 万	152	121	339	546	111
	1 万～<5 万	78	60	203	319	111
	5 万～<10 万	11	5	29	42	11
	10 万人及以上	4	4	19	31	5

（五）传播效果数据分析

参与传播力计算的 4438 种科技期刊 2022 年纸本发行量 7040.03 万册；国内外

总被引频次为1224.07万次；被科技新闻提及1494次；新媒体渠道总阅读量为3.32亿次，总点赞量为165.37万次，总转发量为85.54万次。

表1-10展示了各类期刊传播效果维度下6个三级指标数据的均值（0值不计入统计）。其中，中文工程技术期刊2022年刊均纸本发行量达20 794.27册，领先于其他类期刊；英文学术期刊刊均国内外被引频次最高，为3890.75次，中文工程技术期刊刊均国内外被引频次最低，为2719.36次；各类期刊被科技新闻提及次数均较低。中文医学学术期刊的新媒体渠道传播效果较好，新媒体文章的阅读、点赞和转发量较高，其次为英文学术期刊。

表1-10 各类期刊传播效果指标均值情况

指标名称	全部期刊	中文理学学术期刊	中文农学学术期刊	中文医学学术期刊	中文工程技术期刊	英文学术期刊
2022年纸本发行量/册	16 761.98	7 617.27	13 947.39	20 672.23	20 794.27	2 472.87
国内外被引频次/次	2 919.31	3 135.28	2 849.76	2 815.54	2 719.36	3 890.75
被科技新闻提及次数/次	2.71	5.45	1.79	2.07	1.71	5.13
新媒体渠道总阅读量/次	143 458.60	84 717.28	93 750.99	166 127.25	150 839.99	160 360.52
新媒体渠道总点赞量/次	724.98	572.96	582.49	893.81	681.79	768.31
新媒体渠道总转发量/次	396.57	350.22	327.37	478.86	368.36	413.44

表1-11展示了传播效果6个三级指标的数值分布情况。各类期刊中，2022年纸本发行量小于1万册的期刊占全部参与计算期刊的63.88%。纸本发行量大于50万册的期刊仅6种。

在用户使用转化度方面，有25.19%的科技期刊国内外被引频次低于500次，大于5000次的期刊有638种，其中，近20%的英文学术期刊国内外被引频次在5000次以上；大部分期刊被科技新闻提及的次数在5次以下。

在新媒体用户反馈度方面，有14.98%的英文学术期刊新媒体文章的总阅读量在10万次以上，90%以上的期刊发表的新媒体文章被转发次数在500次以下。

表1-11 各类期刊传播效果指标分布情况

指标名称	区间	中文理学学术期刊	中文农学学术期刊	中文医学学术期刊	中文工程技术学术期刊	英文学术期刊
2022年纸本发行量/册	0~<1万	476	286	605	1 048	420
	1万~<3万	64	90	324	615	12
	3万~<10万	16	35	120	243	2
	10万~<50万	2	6	23	45	0
	大于50万册	0	0	2	4	0
国内外被引频次/次	0~<500	127	122	201	530	138
	500~<1 000	127	66	172	404	50
	1 000~<2 000	108	77	260	375	67
	2 000~<5 000	111	88	290	394	93
	大于5 000次	85	64	151	252	86
被科技新闻提及次数/次	0	453	351	900	1 704	379
	1~<5	89	60	163	245	40
	5~<10	9	6	8	5	7
	10~<50	5	0	3	0	8
	大于50次	2	0	0	1	0
新媒体渠道总阅读量/次	0~<1 000	317	256	529	1 060	167
	1 000~<5 000	68	36	110	175	42
	5 000~<20 000	80	52	157	233	61
	20 000~<100 000	67	45	146	270	99
	100 000次及以上	26	28	132	217	65
新媒体渠道总点赞量/次	0~<100	450	329	801	1 475	267
	100~<500	74	58	159	244	104
	500~<2000	21	16	80	162	49
	2000~<10 000	8	12	28	63	9
	10 000次及以上	5	2	6	11	5
新媒体渠道总转发量/次	0~<100	491	365	896	1 627	331
	100~<500	49	29	116	191	78
	500~<2 000	9	18	46	107	14
	2 000~<10 000	7	5	13	27	9
	10 000次及以上	2	0	3	3	2

第二节　科技期刊传播力计量分析

一、科技期刊传播力指数计算方法

（一）传播力指数计算方法

基于上述科技期刊传播力指标体系，设计传播力指数的计算方法如下。

传播力指数定义为科技期刊在传播者、传播内容、传播渠道、受众和传播效果五大维度下各项评价指标的综合得分。通过对指标数据的计算，最终可以得到科技期刊传播者指数（以下简称传播者指数）、科技期刊传播内容指数（以下简称传播内容指数）、科技期刊传播渠道指数（以下简称传播渠道指数）、科技期刊受众指数（以下简称受众指数）以及科技期刊传播效果指数（以下简称传播效果指数）共5个子指数，以及一个总指数——科技期刊传播力指数（以下简称传播力指数）。

按照前文所述的科技期刊分类结果，分组计算每个期刊的传播力指数，具体方法如下。

（1）采用德尔菲法，多轮咨询科技期刊领域以及传播学领域的专家，按照期刊类型确定各级指标权重分配方案。

（2）各组内期刊分别根据标准分数计算法对各变量进行标准化处理，去除量纲影响。

第一步：求标准化值，消除量纲。

$$x' = \frac{x - \bar{x}}{\sigma_x} \qquad (1\text{-}1)$$

式中：

x 为科技期刊传播力指标体系中各三级指标；

x' 为指标 x 的标准化数值；

$\bar{x}$ 为指标 x 的平均值；

σ_x 为指标 x 的标准差。

第二步："削峰"处理。

在分析数据的过程当中，发现有极个别期刊的文章总量（B1）指标数值过大，偏离正常期刊载文量合理值范围。课题组不提倡科技期刊通过盲目增加发文量的方式提升自身的传播力，科技期刊应当秉持学术把关人的角色定位，因此做了"削峰"处理。具体判定标准为：某期刊发文量比该组期刊平均值高出 3 倍标准差时，削去高出部分的载文量。换言之，若 $x_k > \bar{x} + 3\sigma_x$（$x_k$ 代表期刊 k 的某一项三级指标 x），则 $x_k = \bar{x} + 3\sigma_x$，此时套用式（1-1），该刊载文量标准化值为：

$$x'_k = \frac{\bar{x} + 3\sigma_x - \bar{x}}{\sigma_x} = 3 \tag{1-2}$$

第三步：非负化处理。

由于当 $x > \bar{x}$ 时，x' 为正值，$x < \bar{x}$ 时，x' 为负值。为了避免出现负值指标，需要在标准化数值的基础上，对标准化数值进行非负化处理得到 x''，方法如下：

$$x'' = x' + |\text{floor}(x'_{\min})| \tag{1-3}$$

式中：

x'' 为非负化后的标准化数值 x'，即指标 x 的非负标准化数值；

x' 为指标 x 的标准化数值；

$x'_{\min}$ 为标准化数值 x' 的最小值；

$|\text{floor}(x'_{\min})|$ 为标准化数值 x' 的向下取整数（地板数）的绝对值。

（3）各组分别将三级指标乘以对应权重，分类汇总计算得出组内每种期刊的传播者指数、传播内容指数、传播渠道指数、受众指数和传播效果指数共计 5 个子指数。

各项基础数据标准化之后，将各个一级指标对应的三级指标与权重相乘后加总，则得到 A～E 共 5 个子指数，方法如下：

$$y_i = \sum_{j=1}^{n} a_{ij} \left(\frac{x''_{ij}}{\max(x''_{ij})} \times 100 \right) (i = A, B, C, D, E) \tag{1-4}$$

式中：

y_i 代表 5 类子指数，i 为一级指标的代号，其中 y_A 代表传播者指数，y_B 代表传播内容指数，y_C 代表传播渠道指数，y_D 代表受众指数，y_E 代表传播效果指数；

x''_{ij} 为第 i 类一级指标下属的三级指标 j 的非负标准化数值；

$\max(x''_{ij})$ 为该组第 i 类一级指标下属的所有三级指标 j 的非负标准化数值 x''_{ij} 的最大值；

a_{ij} 为第 i 类一级指标下属的三级指标 j 所对应的权重。

（4）按照不同的分组，将5个子指数加总求和，得出传播力指数。

将5个子指数相加求和，得到最终的传播力指数 z：

$$z = y_A + y_B + y_C + y_D + y_E \tag{1-5}$$

（二）各类期刊传播力指标权重

不同类别期刊指标权重详见表 1-12～表 1-14。各表中，一级指标、二级指标与三级指标的权重总和均为100。

表1-12 理学、农学、医学学术期刊各级指标权重

一级指标		二级指标			三级指标		
代号	权重	代号	指标名称	权重	代号	指标名称	权重
传播者 A	20	1	作者覆盖度	6	A1	作者总人数	3
					A2	作者所属机构数量	3
		2	作者权威度	8	A3	高被引作者占比	4
					A4	高被引机构占比	4
		3	编辑专业度	6	A5	高级职称编辑占比	3
					A6	编委人数	3
传播内容 B	20	4	内容规模	7	B1	文章总量	7
		5	内容质量	13	B2	国家级基金论文比	3
					B3	近3年高PCSI论文比	5
					B4	近3年高使用论文比	5
传播渠道 C	20	6	传统传播渠道覆盖度	9	C1	国内外索引型数据库收录数量	5
					C2	全文发行传播渠道数量	4
		7	新媒体传播渠道覆盖度	5	C3	新媒体渠道数量	5
		8	新媒体传播渠道活跃度	6	C4	新媒体渠道文章总量	6

续表

一级指标		二级指标			三级指标		
代号	权重	代号	指标名称	权重	代号	指标名称	权重
受众 D	16	9	数据库用户使用度	8	D1	国内外使用总频次	8
		10	新媒体用户覆盖度	8	D2	新媒体渠道关注总人数	8
传播效果 E	24	11	纸本发行规模	4	E1	2022年纸本发行量	4
		12	用户使用转化度	10	E2	国内外被引频次	8
					E3	被科技新闻提及次数	2
		13	新媒体用户反馈度	10	E4	新媒体渠道总阅读量	4
					E5	新媒体渠道总点赞量	3
					E6	新媒体渠道总转发量	3

表1-13 工程技术期刊各级指标权重

一级指标		二级指标			三级指标		
代号	权重	代号	指标名称	权重	代号	指标名称	权重
传播者 A	16	1	作者覆盖度	6	A1	作者总人数	3
					A2	作者所属机构数量	3
		2	作者权威度	4	A3	高被引作者占比	2
					A4	高被引机构占比	2
		3	编辑专业度	6	A5	高级职称编辑占比	3
					A6	编委人数	3
传播内容 B	14	4	内容规模	4	B1	文章总量	4
		5	内容质量	10	B2	国家级基金论文比	1
					B3	近3年高PCSI论文比	1
					B4	近3年高使用论文比	8
传播渠道 C	18	6	传统传播渠道覆盖度	7	C1	国内外索引型数据库收录数量	3
					C2	全文发行传播渠道数量	4
		7	新媒体传播渠道覆盖度	4	C3	新媒体渠道数量	4
		8	新媒体传播渠道活跃度	7	C4	新媒体渠道文章总量	7
受众 D	25	9	数据库用户使用度	13	D1	国内外使用总频次	13
		10	新媒体用户覆盖度	12	D2	新媒体渠道关注总人数	12
传播效果 E	27	11	纸本发行规模	8	E1	2022年纸本发行量	8
		12	用户使用转化度	7	E2	国内外被引频次	6
					E3	被科技新闻提及次数	1
		13	新媒体用户反馈度	12	E4	新媒体渠道总阅读量	4
					E5	新媒体渠道总点赞量	4
					E6	新媒体渠道总转发量	4

表 1-14 英文学术期刊各级指标权重

一级指标		二级指标			三级指标		
代号	权重	代号	指标名称	权重	代号	指标名称	权重
传播者 A	20	1	作者覆盖度	6	A1	作者总人数	3
					A2	作者所属机构数量	3
		2	作者权威度	8	A3	高被引作者占比	4
					A4	高被引机构占比	4
		3	编辑专业度	6	A5	高级职称编辑占比	3
					A6	编委人数	3
传播内容 B	21	4	内容规模	10	B1	文章总量	10
					B2	国家级基金论文比	1
		5	内容质量	11	B3	近3年高PCSI论文比	5
					B4	近3年高使用论文比	5
传播渠道 C	19	6	传统传播渠道覆盖度	8	C1	国内外索引型数据库收录数量	5
					C2	全文发行传播渠道数量	3
		7	新媒体传播渠道覆盖度	5	C3	新媒体渠道数量	5
		8	新媒体传播渠道活跃度	6	C4	新媒体渠道文章总量	6
受众 D	16	9	数据库用户使用度	12	D1	国内外使用总频次	12
		10	新媒体用户覆盖度	4	D2	新媒体渠道关注总人数	4
传播效果 E	24	11	纸本发行规模	2	E1	2022年纸本发行量	2
		12	用户使用转化度	12	E2	国内外被引频次	10
					E3	被科技新闻提及次数	2
					E4	新媒体渠道总阅读量	4
		13	新媒体用户反馈度	10	E5	新媒体渠道总点赞量	3
					E6	新媒体渠道总转发量	3

二、传播力 TOP 科技期刊数据分析

在计算出期刊的传播力指数之后，各组期刊按照传播力指数由大到小排序，遴选出传播力指数位于组内前 10% 的期刊（向上取整）为传播力 TOP 期刊，各组参评期刊以及 TOP 期刊数量见表 1-15。

表 1-15 各组参评期刊数量与传播力 TOP 期刊数量

期刊类型	参评期刊数量/种	传播力 TOP 期刊数量/种
中文理学学术期刊	558	56
中文农学学术期刊	417	42
中文医学学术期刊	1074	108
中文工程技术期刊	1955	196
英文学术期刊	434	44
合计	4438	446

（一）传播力 TOP 期刊列表

1.传播力 TOP20 中文理学学术期刊名单

传播力 TOP 中文理学学术期刊完整名单详见附录 1。表 1-16 展示了传播力指数排名前 20 的中文理学学术期刊名单，其中《生态学报》《中国科学院院刊》《地理学报》是传播力指数最高的 3 种中文理学学术期刊。

表 1-16 传播力 TOP20 中文理学学术期刊名单

序号	期刊名称	传播者指数	传播内容指数	传播渠道指数	受众指数	传播效果指数	传播力指数
1	生态学报	10.90	13.63	10.18	9.02	9.20	52.92
2	中国科学院院刊	11.41	8.57	13.88	10.56	5.45	49.87
3	地理学报	12.97	14.75	9.84	5.26	5.45	48.27
4	光学学报	10.27	11.26	13.36	2.04	8.11	45.04
5	自然资源学报	12.57	13.77	8.35	6.17	3.91	44.77
6	中国光学（中英文）	9.26	5.53	11.27	8.53	9.82	44.41
7	应用生态学报	14.62	10.86	9.49	3.67	5.22	43.86
8	科学通报	13.68	9.58	11.91	3.30	4.67	43.14
9	中国人口·资源与环境	12.15	11.55	8.20	5.79	4.62	42.31
10	地理研究	13.04	11.16	8.20	4.77	4.03	41.21
11	物理学报	10.56	10.18	10.86	4.96	3.92	40.48
12	地理科学	13.17	10.34	8.23	4.36	3.63	39.73
13	发光学报	12.42	5.61	10.62	1.28	9.80	39.73
14	光谱学与光谱分析	12.98	9.80	8.90	4.42	3.03	39.14
15	地球科学	11.76	8.71	11.71	2.94	3.16	38.28
16	科技导报	10.30	6.78	11.82	4.80	4.41	38.11
17	测绘通报	10.30	8.14	12.06	2.96	4.60	38.07
18	地理科学进展	11.89	10.17	8.20	3.94	3.38	37.58
19	地球物理学报	11.19	8.03	10.13	2.61	3.99	35.96
20	生态学杂志	13.09	7.60	8.84	2.66	3.62	35.81

注：按传播力指数降序排序。

2.传播力TOP20中文农学学术期刊名单

传播力TOP中文农学学术期刊完整名单详见附录2。表1-17展示了传播力指数排名前20的中文农学学术期刊名单,其中《农业工程学报》《风景园林》《农业机械学报》是传播力指数最高的3种中文农学学术期刊。

表1-17 传播力TOP20中文农学学术期刊名单

序号	期刊名称	传播者指数	传播内容指数	传播渠道指数	受众指数	传播效果指数	传播力指数
1	农业工程学报	13.66	11.67	14.94	5.95	11.24	57.46
2	风景园林	7.72	12.41	14.09	11.00	6.31	51.53
3	农业机械学报	12.58	13.55	10.85	6.83	6.45	50.26
4	安徽农业科学	9.41	8.26	13.52	8.75	7.62	47.55
5	动物营养学报	10.59	12.52	8.06	6.59	4.59	42.36
6	作物学报	11.16	10.67	11.15	3.89	4.74	41.61
7	植物保护学报	6.61	6.30	9.81	8.59	9.22	40.52
8	中国农业科学	10.26	10.13	9.93	4.16	6.02	40.51
9	科学养鱼	6.91	4.97	13.00	3.62	10.88	39.38
10	中国蔬菜	6.76	4.07	12.36	5.71	9.96	38.86
11	中国生态农业学报(中英文)	11.22	8.75	11.48	2.97	3.26	37.68
12	江苏农业科学	10.70	7.88	7.52	6.52	4.73	37.35
13	长江蔬菜	5.71	4.79	10.88	3.17	12.39	36.95
14	饲料研究	10.31	7.63	8.42	4.82	4.73	35.91
15	湖北农业科学	9.82	8.56	7.21	6.09	3.91	35.58
16	中国农学通报	10.78	7.53	7.24	4.46	5.51	35.51
17	农业环境科学学报	10.90	6.84	10.02	3.27	3.90	34.93
18	中国畜牧杂志	9.30	8.04	8.39	5.76	3.41	34.91
19	现代园艺	9.12	8.22	7.41	7.96	2.14	34.86
20	分子植物育种	9.23	8.92	7.49	5.90	3.09	34.63

注:按传播力指数降序排序。

3.传播力TOP20中文医学学术期刊名单

传播力TOP中文医学学术期刊完整名单详见附录3。表1-18展示了传播力指数排名前20的中文医学学术期刊名单，其中《中国中药杂志》《中华护理杂志》《中草药》是传播力指数最高的3种中文医学学术期刊。

表1-18 传播力TOP20中文医学学术期刊名单

序号	期刊名称	传播者指数	传播内容指数	传播渠道指数	受众指数	传播效果指数	传播力指数
1	中国中药杂志	14.80	10.22	12.14	6.66	16.99	60.81
2	中华护理杂志	10.26	13.76	10.73	8.27	5.54	48.56
3	中草药	12.83	8.97	11.30	3.57	8.15	44.83
4	中国全科医学	10.48	8.88	11.18	5.77	4.90	41.20
5	中国实验方剂学杂志	12.85	9.47	7.86	3.77	6.77	40.71
6	中华中医药杂志	10.68	9.59	7.97	3.74	8.27	40.25
7	中国医疗保险	6.27	3.23	13.52	8.70	8.40	40.12
8	中国组织工程研究	9.92	9.60	10.04	4.69	4.46	38.69
9	护理研究	11.53	8.37	6.91	7.30	4.25	38.37
10	中医杂志	12.17	8.51	8.02	2.43	6.17	37.30
11	护理学杂志	10.42	9.19	7.04	5.94	4.12	36.72
12	中国护理管理	8.68	5.26	13.82	3.66	4.09	35.50
13	临床肝胆病杂志	8.18	5.51	14.17	3.68	2.57	34.10
14	心理科学进展	10.59	5.80	8.45	2.53	6.23	33.61
15	中华医学杂志	8.03	7.18	10.66	0.74	6.64	33.25
16	中国老年学杂志	9.21	8.70	5.12	4.21	5.91	33.14
17	中国针灸	9.82	6.19	9.75	1.70	4.91	32.37
18	中华中医药学刊	11.14	7.41	6.04	2.34	5.13	32.06
19	中国实用外科杂志	7.92	5.33	14.18	1.06	3.40	31.89
20	中国社区医师	8.24	7.58	11.77	1.52	2.60	31.70

注：按传播力指数降序排序。

4.传播力TOP20中文工程技术期刊名单

传播力TOP中文工程技术期刊完整名单详见附录4。表1-19展示了传播力指数排名前20的中文工程技术期刊名单，其中《食品科学》《中国电机工程学报》《食品工业科技》是传播力指数最高的3种中文工程技术期刊。

表 1-19 传播力 TOP20 中文工程技术期刊名单

序号	期刊名称	传播者指数	传播内容指数	传播渠道指数	受众指数	传播效果指数	传播力指数
1	食品科学	9.64	6.16	11.57	13.39	5.57	46.32
2	中国电机工程学报	8.29	7.19	9.00	10.91	7.98	43.37
3	食品工业科技	9.35	5.44	8.61	13.86	3.98	41.24
4	金属加工（热加工）	4.73	2.21	12.77	9.49	10.86	40.05
5	建筑结构	8.20	4.55	9.63	8.76	5.31	36.44
6	电力系统自动化	8.61	5.72	7.56	8.22	6.16	36.28
7	包装工程	9.43	6.80	5.22	11.79	2.46	35.69
8	电网技术	9.80	5.86	7.45	5.89	5.12	34.13
9	环境工程	8.80	4.77	9.10	8.05	3.26	33.98
10	机械工程学报	10.07	4.85	8.89	4.62	5.45	33.88
11	食品与发酵工业	8.86	5.45	6.53	10.32	2.19	33.36
12	激光与光电子学进展	9.13	4.95	9.34	4.64	5.29	33.35
13	计算机工程与应用	9.27	5.24	5.61	10.10	3.06	33.28
14	煤炭学报	8.68	9.04	5.57	5.58	4.18	33.05
15	材料导报	8.95	5.21	7.16	9.05	2.66	33.03
16	环境科学	8.99	4.94	8.14	6.94	3.70	32.71
17	城市规划	5.22	9.18	8.41	6.06	3.04	31.92
18	中国激光	7.53	3.80	11.27	3.22	5.45	31.27
19	金属加工（冷加工）	3.20	1.95	10.12	8.98	6.95	31.21
20	化工进展	8.39	4.19	8.09	7.73	2.43	30.82

注：按传播力指数降序排序。

5.传播力 TOP20 英文学术期刊名单

传播力 TOP 英文学术期刊完整名单详见附录 5。表 1-20 展示了传播力指数排名前 20 的英文学术期刊名单，其中《能源化学（英文版）》《催化学报》《材料科学技术（英文版）》是传播力指数最高的 3 种英文学术期刊。

表 1-20　传播力 TOP20 英文学术期刊名单

序号	期刊名称（中文刊名）	期刊名称（英文刊名）	传播者指数	传播内容指数	传播渠道指数	受众指数	传播效果指数	传播力指数
1	能源化学（英文版）	Journal of Energy Chemistry	12.86	15.97	12.08	4.39	10.53	55.83
2	催化学报	Chinese Journal of Catalysis	10.60	12.39	10.05	13.18	6.87	53.09
3	材料科学技术（英文版）	Journal of Materials Science & Technology	11.70	14.83	9.05	5.35	10.82	51.75
4	科学通报（英文版）	Science Bulletin	11.68	12.99	11.28	6.28	9.37	51.60
5	纳米研究（英文版）	Nano Research	9.94	12.69	10.22	4.86	12.17	49.89
6	光：科学与应用（英文）	Light: Science & Applications	8.77	9.29	11.90	4.25	14.32	48.53
7	纳微快报（英文）	Nano-Micro Letters	10.19	14.41	13.65	3.33	6.77	48.36
8	中国化学快报（英文版）	Chinese Chemical Letters	11.92	13.09	8.84	4.64	8.13	46.62
9	农业科学学报（英文）	Journal of Integrative Agriculture	11.51	8.00	16.95	3.08	5.47	45.00
10	中国神经再生研究（英文版）	Neural Regeneration Research	8.28	12.97	14.22	3.68	4.79	43.93
11	国家科学评论（英文）	National Science Review	11.93	10.71	13.00	1.87	5.71	43.22
12	中国有色金属学报（英文版）	Transactions of Nonferrous Metals Society of China	8.50	8.26	10.14	9.12	6.88	42.89
13	中南大学学报（英文版）	Journal of Central South University	8.63	8.57	12.04	9.18	4.28	42.69
14	中国物理 B	Chinese Physics B	11.18	11.57	8.99	5.24	5.12	42.10
15	中国科学：材料科学（英文）	Science China Materials	10.09	10.84	10.76	6.03	4.15	41.87
16	药学学报（英文）	Acta Pharmaceutica Sinica B	11.81	11.65	10.66	1.85	5.36	41.33
17	浙江大学学报（英文版）A 辑	Journal of Zhejiang University-Science A (Applied Physics & Engineering)	8.03	3.90	16.09	5.00	6.58	39.60
18	工程（英文）	Engineering	8.71	8.81	13.82	2.94	5.31	39.60
19	中华医学杂志（英文版）	Chinese Medical Journal	9.71	11.71	10.77	1.26	5.96	39.42
20	环境科学学报（英文版）	Journal of Environmental Sciences	9.32	9.43	10.51	2.14	7.86	39.26

注：按传播力指数降序排序。

（二）传播力 TOP 中文理学学术期刊数据分析

下文分别挑选传播者指数、传播内容指数、传播渠道指数、受众指数、传播效果指数最高的 20 种传播力 TOP 中文理学学术期刊展开详细分析。

1.传播者数据分析

从表 1-21 可见，传播力 TOP 中文理学学术期刊中，传播者指数最高的三种期刊为《应用生态学报》《科学通报》《地理科学》，传播者指数分别为14.62、13.68、13.17。《应用生态学报》的作者总人数为2037位，作者所属机构数量为331个，高被引作者占比为12.32%，高被引机构占比为56.80%，高级职称编辑占比为80.00%，编委人数155位。《科学通报》的作者总人数为1831位，作者所属机构数量为347个，高被引作者占比为8.41%，高被引机构占比为58.50%，高级职称编辑占比为66.67%，编委人数166位。《地理科学》的作者总人数为873位，作者所属机构数量为233个，高被引作者占比为15.46%，高被引机构占比为72.96%，高级职称编辑占比为85.71%，编委人数85位。

表1-21 传播力TOP中文理学学术期刊中高传播者指数期刊

序号	期刊名称	传播者指数	作者总人数/位	作者所属机构数量/个	高被引作者占比/%	高被引机构占比/%	高级职称编辑占比/%	编委人数/位
1	应用生态学报	14.62	2037	331	12.32	56.80	80.00	155
2	科学通报	13.68	1831	347	8.41	58.50	66.67	166
3	地理科学	13.17	873	233	15.46	72.96	85.71	85
4	生态学杂志	13.09	1616	337	9.65	51.04	83.33	111
5	地理研究	13.04	695	177	17.55	74.58	100.00	52
6	光谱学与光谱分析	12.98	3080	564	3.73	56.74	66.67	135
7	地理学报	12.97	758	162	20.45	76.54	80.00	45
8	自然资源学报	12.57	849	221	23.09	75.57	33.33	45
9	发光学报	12.42	971	183	0.82	65.03	100.00	245
10	水科学进展	12.42	395	77	17.47	66.23	100.00	111
11	中国人口·资源与环境	12.15	560	157	20.36	85.99	55.56	26
12	地理科学进展	11.89	607	156	15.82	78.85	75.00	44
13	地球科学	11.76	1731	262	11.55	48.47	42.86	101
14	土壤学报	11.43	790	146	16.96	61.64	60.00	67
15	中国科学院院刊	11.41	594	159	19.70	49.06	50.00	104
16	地质学报	11.28	1503	261	10.71	36.78	75.00	60
17	高等学校化学学报	11.25	1378	201	0.87	71.14	87.50	102
18	地球物理学报	11.19	1585	248	3.60	47.98	100.00	59
19	系统管理学报	11.17	279	99	10.39	87.88	81.82	80
20	干旱区资源与环境	11.16	1212	280	13.04	61.07	55.56	—

注：按传播者指数降序排序。

从作者覆盖度来看，作者总人数较多的期刊有《光谱学与光谱分析》（3080位）、《应用生态学报》（2037位）、《科学通报》（1831位）；作者所属机构数量最高的期刊有《光谱学与光谱分析》（564个）、《科学通报》（347个）、《生态学杂志》（337个）。

从作者权威度来看，高被引作者占比较高的期刊有《自然资源学报》（23.09%）、《地理学报》（20.45%）、《中国人口·资源与环境》（20.36%）；高被引机构占比较高的期刊有《系统管理学报》（87.88%）、《中国人口·资源与环境》（85.99%）、《地理科学进展》（78.85%）。

从编辑专业度来看，高级职称编辑占比较高的期刊有《地理研究》《水科学进展》《发光学报》《地球物理学报》，高级职称编辑占比均为100%；编委人数较多的期刊有《发光学报》（245位）、《科学通报》（166位）、《应用生态学报》（155位）。

2. 传播内容数据分析

从表1-22可见，传播力TOP中文理学学术期刊中，《地理学报》《自然资源学报》《生态学报》是传播内容指数较高的三种期刊，传播内容指数分别为14.75、13.77、13.63。《地理学报》的文章总量为218篇，国家级基金论文比为72.48%，近3年高PCSI论文比为26.70%，近3年高使用论文比为34.18%；《自然资源学报》的文章总量为222篇，国家级基金论文比为73.87%，近3年高PCSI论文比为28.04%，近3年高使用论文比为24.96%；《生态学报》的文章总量为903篇，国家级基金论文比为63.12%，近3年高PCSI论文比为16.21%，近3年高使用论文比为9.83%。

从传播内容的规模来看，文章总量较高的期刊有《物理学报》（994篇）、《生态学报》（903篇）、《光学学报》（709篇）。

从传播内容的质量来看，国家级基金论文比较高的期刊有《系统工程理论与实践》（85.25%）、《地理研究》（84.91%）、《地理科学进展》（84.66%）；近3年高PCSI论文比较高的期刊有《自然资源学报》（28.04%）、《地理学报》（26.70%）、

《地理科学》(18.65%); 近 3 年高使用论文比较高的期刊有《地理学报》(34.18%)、《自然资源学报》(24.96%)、《中国人口·资源与环境》(23.45%)。

表 1-22 传播力 TOP 中文理学学术期刊中高传播内容指数期刊

序号	期刊名称	传播内容指数	文章总量/篇	国家级基金论文比/%	近 3 年高 PCSI 论文比/%	近 3 年高使用论文比/%
1	地理学报	14.75	218	72.48	26.70	34.18
2	自然资源学报	13.77	222	73.87	28.04	24.96
3	生态学报	13.63	903	63.12	16.21	9.83
4	中国人口·资源与环境	11.55	206	73.30	17.47	23.45
5	光学学报	11.26	709	67.28	9.12	0.74
6	地理研究	11.16	212	84.91	16.91	18.41
7	应用生态学报	10.86	419	63.72	12.57	8.41
8	地理科学	10.34	218	77.06	18.65	11.63
9	物理学报	10.18	994	78.17	1.00	0.58
10	地理科学进展	10.17	189	84.66	15.99	14.46
11	光谱学与光谱分析	9.80	699	62.09	1.32	0.90
12	科学通报	9.58	472	57.20	5.57	4.74
13	资源科学	9.32	195	73.33	15.88	10.51
14	地球科学	8.71	402	62.94	5.60	3.25
15	中国科学院院刊	8.57	240	28.75	16.73	9.79
16	系统工程理论与实践	8.47	244	85.25	10.03	4.86
17	微生物学通报	8.40	415	41.93	4.60	5.59
18	水科学进展	8.33	95	76.84	14.39	13.04
19	干旱区资源与环境	8.32	320	58.75	7.19	6.42
20	地球信息科学学报	8.15	195	67.18	8.82	12.05

注: 按传播内容指数降序排序。

3.传播渠道数据分析

从表 1-23 可见,传播力 TOP 中文理学学术期刊中,传播渠道指数较高的三种期刊分别为《中国动物保健》《中国科学院院刊》《光学学报》,传播渠道指数分别为 13.90、13.88、13.36。其中,《中国动物保健》的全文发行传播渠道数量为 3 种,新媒体渠道数量为 4 种,新媒体渠道文章总量为 1882 篇;《中国科学院院刊》的国内外索引型数据库收录数量为 5 种,全文发行传播渠道数量为 3 种,新媒体渠道数量为4种，新媒体渠道文章总量为388篇；《光学学报》的国内外索引型数据库收录数量为7种，全文发行传播渠道数量为3种，新媒体渠道数量为1种，新媒体渠道文章总量为1203篇。

表1-23 传播力TOP中文理学学术期刊中高传播渠道指数期刊

序号	期刊名称	传播渠道指数	国内外索引型数据库收录数量/种	全文发行传播渠道数量/种	新媒体渠道数量/种	新媒体渠道文章总量/篇
1	中国动物保健	13.90	0	3	4	1882
2	中国科学院院刊	13.88	5	3	4	388
3	光学学报	13.36	7	3	1	1203
4	光子学报	12.14	7	3	2	94
5	测绘通报	12.06	2	2	1	2605
6	科学通报	11.91	6	3	2	283
7	科技导报	11.82	2	3	3	884
8	地球科学	11.71	6	3	2	192
9	沉积学报	11.54	4	3	3	160
10	生物工程学报	11.31	5	3	2	305
11	中国光学（中英文）	11.27	6	3	1	539
12	物理学报	10.86	7	3	1	53
13	力学学报	10.74	5	3	2	44
14	微生物学报	10.64	2	3	3	339
15	发光学报	10.62	5	3	1	539
16	微生物学通报	10.48	2	3	3	269
17	分析化学	10.20	6	3	1	47
18	生态学报	10.18	4	3	2	82
19	高等学校化学学报	10.15	6	3	1	25
20	地球物理学报	10.13	6	3	1	16

注：《中国光学（中英文）》和《发光学报》运营相同的微信公众号（公众号名称：中国光学），因此新媒体渠道文章总量指标数据相同。
按传播渠道指数降序排序。

从传统传播渠道覆盖度来看，国内外索引型数据库收录数量较多的期刊有《光学学报》《光子学报》《物理学报》，数量均为7种；除《测绘通报》外，全文发行传播渠道均为3个。

从新媒体传播渠道覆盖度来看，运营新媒体账号种类较多的期刊有《中国动物保健》（4种）、《中国科学院院刊》（4种）、《科技导报》（3种）、《沉积学报》（3种）、《微生物学报》（3种）、《微生物学通报》（3种）。

从新媒体传播渠道活跃度来看，发表微博和微信公众号文章数量较多的期刊有《测绘通报》（2605篇）、《中国动物保健》（1882篇）、《光学学报》（1203篇）。

4.受众数据分析

从表1-24可见，传播力TOP中文理学学术期刊中，受众指数较高的三种期刊分别为《中国科学院院刊》《生态学报》《中国光学（中英文）》，受众指数分别为10.56、9.02、8.53。其中，《中国科学院院刊》的国内外使用总频次为304 949次，新媒体渠道关注总人数为260 000人；《生态学报》的国内外使

表1-24 传播力TOP中文理学学术期刊中高受众指数期刊

序号	期刊名称	受众指数	国内外使用总频次/次	新媒体渠道关注总人数/人
1	中国科学院院刊	10.56	304 949	260 000
2	生态学报	9.02	852 623	22 925
3	中国光学（中英文）	8.53	37 343	275 172
4	自然资源学报	6.17	418 631	63 540
5	中国人口•资源与环境	5.79	464 476	34 566
6	地理学报	5.26	460 229	17 048
7	分析化学	5.03	225 110	86 606
8	物理学报	4.96	388 735	29 864
9	科技导报	4.80	152 989	101 938
10	地理研究	4.77	372 025	28 643
11	光谱学与光谱分析	4.42	420 136	—
12	地理科学	4.36	246 852	55 125
13	干旱区资源与环境	4.28	339 476	21 546
14	中国动物保健	3.94	138 200	76 022
15	地理科学进展	3.94	250 423	38 644
16	应用生态学报	3.67	308 856	9 624
17	物理	3.59	37 285	96 648
18	热带地理	3.42	175 032	45 073
19	力学学报	3.39	104 519	66 992
20	科学通报	3.30	254 858	13 987

注：按受众指数降序排序。
新媒体渠道关注总人数为预估值。

用总频次为852 623次，新媒体渠道关注总人数为22 925人；《中国光学（中英文）》的国内外使用总频次为37 343次，新媒体渠道关注总人数为275 172人。

从数据库用户使用情况来看，国内外使用总频次较高的期刊有《生态学报》（852 623次）、《中国人口·资源与环境》（464 476次）、《地理学报》（460 229次）。

从新媒体用户规模来看，新媒体账号的关注总人数较多的期刊有《中国光学（中英文）》（275 172人）、《中国科学院院刊》（260 000人）、《科技导报》（101 938人）。

5.传播效果数据分析

从表1-25可见，传播力TOP中文理学学术期刊中，传播效果指数较高的三种

表1-25 传播力TOP中文理学学术期刊中高传播效果指数期刊

序号	期刊名称	传播效果指数	2022年纸本发行量/册	国内外被引频次/次	被科技新闻提及次数/次	新媒体渠道总阅读量/次	新媒体渠道总点赞量/次	新媒体渠道总转发量/次
1	中国光学（中英文）	9.82	6 000	2 658	0	1 801 565	24 396	18 639
2	发光学报	9.80	1 680	2 458	0	1 801 565	24 396	18 639
3	生态学报	9.20	720	77 770	4	55 585	96	23
4	光学学报	8.11	28 800	15 308	6	2 212 207	10 518	4 861
5	物理	7.51	54 000	2 583	16	1 928 446	15 838	7 420
6	地理学报	5.45	14 400	38 380	5	112 707	472	179
7	中国科学院院刊	5.45	34 800	9 705	231	519 999	2 580	1 400
8	应用生态学报	5.22	4 800	38 899	0	9 595	13	11
9	中国科学：生命科学	4.72	6 960	4 301	8	1 189 276	6 193	2 855
10	科学通报	4.67	16 200	23 430	79	126 615	878	512
11	中国人口·资源与环境	4.62	21 600	31 756	1	55 948	110	48
12	测绘通报	4.60	14 000	9 306	1	1 302 463	2 227	1 021
13	科技导报	4.41	55 680	9 254	3	701 452	4 926	3 318
14	岩石学报	4.32	1 200	29 510	6	—	—	—
15	地理研究	4.03	6 000	26 344	2	28 368	88	27
16	地球物理学报	3.99	3 600	26 212	2	17 472	33	8
17	物理学报	3.92	153 600	22 050	7	96 807	480	218
18	自然资源学报	3.91	10 560	22 604	3	149 417	416	178
19	地理科学	3.63	9 600	21 438	1	71 855	290	65
20	生态学杂志	3.62	5 400	22 582	3	6 187	16	5

注：《中国光学（中英文）》和《发光学报》运营相同的微信公众号（公众号名称：中国光学），因此总阅读量、总点赞量、总转发量指标数据相同。
按传播效果指数降序排列。

期刊分别为《中国光学（中英文）》《发光学报》《生态学报》，传播效果指数分别为9.82、9.80、9.20。其中，《中国光学（中英文）》2022年纸本发行量为6000册，国内外被引频次为2658次，新媒体渠道总阅读量为1 801 565次，总点赞量为24 396次，总转发量为18 639次。《发光学报》2022年纸本发行量为1680册，国内外被引频次为2458次，总阅读量为1 801 565次，总点赞量为24 396次，总转发量为18 639次。《生态学报》2022年纸本发行量为720册，国内外被引频次为77 770次，被科技新闻提及次数为4次，总阅读量为55 585次，总点赞量为96次，总转发量为23次。

从纸本发行规模来看，2022年纸本发行量较大的期刊有《物理学报》（153 600册）、《科技导报》（55 680册）、《物理》（54 000册）。

从用户使用转化度来看，国内外被引频次较高的期刊有《生态学报》（77 770次）、《应用生态学报》（38 899次）、《地理学报》（38 380次）；被科技新闻提及次数较多的期刊有《中国科学院院刊》（231次）、《科学通报》（79次）、《物理》（16次）。

从新媒体用户反馈度来看，新媒体文章阅读量较高的期刊有《光学学报》（2 212 207次）、《物理》（1 928 446次）、《中国光学（中英文）》和《发光学报》（1 801 565次）；点赞量较高的期刊有《中国光学（中英文）》和《发光学报》（24 396次）、《物理》（15 838次）；转发量较多的期刊有《中国光学（中英文）》和《发光学报》（18 639次）、《物理》（7420次）。

（三）传播力TOP中文农学学术期刊数据分析

下文分别挑选传播者指数、传播内容指数、传播渠道指数、受众指数、传播效果指数最高的20种传播力TOP中文农学学术期刊展开详细分析。

1.传播者数据分析

从表1-26可见，传播力TOP中文农学学术期刊中，传播者指数较高的三种期刊为《农业工程学报》《农业机械学报》《中国生态农业学报（中英文）》，传播者指数分别为13.66、12.58、11.22。其中，《农业工程学报》的作者总人数为4553

位，作者所属机构数量为589个，高被引作者占比为7.07%，高被引机构占比为48.56%，高级职称编辑占比为20.00%，编委人数331位。《农业机械学报》的作者总人数为2662位，作者所属机构数量为354个，高被引作者占比为8.11%，高被引机构占比为51.41%，高级职称编辑占比为100%，编委人数115位。《中国生态农业学报（中英文）》的作者总人数为933位，作者所属机构数量为153个，高被引作者占比为13.50%，高被引机构占比为60.13%，高级职称编辑占比为83.33%，编委人数86位。

表1-26 传播力TOP中文农学学术期刊中高传播者指数期刊

序号	期刊名称	传播者指数	作者总人数/位	作者所属机构数量/个	高被引作者占比/%	高被引机构占比/%	高级职称编辑占比/%	编委人数/位
1	农业工程学报	13.66	4553	589	7.07	48.56	20.00	331
2	农业机械学报	12.58	2662	354	8.11	51.41	100.00	115
3	中国生态农业学报（中英文）	11.22	933	153	13.50	60.13	83.33	86
4	作物学报	11.16	1874	215	13.13	45.12	57.14	139
5	农业现代化研究	11.12	383	102	12.79	72.55	100.00	43
6	农业环境科学学报	10.90	1662	290	9.87	54.48	60.00	108
7	植物营养与肥料学报	10.81	1284	187	12.38	46.52	85.71	89
8	中国农学通报	10.78	4326	850	4.14	22.47	37.50	89
9	江苏农业科学	10.70	4779	769	4.37	31.86	33.33	32
10	动物营养学报	10.59	3393	423	10.17	32.62	14.29	108
11	农业资源与环境学报	10.38	658	159	17.17	62.26	25.00	93
12	饲料研究	10.31	3364	652	5.95	24.23	33.33	65
13	中国农业科学	10.26	2531	301	9.64	41.20	60.00	29
14	湖北农业科学	9.82	4385	819	2.03	27.72	20.00	51
15	草业学报	9.82	1191	174	13.35	52.87	28.57	104
16	中国水稻科学	9.42	431	66	14.85	53.03	75.00	—
17	安徽农业科学	9.41	7068	1478	2.62	22.53	15.63	33
18	中国农业大学学报	9.34	1588	250	8.38	52.00	37.50	71
19	绿色科技	9.33	4131	994	1.09	25.05	22.22	25
20	智慧农业导刊	9.31	1918	650	0.83	26.31	83.33	44

注：按传播者指数降序排序。

从作者覆盖度来看，作者总人数较多的期刊有《安徽农业科学》（7068 位）、《江苏农业科学》（4779 位）、《农业工程学报》（4553 位）。作者所属机构数量最高的期刊有《安徽农业科学》（1478 个）、《绿色科技》（994 个）、《中国农学通报》（850 个）。

从作者权威度来看，高被引作者占比较高的期刊有《农业资源与环境学报》（17.17%）、《中国水稻科学》（14.85%）、《中国生态农业学报（中英文）》（13.50%）；高被引机构占比较高的期刊有《农业现代化研究》（72.55%）、《农业资源与环境学报》（62.26%）、《中国生态农业学报（中英文）》（60.13%）。

从编辑专业度来看，高级职称编辑占比较高的期刊有《农业现代化研究》（100%）、《农业机械学报》（100%）、《植物营养与肥料学报》（85.71%）；编委人数较多的期刊有《农业工程学报》（331 位）、《作物学报》（139 位）、《农业机械学报》（115 位）。

2.传播内容数据分析

从表 1-27 可见，传播力 TOP 中文农学学术期刊中，传播内容指数较高的三种期刊为《农业机械学报》《动物营养学报》《风景园林》，传播内容指数分别为 13.55、12.52、12.41。其中，《农业机械学报》的文章总量为 653 篇，国家级基金论文比为 46.55%，近 3 年高 PCSI 论文比为 15.12%，近 3 年高使用论文比为 5.44%。《动物营养学报》的文章总量为 763 篇，国家级基金论文比为 30.67%，近 3 年高 PCSI 论文比为 12.19%，近 3 年高使用论文比为 4.98%。《风景园林》的文章总量为 261 篇，国家级基金论文比为 34.87%，近 3 年高 PCSI 论文比为 11.92%，近 3 年高使用论文比为 11.46%。

从传播内容的规模来看，文章总量较高的期刊有《现代园艺》（1729 篇）、《安徽农业科学》（1718 篇）、《绿色科技》（1565 篇）。

从传播内容的质量来看，国家级基金论文比较高的期刊有《中国生态农业学报（中英文）》（52.36%）、《农业工程学报》（52.31%）、《草业学报》（48.54%）；近 3 年高 PCSI 论文比较高的期刊有《农业机械学报》（15.12%）、《作物学报》

（12.50%）、《动物营养学报》（12.19%）；近 3 年高使用论文比较高的期刊有《风景园林》（11.46%）、《中国农业科学》（5.49%）、《作物学报》（5.47%）。

表 1-27　传播力 TOP 中文农学学术期刊中高传播内容指数期刊

序号	期刊名称	传播内容指数	文章总量/篇	国家级基金论文比/%	近3年高PCSI论文比/%	近3年高使用论文比/%
1	农业机械学报	13.55	653	46.55	15.12	5.44
2	动物营养学报	12.52	763	30.67	12.19	4.98
3	风景园林	12.41	261	34.87	11.92	11.46
4	农业工程学报	11.67	910	52.31	8.38	2.12
5	作物学报	10.67	294	47.96	12.50	5.47
6	中国农业科学	10.13	385	48.31	9.07	5.49
7	草地学报	9.89	405	43.46	11.23	3.43
8	草业学报	9.28	239	48.54	10.20	4.63
9	分子植物育种	8.92	1037	28.74	0.93	1.42
10	中国生态农业学报（中英文）	8.75	191	52.36	8.04	5.37
11	湖北农业科学	8.56	1167	16.54	0.06	0.48
12	安徽农业科学	8.26	1718	7.04	0.24	0.39
13	现代园艺	8.22	1729	1.79	0.02	0.89
14	果树学报	8.22	272	21.69	8.73	4.92
15	现代农业科技	8.07	1470	1.77	0.04	0.52
16	绿色科技	8.05	1565	5.11	0.00	0.23
17	中国畜牧杂志	8.04	655	22.90	3.95	2.77
18	园艺学报	7.98	517	24.56	6.13	2.75
19	种子科技	7.90	1166	0.26	0.00	0.27
20	江苏农业科学	7.88	966	21.84	0.62	0.73

注：按传播内容指数降序排序。

3.传播渠道数据分析

从表 1-28 可见，传播力 TOP 中文农学学术期刊中，传播渠道指数较高的三种期刊分别为《农业工程学报》《风景园林》《智慧农业（中英文）》，传播渠道指数分别为 14.94、14.09、13.81。其中，《农业工程学报》的国内外索引型数据库收录数量为 5 种，全文发行传播渠道数量为 3 种，新媒体渠道数量为 1 种，新媒体渠道文章总量为1055篇。《风景园林》的国内外索引型数据库收录数量为1种，全文发行传播渠道数量为3种，新媒体渠道数量为4种，新媒体渠道文章总量为835篇。《智慧农业（中英文）》的国内外索引型数据库收录数量为4种，全文发行传播渠道数量为3种，新媒体渠道数量为3种，新媒体渠道文章总量为384篇。

表1-28 传播力TOP中文农学学术期刊中高传播渠道指数期刊

序号	期刊名称	传播渠道指数	国内外索引型数据库收录数量/种	全文发行传播渠道数量/种	新媒体渠道数量/种	新媒体渠道文章总量/篇
1	农业工程学报	14.94	5	3	1	1055
2	风景园林	14.09	1	3	4	835
3	智慧农业（中英文）	13.81	4	3	3	384
4	安徽农业科学	13.52	0	3	3	1229
5	科学养鱼	13.00	0	3	2	1406
6	中国蔬菜	12.36	1	3	3	708
7	南京林业大学学报（自然科学版）	12.03	4	3	2	244
8	中国生态农业学报（中英文）	11.48	5	3	1	184
9	作物学报	11.15	5	3	1	100
10	长江蔬菜	10.88	0	3	2	874
11	林业科学	10.86	5	3	1	27
12	农业机械学报	10.85	5	3	1	26
13	植物营养与肥料学报	10.14	4	3	1	76
14	农业资源与环境学报	10.04	4	3	1	52
15	农业环境科学学报	10.02	4	3	1	46
16	园艺学报	9.96	4	3	1	30
17	中国农业科学	9.93	4	3	1	24
18	水产学报	9.92	4	3	1	21
19	中国水稻科学	9.87	4	3	1	7
20	植物保护学报	9.81	2	3	1	451

注：按传播渠道指数降序排序。

从传统传播渠道覆盖度来看，国内外索引型数据库收录数量较多的期刊有《农业工程学报》《中国生态农业学报（中英文）》《作物学报》《林业科学》《农业机械学报》，均为5种；中文农学TOP 20高传播渠道指数期刊的全文发行传播渠道数量均为3种。

从新媒体传播渠道覆盖度来看，运营新媒体账号种类较多的期刊有《风景园林》

（4种）、《智慧农业（中英文）》（3种）、《中国蔬菜》（3种）、《安徽农业科学》（3种）。

从新媒体传播渠道活跃度来看，发表微博和微信公众号文章数量较多的期刊有《科学养鱼》（1406篇）、《安徽农业科学》（1229篇）、《农业工程学报》（1055篇）。

4.受众数据分析

从表1-29可见，传播力TOP中文农学学术期刊中，受众指数较高的三种期刊分别为《风景园林》《安徽农业科学》《植物保护学报》，受众指数分别为11.00、

表1-29 传播力TOP中文农学学术期刊中高受众指数期刊

序号	期刊名称	受众指数	国内外使用总频次/次	新媒体渠道关注总人数/人
1	风景园林	11.00	227 744	279 156
2	安徽农业科学	8.75	639 437	11 320
3	植物保护学报	8.59	107 326	243 805
4	现代园艺	7.96	598 679	508
5	农业机械学报	6.83	486 674	8 847
6	动物营养学报	6.59	451 530	16 032
7	江苏农业科学	6.52	451 116	13 646
8	湖北农业科学	6.09	417 338	12 570
9	农业工程学报	5.95	398 531	16 161
10	分子植物育种	5.90	405 499	10 863
11	现代农业科技	5.82	420 755	1 079
12	中国畜牧杂志	5.76	324 175	42 418
13	中国蔬菜	5.71	103 500	139 319
14	农业与技术	5.61	401 957	1 858
15	绿色科技	5.51	397 924	—
16	智慧农业导刊	5.40	389 268	—
17	饲料研究	4.82	307 200	15 220
18	中国农学通报	4.46	297 341	6 284
19	中国农业科学	4.16	212 928	33 209
20	种子科技	3.94	190 374	35 197

注：按受众指数降序排列。
新媒体渠道关注总人数为预估值。

8.75、8.59。其中,《风景园林》的国内外使用总频次为227 744次,新媒体渠道关注总人数为279 156人;《安徽农业科学》的国内外使用总频次为639 437次,新媒体渠道关注总人数为11 320人;《植物保护学报》的国内外使用总频次为107 326次,新媒体渠道关注总人数为243 805人。

从数据库用户使用情况来看,国内外使用总频次较高的期刊有《安徽农业科学》(639 437次)、《现代园艺》(598 679次)、《农业机械学报》(486 674次)。

从新媒体用户规模来看,新媒体账号的关注总人数较多的期刊有《风景园林》(279 156人)、《植物保护学报》(243 805人)、《中国蔬菜》(139 319人)。

5.传播效果数据分析

从表1-30可见,传播力TOP中文农学学术期刊中,传播效果指数较高的三种期刊分别为《长江蔬菜》《农业工程学报》《科学养鱼》,传播效果指数分别为12.39、11.24、10.88。其中,《长江蔬菜》2022年纸本发行量为271 200册,国内外被引频次为63次,被科技新闻提及次数为1次,新媒体总阅读量为1 254 317次,总点赞量为10 183次,总转发量为9531次。《农业工程学报》2022年纸本发行量为2750册,国内外被引频次为60 240次,被科技新闻提及次数为3次,新媒体总阅读量为447 544次,总点赞量为1125次,总转发量为426次。《科学养鱼》2022年纸本发行量为240 000册,国内外被引频次为1332次,新媒体总阅读量为1 636 782次,总点赞量为7658次,总转发量为5098次。

从纸本发行规模来看,2022年纸本发行量较大的期刊有《长江蔬菜》(271 200册)、《科学养鱼》(240 000册)、《智慧农业导刊》(204 000册)。

从用户使用转化度来看,国内外被引频次较高的期刊有《农业工程学报》(60 240次)、《农业机械学报》(33 501次)、《中国农业科学》(29 824次);被科技新闻提及次数较多的期刊有《作物学报》(4次)、《动物营养学报》(4次)、《农业工程学报》(3次)、《现代农业科技》(3次)。

从新媒体用户反馈度来看,新媒体文章阅读量较高的期刊有《中国蔬菜》(1 904 169次)、《科学养鱼》(1 636 782次)、《植物保护学报》(1 290 749

次）；点赞量较高的期刊有《植物保护学报》（15 669次）、《长江蔬菜》（10 183次）、《中国蔬菜》（8937次）；转发量较多的期刊有《长江蔬菜》（9531次）、《植物保护学报》（5677次）、《中国蔬菜》（5573次）。

表1-30 传播力TOP中文农学学术期刊中高传播效果指数期刊

序号	期刊名称	传播效果指数	2022年纸本发行量/册	国内外被引频次/次	被科技新闻提及次数/次	新媒体渠道总阅读量/次	新媒体渠道总点赞量/次	新媒体渠道总转发量/次
1	长江蔬菜	12.39	271 200	63	1	1 254 317	10 183	9 531
2	农业工程学报	11.24	2 750	60 240	3	447 544	1 125	426
3	科学养鱼	10.88	240 000	1 332	0	1 636 782	7 658	5 098
4	中国蔬菜	9.96	48 000	5 112	1	1 904 169	8 937	5 573
5	植物保护学报	9.22	3 000	5 340	0	1 290 749	15 669	5 677
6	安徽农业科学	7.62	19 200	29 729	0	639 101	2 829	876
7	农业机械学报	6.45	4 200	33 501	2	14 692	52	14
8	风景园林	6.31	28 800	4 912	2	1 018 651	4 242	1 842
9	中国农业科学	6.02	24 000	29 824	1	27 459	43	21
10	中国农学通报	5.51	18 000	24 877	2	11 378	21	0
11	作物学报	4.74	3 600	15 368	4	64 032	174	78
12	饲料研究	4.73	72 000	5 526	0	379 905	1 715	1 604
13	江苏农业科学	4.73	33 600	19 222	0	47 488	477	251
14	动物营养学报	4.59	3 240	15 354	4	16 842	32	11
15	智慧农业导刊	4.26	204 000	0	0	—	—	—
16	种子科技	4.09	33 600	33	2	527 019	1 523	1 061
17	北方园艺	4.00	18 000	12 621	0	130 730	904	565
18	现代农业科技	3.97	14 400	11 167	3	15 806	51	18
19	湖北农业科学	3.91	72 000	10 657	0	8 942	24	2
20	农业环境科学学报	3.90	6 600	16 810	0	18 600	144	87

注：按传播效果指数降序排序。

（四）传播力TOP中文医学学术期刊数据分析

下文分别挑选传播者指数、传播内容指数、传播渠道指数、受众指数、传播效果指数最高的20种传播力TOP中文医学学术期刊展开详细分析。

1.传播者数据分析

从表1-31可见，传播力TOP中文医学学术期刊中，传播者指数较高的三种期刊是《中国中药杂志》《中国实验方剂学杂志》《中草药》，传播者指数分别为14.80、12.85、12.83。其中，《中国中药杂志》的作者总人数为3886位，作者所属机构数量为465个，高被引作者占比为22.72%，高被引机构占比为43.23%，高级职称编辑占比为80.00%，编委人数146位。《中国实验方剂学杂志》的作者总人数为4226位，作者所属机构数量为509个，高被引作者占比为22.05%，高被引机构占比为35.76%，高级职称编辑占比为50.00%。《中草药》的作者总人数为4547位，作者所属机构数量为602个，高被引作者占比为15.28%，高被引机构占比为39.37%，高级职称编辑占比为77.78%。

表1-31 传播力TOP中文医学学术期刊中高传播者指数期刊

序号	期刊名称	传播者指数	作者总人数/位	作者所属机构数量/个	高被引作者占比/%	高被引机构占比/%	高级职称编辑占比/%	编委人数/位
1	中国中药杂志	14.80	3886	465	22.72	43.23	80.00	146
2	中国实验方剂学杂志	12.85	4226	509	22.05	35.76	50.00	—
3	中草药	12.83	4547	602	15.28	39.37	77.78	—
4	中医杂志	12.17	2208	270	22.42	43.70	80.95	—
5	世界科学技术-中医药现代化	11.58	2946	408	12.25	38.48	40.00	231
6	护理研究	11.53	3681	558	6.30	39.25	17.24	320
7	世界中医药	11.44	3027	425	14.93	33.88	33.33	181
8	中华中医药学刊	11.14	3194	493	17.03	31.85	45.45	—
9	中国现代中药	11.10	1575	277	13.78	38.63	50.00	270
10	中国卫生事业管理	11.09	767	165	18.25	67.88	61.54	42
11	针刺研究	10.94	881	146	19.18	52.05	70.00	68
12	药学学报	10.76	1981	283	7.07	56.89	62.50	185
13	北京中医药大学学报	10.71	935	135	19.14	54.07	50.00	97
14	中华中医药杂志	10.68	6816	664	12.97	31.48	14.29	—
15	中国中医基础医学杂志	10.62	2079	280	13.23	40.00	90.91	—
16	心理科学进展	10.59	679	150	12.67	82.67	50.00	73
17	中华疾病控制杂志	10.55	1442	265	11.44	33.58	72.73	214
18	中国全科医学	10.48	3263	650	13.79	33.38	17.24	—
19	护理学杂志	10.42	3355	495	7.36	40.40	64.29	—
20	中国中医药信息杂志	10.34	1717	232	18.64	44.40	50.00	—

注：按传播者指数降序排序。

从作者覆盖度来看，作者总人数较多的期刊有《中华中医药杂志》（6816位）、《中草药》（4547位）、《中国实验方剂学杂志》（4226位）；作者所属机构数量较多的期刊有《中华中医药杂志》（664个）、《中国全科医学》（650个）、《中草药》（602个）。

从作者权威度来看，高被引作者占比较高的期刊有《中国中药杂志》（22.72%）、《中医杂志》（22.42%）、《中国实验方剂学杂志》（22.05%）；高被引机构占比较高的期刊有《心理科学进展》（82.67%）、《中国卫生事业管理》（67.88%）、《药学学报》（56.89%）。

从编辑专业度来看，高级职称编辑占比较高的期刊有《中国中医基础医学杂志》（90.91%）、《中医杂志》（80.95%）、《中国中药杂志》（80.00%）；编委人数较多的期刊有《护理研究》（320位）、《中国现代中药》（270位）、《世界科学技术-中医药现代化》（231位）。

2.传播内容数据分析

从表1-32可见，传播力TOP中文医学学术期刊中，传播内容指数较高的三种期刊是《中华护理杂志》《中国中药杂志》《中国组织工程研究》，传播内容指数分别为13.76、10.22、9.60。其中，《中华护理杂志》的文章总量为615篇，国家级基金论文比为7.48%，近3年高PCSI论文比为25.47%，近3年高使用论文比为35.48%。《中国中药杂志》的文章总量为786篇，国家级基金论文比为48.85%，近3年高PCSI论文比为13.83%，近3年高使用论文比为10.06%。《中国组织工程研究》的文章总量为1107篇，国家级基金论文比为29.99%，近3年高PCSI论文比为7.22%，近3年高使用论文比为7.18%。

从传播内容的规模来看，文章总量较多的期刊有《中国中医药现代远程教育》（1885篇）、《中国老年学杂志》（1727篇）、《中国医药导报》（1718篇）。

从传播内容的质量来看，国家级基金论文比较高的期刊有《中国中药杂志》（48.85%）、《中国实验方剂学杂志》（44.27%）、《中华中医药杂志》（42.49%）；近3年高PCSI论文比较高的期刊有《中华护理杂志》（25.47%）、《中国实用妇科与产科杂志》（15.58%）、《中医杂志》（14.47%）；近 3 年高使用论文比较高的期刊有《中华护理杂志》（35.48%）、《中国实用妇科与产科杂志》（15.64%）、《护理学杂志》（12.95%）。

表 1-32　传播力 TOP 中文医学学术期刊中高传播内容指数期刊

序号	期刊名称	传播内容指数	文章总量/篇	国家级基金论文比/%	近 3 年高 PCSI 论文比/%	近 3 年高使用论文比/%
1	中华护理杂志	13.76	615	7.48	25.47	35.48
2	中国中药杂志	10.22	786	48.85	13.83	10.06
3	中国组织工程研究	9.60	1107	29.99	7.22	7.18
4	中华中医药杂志	9.59	1704	42.49	2.91	0.90
5	中国实验方剂学杂志	9.47	872	44.27	10.55	7.05
6	护理学杂志	9.19	760	7.76	13.94	12.95
7	中草药	8.97	862	40.84	7.49	8.87
8	中国全科医学	8.88	706	30.59	13.28	8.32
9	中国老年学杂志	8.70	1727	10.94	2.53	2.26
10	中国医药导报	8.53	1718	19.85	1.49	0.46
11	中医杂志	8.51	458	38.65	14.47	11.35
12	护理研究	8.37	973	5.96	5.89	10.74
13	中国实用妇科与产科杂志	8.29	289	33.91	15.58	15.64
14	中国妇幼保健	7.89	1343	1.56	1.37	0.71
15	全科护理	7.79	1569	1.34	0.29	0.98
16	齐鲁护理杂志	7.78	1386	0.51	0.84	0.33
17	中医临床研究	7.76	1648	5.04	0.11	0.20
18	中国现代医生	7.72	1524	4.07	0.06	0.21
19	中国中医药现代远程教育	7.71	1885	2.81	0.15	0.29
20	光明中医	7.71	1581	3.16	0.13	0.23

注：按传播内容指数降序排序。

3.传播渠道数据分析

从表 1-33 可见，传播力 TOP 中文医学学术期刊中，传播渠道指数较高的三种期刊是《中华消化外科杂志》《中国循环杂志》《中国实用外科杂志》，传播渠道指数分别为 14.56、14.28、14.18。其中，《中华消化外科杂志》的国内外索引型数据库收录数量为 4 种，全文发行传播渠道数量为 3 种，新媒体渠道数量为 2 种，新媒体渠道文章总量为1816篇。《中国循环杂志》的国内外索引型数据库收录数量为2种，全文发行传播渠道数量为3种，新媒体渠道数量为3种，新媒体渠道文章总量为1920篇。《中国实用外科杂志》的国内外索引型数据库收录数量为2种，全文发行传播渠道数量为3种，新媒体渠道数量为2种，新媒体渠道文章总量为2259篇。

表1-33 传播力TOP中文医学学术期刊中高传播渠道指数期刊

序号	期刊名称	传播渠道指数	国内外索引型数据库收录数量/种	全文发行传播渠道数量/种	新媒体渠道数量/种	新媒体渠道文章总量/篇
1	中华消化外科杂志	14.56	4	3	2	1816
2	中国循环杂志	14.28	2	3	3	1920
3	中国实用外科杂志	14.18	2	3	2	2259
4	临床肝胆病杂志	14.17	4	3	4	908
5	中国护理管理	13.82	2	3	4	1364
6	中国医疗保险	13.52	0	2	5	1914
7	中华妇产科杂志	12.93	5	3	1	1245
8	磁共振成像	12.89	2	3	4	992
9	中华围产医学杂志	12.87	4	3	3	1145
10	中国中药杂志	12.14	5	2	3	633
11	中华胃肠外科杂志	12.06	4	3	1	1197
12	中国社区医师	11.77	0	3	2	1891
13	中草药	11.30	4	3	1	896
14	中国全科医学	11.18	3	3	3	392
15	南方医科大学学报	10.80	5	3	2	24
16	公共卫生与预防医学	10.78	1	3	2	1201
17	中华儿科杂志	10.73	5	3	1	373
18	中华护理杂志	10.73	2	3	3	509
19	协和医学杂志	10.68	4	3	2	274
20	中华医学杂志	10.66	5	3	1	344

注：按传播渠道指数降序排序。

从传统传播渠道覆盖度来看，国内外索引型数据库收录数量较多的期刊有《中华妇产科杂志》《中国中药杂志》《南方医科大学学报》《中华儿科杂志》《中华医学杂志》，均为5种；传播渠道指数较高的前20种期刊中，除《中国中药杂志》和《中国医疗保险》全文发文传播渠道为2种外，其他均为3种。

从新媒体传播渠道覆盖度来看，运营新媒体账号种类较多的期刊有《中国医疗保险》（5 种）、《临床肝胆病杂志》（4 种）、《中国护理管理》（4 种）、《磁共振成像》（4 种）。

从新媒体传播渠道活跃度来看，发表微博和微信公众号文章数量较多的期刊有《中国实用外科杂志》（2259 篇）、《中国循环杂志》（1920 篇）、《中国医疗保险》（1914 篇）。

4.受众数据分析

从表 1-34 可见，传播力 TOP 中文医学学术期刊中，受众指数较高的三种期刊

表 1-34 传播力 TOP 中文医学学术期刊中高受众指数期刊

序号	期刊名称	受众指数	国内外使用总频次/次	新媒体渠道关注总人数/人
1	中国医疗保险	8.70	144 222	1 605 543
2	中华护理杂志	8.27	2 190 168	96 159
3	护理研究	7.30	1 802 202	86 392
4	中国中药杂志	6.66	838 341	668 407
5	护理学杂志	5.94	1 477 687	44 877
6	中国全科医学	5.77	1 246 906	178 938
7	中国组织工程研究	4.69	1 174 763	8 635
8	中国老年学杂志	4.21	1 051 744	—
9	全科护理	3.86	942 315	8 639
10	中国实验方剂学杂志	3.77	902 331	19 103
11	中华中医药杂志	3.74	702 578	162 040
12	临床肝胆病杂志	3.68	447 396	338 186
13	中国护理管理	3.66	676 660	163 409
14	中草药	3.57	821 510	39 192
15	护理实践与研究	3.19	755 425	7 547
16	齐鲁护理杂志	3.10	737 542	3 216
17	中国健康心理学杂志	2.86	654 219	15 374
18	中国医药导报	2.85	668 198	2 569
19	现代医药卫生	2.77	486 412	120 550
20	中成药	2.64	593 513	13 362

注：按受众指数降序排序。
新媒体渠道关注总人数为预估值。

是《中国医疗保险》《中华护理杂志》《护理研究》，受众指数分别为8.70、8.27、7.30。其中，《中国医疗保险》的国内外使用总频次为144 222次，新媒体渠道关注总人数为1 605 543人。《中华护理杂志》的国内外使用总频次为2 190 168次，新媒体渠道关注总人数为96 159人。《护理研究》的国内外使用总频次为1 802 202次，新媒体渠道关注总人数为86 392人。

从数据库用户使用情况来看，国内外使用总频次较高的期刊为《中华护理杂志》（2 190 168次）、《护理研究》（1 802 202次）、《护理学杂志》（1 477 687次）。

从新媒体用户规模来看，新媒体账号的关注人数较多的期刊有《中国医疗保险》（1 605 543人）、《中国中药杂志》（668 407人）、《临床肝胆病杂志》（338 186人）。

5.传播效果数据分析

从表1-35可见，传播力TOP中文医学学术期刊中，传播效果指数较高的三种期刊是《中国中药杂志》《中国医疗保险》《中华中医药杂志》，传播效果指数分别为16.99、8.40、8.27。其中，《中国中药杂志》2022年纸本发行量为16 800册，国内外被引频次为38 064次，被科技新闻提及次数为2次，总阅读量为7 545 823次，总点赞量为162 728次，总转发量为80 007次。《中国医疗保险》2022年纸本发行量为837 480册，国内外被引频次为2505次，被科技新闻提及次数为5次，总阅读量为11 796 233次，总点赞量为31 639次，总转发量为18 754次。《中华中医药杂志》2022年纸本发行量为26 400册，国内外被引频次为35 450次，被科技新闻提及次数为1次，新媒体总阅读量为140 333次，总点赞量为640次，总转发量为182次。

从纸本发行规模来看，2022年纸本发行量较大的期刊有《医疗装备》（1 728 000册）、《中国医疗保险》（837 480册）、《中华护理杂志》（480 000册）。

从用户使用转化度来看，国内外被引频次较高的期刊有《中国中药杂志》（38 064次）、《中华中医药杂志》（35 450次）、《中草药》（32 706次）；被科技新闻提及次数较多的期刊有《中华医学杂志》（32次）、《中国医疗保险》

（5次）、《中华护理杂志》（3次）、《中国循环杂志》（3次）。

表1-35 传播力TOP中文医学学术期刊中高传播效果指数期刊

序号	期刊名称	传播效果指数	2022年纸本发行量/册	国内外被引频次/次	被科技新闻提及次数/次	新媒体渠道总阅读量/次	新媒体渠道总点赞量/次	新媒体渠道总转发量/次
1	中国中药杂志	16.99	16 800	38 064	2	7 545 823	162 728	80 007
2	中国医疗保险	8.40	837 480	2 505	5	11 796 233	31 639	18 754
3	中华中医药杂志	8.27	26 400	35 450	1	140 333	640	182
4	中草药	8.15	67 200	32 706	1	857 089	3 762	2 328
5	中国实验方剂学杂志	6.77	19 200	28 076	2	64 375	408	158
6	中华医学杂志	6.64	80 160	17 161	32	500 929	669	497
7	公共卫生与预防医学	6.36	15 000	2 767	0	10 015 655	46 863	24 615
8	心理科学进展	6.23	20 400	25 140	0	343 828	3 640	1 221
9	中医杂志	6.17	264 000	22 133	2	220 366	2 337	1 086
10	中国老年学杂志	5.91	19 200	24 638	0	—	—	—
11	中华护理杂志	5.54	480 000	15 006	3	1 278 614	1 950	883
12	中华中医药学刊	5.13	8 400	20 869	0	18 400	71	150
13	医疗装备	5.01	1 728 000	2 865	0	155 496	202	155
14	中国临床心理学杂志	4.91	15 000	19 834	0	—	—	—
15	中国针灸	4.91	27 600	17 140	2	754 873	4 553	2 054
16	中国全科医学	4.90	69 840	18 766	0	216 962	573	251
17	时珍国医国药	4.88	36 000	19 477	0	—	—	—
18	中国组织工程研究	4.46	3 600	17 043	1	161 418	609	369
19	中国循环杂志	4.38	9 600	8 996	3	2 903 753	14 624	9 019
20	辽宁中医杂志	4.37	6 000	16 570	2	19 920	356	305

注：按传播效果指数降序排序。

从新媒体用户反馈度来看，新媒体文章阅读量较高的期刊有《中国医疗保险》（11 796 233次）、《公共卫生与预防医学》（10 015 655次）、《中国中药杂志》（7 545 823次）；点赞量较高的期刊有《中国中药杂志》（162 728次）、《公共卫生与预防医学》（46 863次）、《中国医疗保险》（31 639次）；转发量较多的期刊有《中国中药杂志》（80 007次）、《公共卫生与预防医学》（24 615次）、

《中国医疗保险》（18 754 次）。

（五）传播力 TOP 中文工程技术期刊数据分析

下文分别挑选传播者指数、传播内容指数、传播渠道指数、受众指数、传播效果指数最高的 20 种中文工程技术期刊展开详细分析。

1.传播者数据分析

从表 1-36 可见，传播力 TOP 中文工程技术期刊中，传播者指数最高的三种期

表 1-36 传播力 TOP 中文工程技术期刊中高传播者指数期刊

序号	期刊名称	传播者指数	作者总人数/位	作者所属机构数量/个	高被引作者占比/%	高被引机构占比/%	高级职称编辑占比/%	编委人数/位
1	计算机仿真	10.92	3211	648	3.02	54.78	82.35	82
2	机械工程学报	10.07	3188	424	3.86	51.65	60.00	177
3	红外与激光工程	10.01	2673	349	1.65	48.71	77.78	202
4	中南大学学报（自然科学版）	9.98	2030	312	7.64	51.28	80.00	235
5	化工新型材料	9.82	3506	546	1.80	49.27	71.43	64
6	电网技术	9.80	2300	259	30.70	53.28	66.67	78
7	当代化工研究	9.71	3667	1036	0.63	25.00	19.23	241
8	中国环境科学	9.68	3197	501	9.70	50.50	60.00	49
9	食品科学	9.64	5373	603	12.60	36.98	11.11	176
10	现代化工	9.52	2924	506	1.95	42.09	80.00	38
11	应用化工	9.45	2935	476	2.18	46.43	75.00	49
12	包装工程	9.43	3758	657	4.76	48.55	20.00	121
13	振动与冲击	9.42	3563	548	4.69	46.90	38.46	116
14	食品工业科技	9.35	6913	915	8.98	34.86	14.29	127
15	计算机工程与应用	9.27	2852	433	11.12	69.52	33.33	82
16	热加工工艺	9.26	3408	652	0.97	30.52	41.67	100
17	实验室研究与探索	9.20	2946	386	3.26	65.28	77.78	—
18	内燃机与配件	9.19	2610	695	0.54	16.40	80.00	26
19	激光与光电子学进展	9.13	4350	607	3.49	48.93	21.57	114
20	山东化工	9.13	5402	950	0.61	27.26	40.00	92

注：按传播者指数降序排列。

刊是《计算机仿真》《机械工程学报》《红外与激光工程》，传播者指数分别为10.92、10.07、10.01。其中，《计算机仿真》的作者总人数为3211位，作者所属机构数量为648个，高被引作者占比为3.02%，高被引机构占比为54.78%，高级职称编辑占比为82.35%，编委人数为82位。《机械工程学报》的作者总人数为3188位，作者所属机构数量为424个，高被引作者占比为3.86%，高被引机构占比为51.65%，高级职称编辑占比为60.00%，编委人数为177位。《红外与激光工程》的作者总人数为2673位，作者所属机构数量为349个，高被引作者占比为1.65%，高被引机构占比为48.71%，高级职称编辑占比为77.78%，编委人数为202位。

从作者覆盖度来看，作者总人数较高的期刊有《食品工业科技》（6913位）、《山东化工》（5402位）、《食品科学》（5373位）；作者所属机构数量较多的期刊有《当代化工研究》（1036个）、《山东化工》（950个）、《食品工业科技》（915个）。

从作者权威度来看，高被引作者占比较高的期刊有《电网技术》（30.70%）、《食品科学》（12.60%）、《计算机工程与应用》（11.12%）；高被引机构占比较高的期刊有《计算机工程与应用》（69.52%）、《实验室研究与探索》（65.28%）、《计算机仿真》（54.78%）。

从编辑专业度来看，传播力TOP中文工程技术期刊中，高级职称编辑占比较高的期刊有《计算机仿真》（82.35%）、《中南大学学报（自然科学版）》（80.00%）、《现代化工》（80.00%）、《内燃机与配件》（80.00%）；编委人数较多的期刊有《当代化工研究》（241位）、《中南大学学报（自然科学版）》（235位）、《红外与激光工程》（202位）。

2.传播内容数据分析

从表1-37可见，传播力TOP中文工程技术期刊中，传播内容指数较高的三种期刊为《国际城市规划》《城市规划》《煤炭学报》，传播内容指数分别为9.60、9.18、9.04。其中，《国际城市规划》的文章总量为110篇，国家级基金论文比为43.64%，近3年高PCSI论文比为17.61%，近3年高使用论文比为29.58%。《城市规划》的文章总量为 192 篇，国家级基金论文比为 35.94%，近 3 年高 PCSI 论文比为 15.83%，近 3 年高使用论文比为 27.47%。《煤炭学报》的文章总量为 406 篇，国家级基金论文比为 77.09%，近 3 年高 PCSI 论文比为 25.49%，近 3 年高使用论文比为 21.37%。

表 1-37　传播力 TOP 中文工程技术期刊中高传播内容指数期刊

序号	期刊名称	传播内容指数	文章总量/篇	国家级基金论文比/%	近 3 年高 PCSI 论文比/%	近 3 年高使用论文比/%
1	国际城市规划	9.60	110	43.64	17.61	29.58
2	城市规划	9.18	192	35.94	15.83	27.47
3	煤炭学报	9.04	406	77.09	25.49	21.37
4	石油勘探与开发	8.25	119	47.90	30.64	22.69
5	中国园林	7.34	367	44.14	10.23	18.45
6	中国电机工程学报	7.19	842	58.67	12.80	10.91
7	城市规划学刊	6.85	221	13.12	26.87	17.95
8	包装工程	6.80	1365	14.65	5.25	8.17
9	石油学报	6.37	167	49.10	14.79	16.57
10	食品科学	6.16	1081	36.26	11.11	5.02
11	岩石力学与工程学报	6.14	304	80.59	24.55	11.55
12	电网技术	5.86	520	41.92	15.32	10.37
13	电力系统自动化	5.72	513	49.71	17.55	9.36
14	城市发展研究	5.52	294	45.24	7.24	12.70
15	中国公路学报	5.52	333	74.47	17.18	9.86
16	食品与发酵工业	5.45	1153	28.53	4.72	2.50
17	食品工业科技	5.44	1415	22.54	5.56	2.61
18	计算机工程与应用	5.24	847	55.73	6.78	4.16
19	材料导报	5.21	965	56.89	2.08	2.99
20	科学技术与工程	5.13	1951	49.21	2.21	0.65

注：按传播内容指数降序排序。

从传播内容的规模来看，文章总量较多的期刊有《科学技术与工程》（1951 篇）、《食品工业科技》（1415 篇）、《包装工程》（1365 篇）。

从传播内容的质量来看，国家级基金论文比较高的期刊有《岩石力学与工程学报》（80.59%）、《煤炭学报》（77.09%）、《中国公路学报》（74.47%）；近 3

年高 PCSI 论文比较高的期刊有《石油勘探与开发》（30.64%）、《城市规划学刊》（26.87%）、《煤炭学报》（25.49%）；近 3 年高使用论文比较高的期刊有《国际城市规划》（29.58%）、《城市规划》（27.47%）、《石油勘探与开发》（22.69%）。

3.传播渠道数据分析

从表 1-38 可见，传播力 TOP 中文工程技术期刊中，传播渠道指数较高的三种期刊是《金属加工（热加工）》《食品科学》《中国激光》，传播渠道指数分别为 12.77、11.57、11.27。其中，《金属加工（热加工）》的全文发行传播渠道数量为 3 种，新媒体渠道数量为 3 种，新媒体渠道文章总量为 3488 篇。《食品科学》的

表 1-38 传播力 TOP 中文工程技术期刊中高传播渠道指数期刊

序号	期刊名称	传播渠道指数	国内外索引型数据库收录数量/种	全文发行传播渠道数量/种	新媒体渠道数量/种	新媒体渠道文章总量/篇
1	金属加工（热加工）	12.77	0	3	3	3488
2	食品科学	11.57	5	3	3	1788
3	中国激光	11.27	7	3	3	1203
4	建筑师	10.48	0	3	3	2261
5	城市公共交通	10.41	0	1	3	3589
6	金属加工（冷加工）	10.12	0	3	4	1761
7	特种铸造及有色合金	9.83	4	3	4	762
8	建筑结构	9.63	1	3	4	1285
9	建筑	9.62	0	3	2	2107
10	中国电力	9.55	4	2	1	2212
11	中国标准化	9.41	0	3	3	1689
12	激光与光电子学进展	9.34	5	3	1	1203
13	环境工程	9.10	2	3	5	487
14	雷达学报	9.02	5	3	2	728
15	中国电机工程学报	9.00	5	3	3	410
16	机械工程学报	8.89	6	3	1	753
17	食品工业科技	8.61	1	3	3	1045
18	电工技术学报	8.47	4	3	2	641
19	中国造纸	8.42	2	3	2	1038
20	城市规划	8.41	3	3	4	211

注：按传播渠道指数降序排列。

国内外索引型数据库收录数量为 5 种，全文发行传播渠道数量为 3 种，新媒体渠道数量为 3 种，新媒体渠道文章总量为 1788 篇。《中国激光》的国内外索引型数据库收录数量为 7 种，全文发行传播渠道数量为 3 种，新媒体渠道数量为 3 种，新媒体渠道文章总量为 1203 篇。

从传统传播渠道覆盖度来看，国内外索引型数据库收录数量较多的期刊有《中国激光》（7 种）、《机械工程学报》（6 种），《食品科学》《激光与光电子学进展》《雷达学报》《中国电机工程学报》（均为 5 种）；传播渠道指数较高的 20 种期刊中，除《中国电力》和《城市公共交通》外，全文发行传播渠道数量均为 3 种。

从新媒体传播渠道覆盖度来看，运营新媒体账号种类较多的期刊有《环境工程》（5 种），《特种铸造及有色合金》《城市规划》《建筑结构》《金属加工（冷加工）》（均为 4 种）。

从新媒体传播渠道活跃度来看，发表微博和微信公众号文章数量较多的期刊有《城市公共交通》（3589 篇）、《金属加工（热加工）》（3488 篇）、《建筑师》（2261 篇）。

4.受众数据分析

从表 1-39 可见，传播力 TOP 中文工程技术期刊中，受众指数较高的三种期刊是《食品工业科技》《食品科学》《人民交通》，受众指数分别为 13.86、13.39、12.35。其中，《食品工业科技》的国内外使用总频次为 1 183 230 次，新媒体渠道关注总人数为 19 060 人。《食品科学》的国内外使用总频次为 1 048 012 次，新媒体渠道关注总人数为 75 702 人。《人民交通》的新媒体渠道关注总人数为 671 238 人。

从数据库用户使用度来看，国内外使用总频次较高的期刊是《食品工业科技》（1 183 230 次）、《食品科学》（1 048 012 次）、《包装工程》（1 019 355 次）。

从新媒体用户覆盖度来看，新媒体账号的关注人数较多的期刊有《人民交通》（671 238 人）、《汽车维修与保养》（601 974 人）、《中华建设》（542 055 人）。

表 1-39　传播力 TOP 中文工程技术期刊中高受众指数期刊

序号	期刊名称	受众指数	国内外使用总频次/次	新媒体渠道关注总人数/人
1	食品工业科技	13.86	1 183 230	19 060
2	食品科学	13.39	1 048 012	75 702
3	人民交通	12.35	—	671 238
4	包装工程	11.79	1 019 355	—
5	汽车维修与保养	11.47	27 493	601 974
6	中华建设	11.37	114 445	542 055
7	中国电机工程学报	10.91	727 534	131 229
8	食品与发酵工业	10.32	870 106	7 312
9	计算机工程与应用	10.10	850 110	7 069
10	中国设备工程	10.01	853 143	262
11	金属加工（热加工）	9.49	79 461	453 754
12	材料导报	9.05	716 314	29 147
13	金属加工（冷加工）	8.98	50 697	441 883
14	南方农机	8.86	738 409	4 653
15	中国石油大学学报（自然科学版）	8.84	46 203	436 798
16	电气技术	8.83	45 631	436 413
17	建筑结构	8.76	427 469	192 996
18	广东化工	8.62	723 310	—
19	科学技术与工程	8.31	660 203	21 102
20	网络安全技术与应用	8.28	690 854	—

注：按受众指数降序排序。
新媒体渠道关注总人数为预估值。
《人民交通》因数据库收录的问题，未采集到 2022 年的使用频次数据。

5.传播效果数据分析

从表 1-40 可见，传播力 TOP 中文工程技术期刊中，传播效果指数较高的三种期刊是《金属加工（热加工）》《中国电机工程学报》《液晶与显示》，传播效果指数分别为 10.86、7.98、7.94。其中，《金属加工（热加工）》2022 年纸本发行量为 24 000 册，国内外被引频次为 1722 次，新媒体总阅读量为 6 709 621 次，总点赞量为 29 887 次，总转发量为 14 198 次。《中国电机工程学报》2022 年纸本发行量为49 140册，国内外被引频次为74 162次，被科技新闻提及次数为1次，新媒体总阅读量为1 162 270次，总点赞量为2725次，总转发量为890次。《液晶与显示》2022年纸本发行量为5040册，国内外被引频次为1747次，新媒体总阅读量为1 801 565次，总点赞量为24 396次，总转发量为18 639次。

表1-40 传播力TOP中文工程技术期刊中高传播效果指数期刊

序号	期刊名称	传播效果指数	2022年纸本发行量/册	国内外被引频次/次	被科技新闻提及次数/次	新媒体渠道总阅读量/次	新媒体渠道总点赞量/次	新媒体渠道总转发量/次
1	金属加工（热加工）	10.86	24 000	1 722	0	6 709 621	29 887	14 198
2	中国电机工程学报	7.98	49 140	74 162	1	1 162 270	2 725	890
3	液晶与显示	7.94	5 040	1 747	0	1 801 565	24 396	18 639
4	建筑师	7.53	27 000	2 356	2	4 812 917	17 960	8 908
5	金属加工（冷加工）	6.95	48 000	729	0	4 057 952	18 233	8 315
6	电工技术	6.77	1 552 800	2 718	2	333 149	1 981	891
7	建设监理	6.67	54 000	486	0	5 682 609	12 461	5 206
8	电力系统自动化	6.16	36 000	48 242	2	1 262 751	3 669	1 364
9	食品科学	5.57	12 000	44 436	2	1 216 477	2 556	1 068
10	中国激光	5.45	28 800	13 827	6	2 212 207	10 518	4 861
11	机械工程学报	5.45	25 680	34 682	0	1 994 269	3 561	1 483
12	建筑结构	5.31	137 800	10 641	1	3 017 211	6 456	4 158
13	激光与光电子学进展	5.29	28 800	12 861	0	2 212 207	10 518	4 861
14	电网技术	5.12	122 520	41 894	1	598 219	1 375	472
15	岩石力学与工程学报	5.06	32 200	52 226	0	34 106	111	16
16	给水排水	4.93	273 000	7 125	0	2 162 526	6 711	3 559
17	电工技术学报	4.60	25 000	35 915	2	782 821	2 421	560
18	岩土力学	4.24	12 600	42 991	0	1 956	13	1
19	煤炭学报	4.18	10 800	41 862	2	—	—	—
20	环境保护	4.10	462 000	9 927	3	574 357	2 919	1 472

注：按传播效果指数降序排序。

从纸本发行规模来看，2022年纸本发行量较大的期刊有《电工技术》（1 552 800册）、《环境保护》（462 000册）、《给水排水》（273 000册）。

从用户使用转化度来看，国内外被引频次较高的期刊有《中国电机工程学报》（74 162次）、《岩石力学与工程学报》（52 226次）、《电力系统自动化》（48 242次）；被科技新闻提及次数较多的期刊有《中国激光》《环境保护》，分别为 6 次、3 次，此外，《电力系统自动化》《食品科学》《煤炭学报》《电工技术学报》《电工技术》《建筑师》均被提及 2 次。

从新媒体用户反馈度来看，新媒体文章阅读量较高的期刊有《金属加工（热加工）》（6 709 621 次）、《建设监理》（5 682 609 次）、《建筑师》（4 812 917 次）；点赞量较高的期刊有《金属加工（热加工）》（29 887 次）、《液晶与显示》（24 396 次）、《金属加工（冷加工）》（18 233 次）；转发量较多的期刊有《液晶与显示》（18 639 次）、《金属加工（热加工）》（14 198 次）、《建筑师》（8908 次）。

（六）传播力 TOP 英文学术期刊数据分析

下文分别挑选传播者指数、传播内容指数、传播渠道指数、受众指数、传播效果指数最高的 20 种传播力 TOP 英文期刊展开详细分析。

1.传播者数据分析

从表 1-41 可见，传播力 TOP 英文学术期刊中，传播者指数较高的三种期刊是《能源化学（英文版）》《国家科学评论（英文）》《中国化学快报（英文版）》，传播者指数分别为 12.86、11.93、11.92。其中，《能源化学（英文版）》的作者总人数为 5023 位，作者所属机构数量为 594 个，高被引作者占比为 5.34%，高被引机构占比为 40.91%，高级职称编辑占比为 66.67%，编委人数为 119 位。《国家科学评论（英文）》的作者总人数为 2235 位，作者所属机构数量为 469 个，高被引作者占比为 3.53%，高被引机构占比为 40.51%，高级职称编辑占比为 50.00%，编委人数为 217 位。《中国化学快报（英文版）》的作者总人数为 5549 位，作者所属机构数量为 621 个，高被引作者占比为 0.99%，高被引机构占比为 56.36%，高级职称编辑占比为 66.67%，编委人数为 59 位。

从作者覆盖度来看，作者总人数较多的期刊有《纳米研究（英文版）》（9103 位）、《材料科学技术（英文版）》（5714 位）、《中国物理 B》（5653 位）；作者所属机构数量较高的期刊有《纳米研究（英文版）》（1240 个）、《生物活性材料（英文）》（801 个）、《材料科学技术（英文版）》（703 个）。

表 1-41 传播力 TOP 英文学术期刊中高传播者指数期刊

序号	期刊名称（中文刊名）	期刊名称（英文刊名）	传播者指数	作者总人数/位	作者所属机构数量/个	高被引作者占比/%	高被引机构占比/%	高级职称编辑占比/%	编委人数/位
1	能源化学（英文版）	Journal of Energy Chemistry	12.86	5023	594	5.34	40.91	66.67	119
2	国家科学评论（英文）	National Science Review	11.93	2235	469	3.53	40.51	50.00	217
3	中国化学快报（英文版）	Chinese Chemical Letters	11.92	5549	621	0.99	56.36	66.67	59
4	药学学报（英文）	Acta Pharmaceutica Sinica B	11.81	2813	419	0.85	43.44	80.00	154
5	材料科学技术（英文版）	Journal of Materials Science & Technology	11.70	5714	703	2.43	37.55	37.50	151
6	科学通报（英文版）	Science Bulletin	11.68	3137	653	5.04	42.27	57.14	24
7	中国科学：生命科学（英文版）	Science China Life Sciences	11.55	1997	351	2.90	47.58	100.00	128
8	农业科学学报（英文）	Journal of Integrative Agriculture	11.51	2035	295	0.05	46.10	71.43	293
9	中国物理 B	Chinese Physics B	11.18	5653	611	0.58	50.41	33.33	99
10	中国科学：化学（英文版）	Science China Chemistry	10.67	1820	236	2.53	66.95	66.67	134
11	中国科学：信息科学（英文版）	Science China Information Sciences	10.65	1595	268	2.38	58.21	66.67	171
12	催化学报	Chinese Journal of Catalysis	10.60	1480	233	3.24	60.09	66.67	170
13	生物活性材料（英文）	Bioactive Materials	10.23	3410	801	5.00	15.40	50.00	—
14	纳微快报（英文）	Nano-Micro Letters	10.19	1645	294	6.81	46.94	50.00	93
15	中国药理学报（英文版）	Acta Pharmacologica Sinica	10.17	2210	429	4.90	16.60	60.00	101
16	中国科学：材料科学（英文）	Science China Materials	10.09	2658	337	1.17	58.16	33.33	90
17	纳米研究（英文版）	Nano Research	9.94	9103	1240	6.50	15.20	25.00	—
18	信息材料（英文）	InfoMat	9.83	668	166	17.80	47.60	37.50	—
19	中华医学杂志（英文版）	Chinese Medical Journal	9.71	2337	552	3.20	32.25	45.45	—
20	稀有金属（英文版）	Rare Metals	9.59	2652	429	0.68	53.38	40.00	—

注：按传播者指数降序排序。

从作者权威度来看，高被引作者占比较高的期刊有《信息材料（英文）》（17.80%）、《纳微快报（英文）》（6.81%）、《纳米研究（英文版）》（6.50%）；高被引机构占比较高的期刊有《中国科学：化学（英文版）》（66.95%）、《催化学报》（60.09%）、《中国科学：信息科学（英文版）》（58.21%）。

从编辑专业度来看，高级职称编辑占比较高的期刊有《中国科学：生命科学（英文版）》（100%）、《药学学报（英文）》（80.00%）、《农业科学学报（英文）》（71.43%）；编委人数较多的期刊有《农业科学学报（英文）》（293位）、《国家科学评论（英文）》（217位）、《中国科学：信息科学（英文版）》（171位）。

2.传播内容数据分析

从表1-42可见，传播力TOP英文学术期刊中，传播内容指数较高的三种期刊

表1-42 传播力TOP英文学术期刊中高传播内容指数期刊

序号	期刊名称（中文刊名）	期刊名称（英文刊名）	传播内容指数	文章总量/篇	国家级基金论文比/%	近3年高PCSI论文比/%	近3年高使用论文比/%
1	能源化学（英文版）	Journal of Energy Chemistry	15.97	750	73.87	12.98	4.45
2	材料科学技术（英文版）	Journal of Materials Science & Technology	14.83	968	72.52	9.51	3.57
3	纳微快报（英文）	Nano-Micro Letters	14.41	230	37.39	16.86	18.35
4	中国化学快报（英文版）	Chinese Chemical Letters	13.09	893	88.58	4.25	1.36
5	科学通报（英文版）	Science Bulletin	12.99	412	81.31	8.14	5.05
6	中国神经再生研究（英文版）	Neural Regeneration Research	12.97	513	23.20	7.00	0.22
7	纳米研究（英文版）	Nano Research	12.69	1469	82.91	1.31	3.63
8	生物活性材料（英文）	Bioactive Materials	12.59	413	67.31	4.65	8.35
9	催化学报	Chinese Journal of Catalysis	12.39	309	74.76	11.33	7.17
10	中华医学杂志（英文版）	Chinese Medical Journal	11.71	550	40.36	1.64	0.27
11	药学学报（英文）	Acta Pharmaceutica Sinica B	11.65	324	70.68	11.64	1.96
12	中国物理B	Chinese Physics B	11.57	1115	78.39	0.03	0.03
13	稀有金属（英文版）	Rare Metals	11.16	432	80.56	2.57	1.81
14	信号转导与靶向治疗（英文）	Signal Transduction and Targeted Therapy	10.93	210	81.90	15.73	2.45
15	中国科学：材料科学（英文）	Science China Materials	10.84	370	87.30	5.51	1.41
16	中国航空学报（英文版）	Chinese Journal of Aeronautics	10.77	397	73.55	4.68	0.48
17	国家科学评论（英文）	National Science Review	10.71	303	65.68	6.68	6.09
18	信息材料（英文）	InfoMat	10.67	83	79.52	14.68	13.89
19	中国化学工程学报（英文版）	Chinese Journal of Chemical Engineering	9.89	416	74.04	0.27	0.36
20	中国科学：化学（英文版）	Science China Chemistry	9.52	284	82.39	5.79	2.37

注：按传播内容指数降序排列。

是《能源化学（英文版）》《材料科学技术（英文版）》《纳微快报（英文）》，传播内容指数分别为 15.97、14.83、14.41。其中，《能源化学（英文版）》的文章总量为 750 篇，国家级基金论文比为 73.87%，近 3 年高 PCSI 论文比为 12.98%，近 3 年高使用论文比为 4.45%。《材料科学技术（英文版）》的文章总量为 968 篇，国家级基金论文比为 72.52%，近 3 年高 PCSI 论文比为 9.51%，近 3 年高使用论文比为 3.57%。《纳微快报（英文）》的文章总量为 230 篇，国家级基金论文比为 37.39%，近 3 年高 PCSI 论文比为 16.86%，近 3 年高使用论文比为 18.35%。

从传播内容的规模来看，文章总量较多的期刊有《纳米研究（英文版）》（1469 篇）、《中国物理 B》（1115 篇）、《材料科学技术（英文版）》（968 篇）。

从传播内容的质量来看，国家级基金论文比较高的期刊有《中国化学快报（英文版）》（88.58%）、《中国科学：材料科学（英文）》（87.30%）、《纳米研究（英文版）》（82.91%）；近 3 年高 PCSI 论文比较高的期刊有《纳微快报（英文）》（16.86%）、《信号转导与靶向治疗（英文）》（15.73%）、《信息材料（英文）》（14.68%）；近 3 年高使用论文比较高的期刊有《纳微快报（英文）》（18.35%）、《信息材料（英文）》（13.89%）、《生物活性材料（英文）》（8.35%）。

3.传播渠道数据分析

从表 1-43 可见，传播力 TOP 英文学术期刊中，传播渠道指数较高的三种期刊是《农业科学学报（英文）》《浙江大学学报（英文版）A 辑》《先进光子学（英文）》，传播渠道指数分别为 16.95、16.09、14.64。其中，《农业科学学报（英文）》的国内外索引型数据库收录数量为 7 种，全文发行传播渠道数量为 3 种，新媒体渠道数量为 2 种，新媒体渠道文章总量为 2063 篇。《浙江大学学报（英文版）A 辑》的国内外索引型数据库收录数量为 7 种，全文发行传播渠道数量为 3 种，新媒体渠道数量为 2 种，新媒体渠道文章总量为 1749 篇。《先进光子学（英文）》的国内外索引型数据库收录数量为 7 种，全文发行传播渠道数量为 3 种，新媒体渠道数量为 2 种，新媒体渠道文章总量为 1219 篇。

表 1-43　传播力 TOP 英文学术期刊中高传播渠道指数期刊

序号	期刊名称（中文刊名）	期刊名称（英文刊名）	传播渠道指数	国内外索引型数据库收录数量/种	全文发行传播渠道数量/种	新媒体渠道数量/种	新媒体渠道文章总量/篇
1	农业科学学报（英文）	Journal of Integrative Agriculture	16.95	7	3	2	2063
2	浙江大学学报（英文版）A 辑	Journal of Zhejiang University-Science A (Applied Physics & Engineering)	16.09	7	3	2	1749
3	先进光子学（英文）	Advanced Photonics	14.64	7	3	2	1219
4	中国神经再生研究（英文版）	Neural Regeneration Research	14.22	6	3	3	731
5	工程（英文）	Engineering	13.82	8	3	2	710
6	纳微快报（英文）	Nano-Micro Letters	13.65	7	3	2	857
7	中国光学快报（英文版）	Chinese Optics Letters	13.12	7	3	1	1203
8	浙江大学学报（英文版）B 辑	Journal of Zhejiang University-Science B (Biomedicine & Biotechnology)	13.07	6	2	1	1749
9	国家科学评论（英文）	National Science Review	13.00	8	3	2	409
10	大气科学进展	Advances in Atmospheric Sciences	12.53	6	3	2	656
11	中国机械工程学报（英文版）	Chinese Journal of Mechanical Engineering	12.46	8	3	1	753
12	园艺研究（英文）	Horticulture Research	12.45	6	2	3	438
13	能源化学（英文版）	Journal of Energy Chemistry	12.08	7	3	1	823
14	中南大学学报（英文版）	Journal of Central South University	12.04	7	3	2	268
15	光：科学与应用（英文）	Light: Science & Applications	11.90	8	2	1	901
16	矿业科学技术学报（英文）	International Journal of Mining Science and Technology	11.36	8	3	1	352
17	科学通报（英文版）	Science Bulletin	11.28	8	3	1	320
18	自动化学报（英文版）	IEEE/CAA Journal of Automatica Sinica	11.00	6	3	2	95
19	中华医学杂志（英文版）	Chinese Medical Journal	10.77	7	3	1	345
20	中国科学：材料科学（英文）	Science China Materials	10.76	7	3	1	342

注：《浙江大学学报（英文版）A 辑》和《浙江大学学报（英文版）B 辑》运营相同的微信公众号（公众号名称：浙大学报英文版），因此新媒体渠道文章总量指标数据相同。

按传播渠道指数降序排序。

从传统传播渠道覆盖度来看，国内外索引型数据库收录数量较多的期刊有《工程（英文）》《国家科学评论（英文）》《中国机械工程学报（英文版）》《光：科学与应用（英文）》《矿业科学技术学报（英文）》《科学通报（英文版）》，均为8种；传播渠道指数较高的前20种期刊中，除《光：科学与应用（英文）》《浙江大学学报（英文版）B辑》《园艺研究（英文）》外，全文发行传播渠道数量均为3种。

从新媒体传播渠道覆盖度来看，运营新媒体账号较多的期刊有《中国神经再生研究（英文版）》《园艺研究（英文）》，均为3种。

从新媒体传播渠道活跃度来看，发表微博和微信公众号文章数量较多的期刊有《农业科学学报（英文）》（2063篇）、《浙江大学学报（英文版）A辑》和《浙江大学学报（英文版）B辑》（均为1749篇）。

4. 受众数据分析

从表1-44可见，传播力TOP英文学术期刊中，受众指数较高的三种期刊是《催化学报》《中南大学学报（英文版）》《中国有色金属学报（英文版）》，受众指数分别为13.18、9.18、9.12。其中，《催化学报》的国内外使用总频次为152 897次，新媒体渠道关注总人数为37 104人。《中南大学学报（英文版）》的国内外使用总频次为100 202次，新媒体渠道关注总人数为34 138人。《中国有色金属学报（英文版）》的国内外使用总频次为111 236次，新媒体渠道关注总人数为19 731人。

从数据库用户使用情况来看，国内外使用总频次较高的期刊有《催化学报》（152 897次）、《中国有色金属学报（英文版）》（111 236次）、《中南大学学报（英文版）》（100 202次）。

从新媒体用户规模来看，新媒体账号的关注人数较多的期刊有《先进光子学（英文）》（130 647人）、《浙江大学学报（英文版）A辑》（120 634人）、《光：科学与应用（英文）》（116 814人）。

表 1-44　传播力 TOP 英文学术期刊中高受众指数期刊

序号	期刊名称（中文刊名）	期刊名称（英文刊名）	受众指数	国内外使用总频次/次	新媒体渠道关注总人数/人
1	催化学报	Chinese Journal of Catalysis	13.18	152 897	37 104
2	中南大学学报（英文版）	Journal of Central South University	9.18	100 202	34 138
3	中国有色金属学报（英文版）	Transactions of Nonferrous Metals Society of China	9.12	111 236	19 731
4	科学通报（英文版）	Science Bulletin	6.28	60 398	37 099
5	中国科学:材料科学（英文）	Science China Materials	6.03	66 283	10 322
6	材料科学技术（英文版）	Journal of Materials Science & Technology	5.35	42 709	51 858
7	中国物理 B	Chinese Physics B	5.24	56 314	8 469
8	浙江大学学报（英文版）A 辑	Journal of Zhejiang University-Science A (Applied Physics & Engineering)	5.00	14 206	120 634
9	纳米研究（英文版）	Nano Research	4.86	37 909	46 993
10	大气科学进展	Advances in Atmospheric Sciences	4.82	17 420	104 327
11	中国化学快报（英文版）	Chinese Chemical Letters	4.64	46 308	14 121
12	能源化学（英文版）	Journal of Energy Chemistry	4.39	37 065	31 060
13	先进光子学（英文）	Advanced Photonics	4.35	1 939	130 647
14	光：科学与应用（英文）	Light: Science & Applications	4.25	5 412	116 814
15	中国神经再生研究（英文版）	Neural Regeneration Research	3.68	31 673	19 220
16	植物学报（英文版）	Journal of Integrative Plant Biology	3.51	14 257	62 775
17	纳微快报（英文）	Nano-Micro Letters	3.33	33 349	827
18	中国化学工程学报（英文版）	Chinese Journal of Chemical Engineering	3.29	24 782	23 896
19	农业科学学报（英文）	Journal of Integrative Agriculture	3.08	23 239	20 279
20	自动化学报（英文版）	IEEE/CAA Journal of Automatica Sinica	3.01	20 414	25 598

注：按受众指数降序排序。
新媒体渠道关注总人数为预估值。

5.传播效果数据分析

从表 1-45 可见，传播力 TOP 英文学术期刊中，传播效果指数较高的三种期刊是《光：科学与应用（英文）》《纳米研究（英文版）》《材料科学技术（英文版）》，传播效果指数分别为 14.32、12.17、10.82。其中，《光：科学与应用（英文）》2022

年纸本发行量为 12 000 册，国内外被引频次为 22 290 次，被科技新闻提及 1 次，新媒体总阅读量为 2 222 996 次，总点赞量为 35 942 次，总转发量为 29 437 次；

表 1-45 传播力 TOP 英文学术期刊中高传播效果指数期刊

序号	期刊名称（中文刊名）	期刊名称（英文刊名）	传播效果指数	2022年纸本发行量/册	国内外被引频次/次	被科技新闻提及次数/次	新媒体渠道总阅读量/次	新媒体渠道总点赞量/次	新媒体渠道总转发量/次
1	光：科学与应用（英文）	Light: Science & Applications	14.32	12 000	22 290	1	2 222 996	35 942	29 437
2	纳米研究（英文版）	Nano Research	12.17	5 400	44 375	5	779 398	2 540	1 167
3	材料科学技术（英文版）	Journal of Materials Science & Technology	10.82	1 800	43 762	1	87 955	296	91
4	细胞研究（英文）	Cell Research	10.77	600	38 051	34	—	—	—
5	能源化学（英文版）	Journal of Energy Chemistry	10.53	480	33 641	1	1 140 937	5 731	2 699
6	科学通报（英文版）	Science Bulletin	9.37	2 880	26 596	48	269 303	1 450	732
7	中国化学快报（英文版）	Chinese Chemical Letters	8.13	1 440	31 012	0	125 988	601	91
8	环境科学学报（英文版）	Journal of Environmental Sciences	7.86	1 800	30 545	0	16 552	74	20
9	浙江大学学报（英文版）B 辑	Journal of Zhejiang University-Science B (Biomedicine & Biotechnology)	7.03	2 400	6 383	0	3 316 091	5 278	2 236
10	中国有色金属学报（英文版）	Transactions of Nonferrous Metals Society of China	6.88	6 000	25 308	0	101 276	298	200
11	催化学报	Chinese Journal of Catalysis	6.87	9 000	24 327	5	106 006	266	160
12	纳微快报（英文）	Nano-Micro Letters	6.77	2 400	21 489	3	577 964	806	346
13	浙江大学学报（英文版）A 辑	Journal of Zhejiang University-Science A (Applied Physics & Engineering)	6.58	2 400	4 253	0	3 316 091	5 278	2 236
14	中国光学快报（英文版）	Chinese Optics Letters	6.38	12 000	5 933	0	2 212 207	10 518	4 861
15	信号转导与靶向治疗（英文）	Signal Transduction and Targeted Therapy	6.36	3 600	21 663	10	16 768	63	16
16	中华医学杂志（英文版）	Chinese Medical Journal	5.96	17 520	19 054	9	123 248	631	283
17	中国药理学报（英文版）	Acta Pharmacologica Sinica	5.96	2 400	20 851	4	20 656	106	23
18	光子学研究（英文）	Photonics Research	5.84	12 000	11 841	0	1 160 519	5 439	2 624
19	植物学报（英文版）	Journal of Integrative Plant Biology	5.76	1 320	17 083	0	498 100	1 942	877
20	国家科学评论（英文）	National Science Review	5.71	840	17 071	13	97 923	943	558

注：按传播效果指数降序排序。

《纳米研究（英文版）》2022年纸本发行量为5400册，国内外被引频次为44 375次，被科技新闻提及5次，新媒体总阅读量为779 398次，总点赞量为2540次，总转发量为1167次；《材料科学技术（英文版）》2022年纸本发行量为1800册，国内外被引频次为43 762次，被科技新闻提及1次，新媒体总阅读量为87 955次，总点赞量为296次，总转发量为91次。

从纸本发行规模来看，2022年纸本发行量较大的期刊有《中华医学杂志（英文版）》（17 520册），《光：科学与应用（英文）》《中国光学快报（英文版）》《光子学研究（英文）》（均为12 000册）。

从用户使用转化度来看，国内外被引频次较高的期刊有《纳米研究（英文版）》（44 375次）、《材料科学技术（英文版）》（43 762次）、《细胞研究（英文）》（38 051次）；被科技新闻提及次数较多的期刊有《科学通报（英文版）》（48次）、《细胞研究（英文）》（34次）、《国家科学评论（英文）》（13次）。

从新媒体用户反馈度来看，新媒体文章阅读量较高的期刊有《浙江大学学报（英文版）A辑》《浙江大学学报（英文版）B辑》（均为3 316 091次）、《光：科学与应用（英文）》（2 222 996次）；点赞量较高的期刊有《光：科学与应用（英文）》（35 942次）、《中国光学快报（英文版）》（10 518次）、《能源化学（英文版）》（5731次）；转发量较多的期刊有《光：科学与应用（英文）》（29 437次）、《中国光学快报（英文版）》（4861次）、《能源化学（英文版）》（2699次）。

三、各出版单位期刊传播力分析

（一）大型出版单位期刊传播数据分析

中国出版科技期刊数量超过100种的出版单位仅有2家：《中华医学杂志》社有限责任公司和中国科技出版传媒股份有限公司。两个出版单位本次分别有146种和124种科技期刊参与传播力指数计算，将两个大型出版单位本次参与计算的期刊数据进行汇总，对A1、A2、A6、C3、C4、D1、D2、E1～E6进行求和（按出版单位去重加总），对 A3～A5、B2～B4 等比值类指标以及 C1、C2 指标进行均值计算，最终两家大型出版单位的传播数据详见表 1-46。

表 1-46　两家大型出版单位期刊传播力指标对比

指标代号	指标名称	《中华医学杂志》社有限责任公司	中国科技出版传媒股份有限公司
A1	作者总人数/位	52 776	95 325
A2	作者所属机构数量/个	21 028	18 653
A3	高被引作者占比/%	2.00	4.62
A4	高被引机构占比/%	37.13	48.47
A5	高级职称编辑占比/%	41.58	58.02
A6	编委人数/位	—	7 690
B1	文章总量/篇	28 736	19 508
B2	国家级基金论文比/%	16.75	53.93
B3	近 3 年高 PCSI 论文比/%	1.83	3.11
B4	近 3 年高使用论文比/%	0.89	1.75
C1	国内外索引型数据库收录数量/种	2.38	3.58
C2	全文发行传播渠道数量/种	2.55	2.65
C3	新媒体渠道数量/种	128	129
C4	新媒体渠道文章总量/篇	20 671	12 047
D1	国内外使用总频次/次	992 731	7 920 202
D2	新媒体渠道关注总人数/人	2 645 283	1 762 079
E1	2022 年纸本发行量/册	3 234 750	918 840
E2	国内外被引频次/次	353 896	853 378
E3	被科技新闻提及次数/次	137	342
E4	新媒体渠道总阅读量/次	22 007 857	11 256 473
E5	新媒体渠道总点赞量/次	55 998	90 876
E6	新媒体渠道总转发量/次	29 557	56 513

注：本表中新媒体渠道数量是指出版社所属期刊的各新媒体平台账号数量。
新媒体渠道关注总人数为预估值。
《中华医学杂志》社有限责任公司的科技期刊未采集到编委信息。

在传播者方面，中国科技出版传媒股份有限公司出版期刊的作者总人数、高被引作者占比、高被引机构占比和高级职称编辑占比等指标数据均高于《中华医学杂志》社有限责任公司。

在传播内容方面,《中华医学杂志》社有限责任公司出版期刊的文章总量较多,但国家级基金论文比、近 3 年高 PCSI 论文比和近 3 年高使用论文比低于中国科技出版传媒股份有限公司。

在传播渠道方面,中国科技出版传媒股份有限公司的国内外索引型数据库收录数量和全文发行渠道数量较多。两个大型出版单位的新媒体渠道数量相差不大,但《中华医学杂志》社有限责任公司的新媒体渠道文章总量更多。

在受众方面,中国科技出版传媒股份有限公司的国内外使用总频次较多,《中华医学杂志》社有限责任公司的新媒体渠道关注总人数较多。

在传播效果方面,《中华医学杂志》社有限责任公司出版期刊的纸本发行量和新媒体渠道总阅读量较高;国内外被引频次、被科技新闻提及次数、新媒体渠道总点赞量和总转发量低于中国科技出版传媒股份有限公司。

《中华医学杂志》社有限责任公司 146 种期刊的传播力指标数据如表 1-47 所示,传播力均值为 18.23,65 种期刊的传播力指数高于同组期刊均值,传播力 TOP 期刊有 9 种,占比为 6.16%。

表 1-47 《中华医学杂志》社有限责任公司出版期刊传播力指数情况

序号	期刊名称	期刊所属分类	传播力指数	是否 TOP 期刊
1	中华医学杂志	中文医学学术期刊	33.25	是
2	中华现代护理杂志	中文医学学术期刊	28.92	是
3	中华消化外科杂志	中文医学学术期刊	28.69	是
4	中华流行病学杂志	中文医学学术期刊	27.12	是
5	中华妇产科杂志	中文医学学术期刊	26.97	是
6	中华儿科杂志	中文医学学术期刊	25.21	是
7	中华胃肠外科杂志	中文医学学术期刊	25.10	是
8	中华围产医学杂志	中文医学学术期刊	25.09	是
9	中华预防医学杂志	中文医学学术期刊	24.70	
10	中华实用儿科临床杂志	中文医学学术期刊	24.33	
11	中华肝脏病杂志	中文医学学术期刊	24.32	
12	中华心血管病杂志	中文医学学术期刊	24.25	
13	中华肿瘤杂志	中文医学学术期刊	24.24	
14	中华外科杂志	中文医学学术期刊	23.96	

续表

序号	期刊名称	期刊所属分类	传播力指数	是否TOP期刊
15	中华检验医学杂志	中文医学学术期刊	23.90	
16	中华血液学杂志	中文医学学术期刊	23.69	
17	中华神经科杂志	中文医学学术期刊	23.45	
18	中华急诊医学杂志	中文医学学术期刊	23.29	
19	中华口腔医学杂志	中文医学学术期刊	23.28	
20	中华耳鼻咽喉头颈外科杂志	中文医学学术期刊	22.98	
21	中华病理学杂志	中文医学学术期刊	22.95	
22	中华危重病急救医学	中文医学学术期刊	22.23	
23	中国实用护理杂志	中文医学学术期刊	22.16	
24	中华眼科杂志	中文医学学术期刊	22.11	
25	中华糖尿病杂志	中文医学学术期刊	22.10	
26	中华生殖与避孕杂志	中文医学学术期刊	21.87	
27	中华骨科杂志	中文医学学术期刊	21.58	
28	中华结核和呼吸杂志	中文医学学术期刊	21.56	
29	中华放射学杂志	中文医学学术期刊	21.52	
30	中华实验外科杂志	中文医学学术期刊	21.35	
31	中华消化内镜杂志	中文医学学术期刊	21.09	
32	中华泌尿外科杂志	中文医学学术期刊	21.05	
33	中华创伤骨科杂志	中文医学学术期刊	20.95	
34	中华全科医师杂志	中文医学学术期刊	20.72	
35	中华精神科杂志	中文医学学术期刊	20.68	
36	中华超声影像学杂志	中文医学学术期刊	20.66	
37	中华麻醉学杂志	中文医学学术期刊	20.64	
38	中华实验眼科杂志	中文医学学术期刊	20.56	
39	中华肝胆外科杂志	中文医学学术期刊	20.36	
40	中华物理医学与康复杂志	中文医学学术期刊	20.30	
41	中华内分泌代谢杂志	中文医学学术期刊	20.17	
42	临床小儿外科杂志	中文医学学术期刊	20.13	
43	国际护理学杂志	中文医学学术期刊	19.95	
44	国际医药卫生导报	中文医学学术期刊	19.93	
45	中华肾脏病杂志	中文医学学术期刊	19.92	
46	中华医学信息导报	中文医学学术期刊	19.89	
47	中华烧伤杂志	中文医学学术期刊	19.75	
48	中华老年医学杂志	中文医学学术期刊	19.67	
49	国际中医中药杂志	中文医学学术期刊	19.66	
50	中华神经医学杂志	中文医学学术期刊	19.64	

续表

序号	期刊名称	期刊所属分类	传播力指数	是否TOP期刊
51	中华创伤杂志	中文医学学术期刊	19.54	
52	中华行为医学与脑科学杂志	中文医学学术期刊	19.40	
53	中华微生物学和免疫学杂志	中文医学学术期刊	19.27	
54	中华眼底病杂志	中文医学学术期刊	19.21	
55	中华医院管理杂志	中文医学学术期刊	18.95	
56	药物不良反应杂志	中文医学学术期刊	18.77	
57	中华神经外科杂志	中文医学学术期刊	18.77	
58	中华健康管理学杂志	中文医学学术期刊	18.76	
59	中华医学遗传学杂志	中文医学学术期刊	18.66	
60	中华整形外科杂志	中文医学学术期刊	18.55	
61	中国小儿急救医学	中文医学学术期刊	18.41	
62	中华核医学与分子影像杂志	中文医学学术期刊	18.31	
63	中华普通外科杂志	中文医学学术期刊	18.22	
64	中华临床营养杂志	中文医学学术期刊	17.93	
65	国际呼吸杂志	中文医学学术期刊	17.84	
66	国际内分泌代谢杂志	中文医学学术期刊	17.81	
67	中华消化杂志	中文医学学术期刊	17.79	
68	中华炎性肠病杂志	中文医学学术期刊	17.71	
69	中华显微外科杂志	中文医学学术期刊	17.63	
70	中华内分泌外科杂志	中文医学学术期刊	17.58	
71	中国综合临床	中文医学学术期刊	17.57	
72	国际儿科学杂志	中文医学学术期刊	17.55	
73	中国基层医药	中文医学学术期刊	17.40	
74	中华临床感染病杂志	中文医学学术期刊	17.15	
75	国际生物医学工程杂志	中文医学学术期刊	17.00	
76	中华器官移植杂志	中文医学学术期刊	16.95	
77	中华传染病杂志	中文医学学术期刊	16.90	
78	中华新生儿科杂志	中文医学学术期刊	16.90	
79	中华心律失常学杂志	中文医学学术期刊	16.82	
80	中华医史杂志	中文医学学术期刊	16.76	
81	中华解剖与临床杂志	中文医学学术期刊	16.75	
82	国际麻醉学与复苏杂志	中文医学学术期刊	16.72	
83	中华劳动卫生职业病杂志	中文医学学术期刊	16.56	
84	中华小儿外科杂志	中文医学学术期刊	16.54	
85	国际眼科纵览	中文医学学术期刊	16.33	

续表

序号	期刊名称	期刊所属分类	传播力指数	是否TOP期刊
86	中国医师进修杂志	中文医学学术期刊	16.32	
87	中华心血管病杂志（网络版）	中文医学学术期刊	16.25	
88	中华放射肿瘤学杂志	中文医学学术期刊	16.13	
89	国际肿瘤学杂志	中文医学学术期刊	15.98	
90	肿瘤研究与临床	中文医学学术期刊	15.93	
91	国际免疫学杂志	中文医学学术期刊	15.81	
92	中国实用医刊	中文医学学术期刊	15.74	
93	国际病毒学杂志	中文医学学术期刊	15.46	
94	中华航海医学与高气压医学杂志	中文医学学术期刊	15.41	
95	国际脑血管病杂志	中文医学学术期刊	15.26	
96	中华胰腺病杂志	中文医学学术期刊	15.23	
97	中华手外科杂志	中文医学学术期刊	15.12	
98	中华风湿病学杂志	中文医学学术期刊	15.05	
99	国际放射医学核医学杂志	中文医学学术期刊	15.01	
100	中华疼痛学杂志	中文医学学术期刊	14.97	
101	中华眼外伤职业眼病杂志	中文医学学术期刊	14.97	
102	国际输血及血液学杂志	中文医学学术期刊	14.80	
103	中华实验和临床病毒学杂志	中文医学学术期刊	14.78	
104	中华地方病学杂志	中文医学学术期刊	14.78	
105	白血病·淋巴瘤	中文医学学术期刊	14.65	
106	中华医学美学美容杂志	中文医学学术期刊	14.52	
107	中华胸心血管外科杂志	中文医学学术期刊	14.47	
108	国际流行病学传染病学杂志	中文医学学术期刊	14.32	
109	中华生物医学工程杂志	中文医学学术期刊	14.30	
110	中华心力衰竭和心肌病杂志	中文医学学术期刊	14.26	
111	中华转移性肿瘤杂志	中文医学学术期刊	14.18	
112	国际外科学杂志	中文医学学术期刊	14.13	
113	国际耳鼻咽喉头颈外科杂志	中文医学学术期刊	13.90	
114	中华口腔正畸学杂志	中文医学学术期刊	13.71	
115	国际遗传学杂志	中文医学学术期刊	13.59	
116	中华医学科研管理杂志	中文医学学术期刊	13.51	
117	中华血管外科杂志	中文医学学术期刊	12.89	
118	国际生物制品学杂志	中文医学学术期刊	12.75	
119	中国临床实用医学	中文医学学术期刊	11.83	
120	中华航空航天医学杂志	中文医学学术期刊	11.82	

续表

序号	期刊名称	期刊所属分类	传播力指数	是否 TOP 期刊
121	英国医学杂志（中文版）	中文医学学术期刊	11.67	
122	国际移植与血液净化杂志	中文医学学术期刊	10.71	
123	中华烧伤与创面修复杂志	中文医学学术期刊	10.42	
124	实用糖尿病杂志	中文医学学术期刊	7.79	
125	中华医学杂志（英文版）(Chinese Medical Journal)	英文学术期刊	39.42	是
126	贫困所致传染病（英文）(Infectious Diseases of Poverty)	英文学术期刊	22.36	
127	中华创伤杂志（英文版）(Chinese Journal of Traumatology)	英文学术期刊	19.77	
128	母胎医学杂志（英文）(Maternal-Fetal Medicine)	英文学术期刊	19.17	
129	慢性疾病与转化医学（英文）(Chronic Diseases and Translational Medicine)	英文学术期刊	18.46	
130	生殖与发育医学（英文）(Reproductive and Developmental Medicine)	英文学术期刊	18.28	
131	生物安全与健康（英文）(Biosafety and Health)	英文学术期刊	17.78	
132	胰腺病学杂志（英文）(Journal of Pancreatology)	英文学术期刊	17.36	
133	世界耳鼻咽喉头颈外科杂志（英文）(World Journal of Otorhinolaryngology-Head and Neck Surgery)	英文学术期刊	16.78	
134	儿科学研究（英文）(Pediatric Investigation)	英文学术期刊	16.75	
135	国际皮肤性病学杂志（英文）(International Journal of Dermatology and Venereology)	英文学术期刊	16.45	
136	中华神经外科杂志（英文）(Chinese Neurosurgical Journal)	英文学术期刊	15.03	
137	重症医学（英文）(Journal of Intensive Medicine)	英文学术期刊	14.48	
138	放射医学与防护（英文）(Radiation Medicine and Protection)	英文学术期刊	13.93	
139	感染性疾病与免疫（英文）(Infectious Diseases & Immunity)	英文学术期刊	12.90	
140	生物组学研究杂志（英文）(Journal of Bio X Research)	英文学术期刊	12.47	
141	呼吸与危重症医学（英文）(Chinese Medical Journal Pulmonary and Critical Care Medicine)	英文学术期刊	11.93	
142	心血管病探索（英文）(Cardiology Discovery)	英文学术期刊	11.55	
143	智慧医学（英文）(Intelligent Medicine)	英文学术期刊	10.75	
144	风湿病与自身免疫（英文）(Rheumatology & Autoimmunity)	英文学术期刊	10.29	
145	癌症发生与治疗（英文）(Cancer Pathogenesis and Therapy)	英文学术期刊	9.59	
146	血液科学（英文）(Blood Science)	英文学术期刊	9.12	

注：本表中按照期刊所属分类进行排序，同类期刊按照传播力指数由大到小排序。

中国科技出版传媒股份有限公司参与传播力指数计算的 124 种期刊传播力指标数据如表 1-48 所示，传播力指数均值为 23.60，92 种期刊传播力指数高于同组期刊均值，传播力 TOP 期刊有 35 种，占比为 28.23%。

表 1-48　中国科技出版传媒股份有限公司出版期刊传播力指数情况

序号	期刊名称	期刊所属分类	传播力指数	是否 TOP 期刊
1	岩石力学与工程学报	中文工程技术期刊	29.70	是
2	液晶与显示	中文工程技术期刊	25.62	是
3	电子与信息学报	中文工程技术期刊	24.67	是
4	环境科学学报	中文工程技术期刊	24.48	是
5	自动化学报	中文工程技术期刊	23.97	是
6	湖泊科学	中文工程技术期刊	23.36	是
7	中国有色金属学报	中文工程技术期刊	23.36	是
8	长江流域资源与环境	中文工程技术期刊	23.35	是
9	环境工程学报	中文工程技术期刊	22.99	是
10	遥感学报	中文工程技术期刊	22.88	是
11	软件学报	中文工程技术期刊	22.54	是
12	环境化学	中文工程技术期刊	22.21	是
13	工程热物理学报	中文工程技术期刊	21.62	是
14	工程科学学报	中文工程技术期刊	21.32	是
15	工程地质学报	中文工程技术期刊	19.87	
16	计算机学报	中文工程技术期刊	19.81	
17	天然气地球科学	中文工程技术期刊	19.60	
18	干旱区研究	中文工程技术期刊	19.32	
19	干旱区地理	中文工程技术期刊	19.18	
20	摩擦学学报	中文工程技术期刊	17.68	
21	过程工程学报	中文工程技术期刊	16.73	
22	遥感技术与应用	中文工程技术期刊	16.20	
23	空间科学学报	中文工程技术期刊	15.91	
24	信息安全学报	中文工程技术期刊	15.72	
25	核技术	中文工程技术期刊	15.43	
26	岩矿测试	中文工程技术期刊	15.04	
27	分子催化	中文工程技术期刊	14.85	
28	建筑遗产	中文工程技术期刊	14.37	
29	集成技术	中文工程技术期刊	14.14	
30	工程研究——跨学科视野中的工程	中文工程技术期刊	14.06	
31	应用声学	中文工程技术期刊	13.72	
32	数据与计算发展前沿	中文工程技术期刊	13.59	

续表

序号	期刊名称	期刊所属分类	传播力指数	是否TOP期刊
33	黄金科学技术	中文工程技术期刊	13.16	
34	新能源进展	中文工程技术期刊	12.70	
35	辐射研究与辐射工艺学报	中文工程技术期刊	12.65	
36	金属世界	中文工程技术期刊	11.66	
37	中国科学院院刊	中文理学学术期刊	49.87	是
38	地理科学	中文理学学术期刊	39.73	是
39	发光学报	中文理学学术期刊	39.73	是
40	地球物理学报	中文理学学术期刊	35.96	是
41	土壤学报	中文理学学术期刊	34.43	是
42	地质学报	中文理学学术期刊	31.50	是
43	岩石学报	中文理学学术期刊	30.91	是
44	植物生理学报	中文理学学术期刊	30.83	是
45	沉积学报	中文理学学术期刊	30.77	是
46	应用与环境生物学报	中文理学学术期刊	28.15	是
47	第四纪研究	中文理学学术期刊	28.12	
48	水生生物学报	中文理学学术期刊	27.86	
49	冰川冻土	中文理学学术期刊	27.81	
50	天然产物研究与开发	中文理学学术期刊	27.47	
51	中国地质	中文理学学术期刊	27.45	
52	地球科学进展	中文理学学术期刊	27.22	
53	中国沙漠	中文理学学术期刊	27.07	
54	广西植物	中文理学学术期刊	25.80	
55	地球学报	中文理学学术期刊	25.71	
56	地质通报	中文理学学术期刊	25.54	
57	地球物理学进展	中文理学学术期刊	25.44	
58	高原气象	中文理学学术期刊	23.78	
59	数学物理学报	中文理学学术期刊	23.00	
60	地质科学	中文理学学术期刊	22.99	
61	矿床地质	中文理学学术期刊	22.60	
62	湿地科学	中文理学学术期刊	22.54	
63	原子核物理评论	中文理学学术期刊	22.16	
64	岩石矿物学杂志	中文理学学术期刊	22.09	
65	世界科技研究与发展	中文理学学术期刊	21.07	

续表

序号	期刊名称	期刊所属分类	传播力指数	是否TOP期刊
66	气候与环境研究	中文理学学术期刊	20.63	
67	地层学杂志	中文理学学术期刊	20.40	
68	微体古生物学报	中文理学学术期刊	20.03	
69	热带亚热带植物学报	中文理学学术期刊	19.81	
70	天文学报	中文理学学术期刊	19.46	
71	波谱学杂志	中文理学学术期刊	19.00	
72	气象科学	中文理学学术期刊	18.00	
73	自然科学史研究	中文理学学术期刊	15.81	
74	气象研究与应用	中文理学学术期刊	14.12	
75	作物学报	中文农学学术期刊	41.61	是
76	中国生态农业学报（中英文）	中文农学学术期刊	37.68	是
77	农业现代化研究	中文农学学术期刊	31.78	是
78	南方农业学报	中文农学学术期刊	27.15	
79	渔业科学进展	中文农学学术期刊	23.99	
80	经济林研究	中文农学学术期刊	20.96	
81	水产科学	中文农学学术期刊	20.08	
81	心理科学进展	中文医学学术期刊	33.61	是
83	遗传	中文医学学术期刊	25.39	是
84	能源化学（英文版）（Journal of Energy Chemistry）	英文学术期刊	55.83	是
85	国家科学评论（英文）（National Science Review）	英文学术期刊	43.22	是
86	中国有色金属学报（英文版）（Transactions of Nonferrous Metals Society of China）	英文学术期刊	42.89	是
87	环境科学学报（英文版）（Journal of Environmental Sciences）	英文学术期刊	39.26	是
88	大气科学进展（Advances in Atmospheric Sciences）	英文学术期刊	35.89	是
89	自动化学报（英文版）（IEEE/CAA Journal of Automatica Sinica）	英文学术期刊	32.95	是
90	新型炭材料（中英文）	英文学术期刊	31.27	
91	作物学报（英文版）（The Crop Journal）	英文学术期刊	31.06	
92	中国物理C（Chinese Physics C）	英文学术期刊	29.05	
93	核技术（英文版）（Nuclear Science and Techniques）	英文学术期刊	28.76	
94	遗传学报（英文版）（Journal of Genetics and Genomics）	英文学术期刊	28.15	
95	绿色能源与环境（英文）（Green Energy & Environment）	英文学术期刊	27.71	
96	颗粒学报（英文版）（Particuology）	英文学术期刊	27.70	
97	热科学学报（英文版）（Journal of Thermal Science）	英文学术期刊	27.36	

续表

序号	期刊名称	期刊所属分类	传播力指数	是否 TOP 期刊
98	中国地理科学（英文版）(Chinese Geographical Science)	英文学术期刊	25.57	
99	海洋湖沼学报（英文）(Journal of Oceanology and Limnology)	英文学术期刊	25.05	
100	数学物理学报（英文版）(Acta Mathematica Scientia)	英文学术期刊	24.93	
101	微系统与纳米工程（英文）(Microsystems & Nanoengineering)	英文学术期刊	24.72	
102	基因组蛋白质组与生物信息学报（Genomics, Proteomics & Bioinformatics）	英文学术期刊	24.64	
103	地球与行星物理（英文）(Earth and Planetary Physics)	英文学术期刊	23.72	
104	自然科学进展：国际材料（英文）(Progress in Natural Science:Materials International)	英文学术期刊	23.56	
105	清洁能源（英文）(Clean Energy)	英文学术期刊	23.20	
106	结合医学学报（英文）(Journal of Integrative Medicine)	英文学术期刊	21.87	
107	地球大数据（英文）(Big Earth Data)	英文学术期刊	21.61	
108	大气和海洋科学快报(Atmospheric and Oceanic Science Letters)	英文学术期刊	20.77	
109	寒旱区科学（英文）(Sciences in Cold and Arid Regions)	英文学术期刊	20.75	
110	植物生态学报（英文版）(Journal of Plant Ecology)	英文学术期刊	20.37	
111	卫星导航（英文）(Satellite Navigation)	英文学术期刊	19.97	
112	大地测量与地球动力学（英文版）(Geodesy and Geodynamics)	英文学术期刊	19.74	
113	亚洲两栖爬行动物研究（英文版）(Asian Herpetological Research)	英文学术期刊	19.55	
114	中国运筹学会会刊（英文）(Journal of the Operations Research Society of China)	英文学术期刊	18.52	
115	生态系统健康与可持续性（英文）(Ecosystem Health and Sustainability)	英文学术期刊	17.86	
116	系统科学与信息学报（英文）(Journal of Systems Science and Information)	英文学术期刊	17.16	
117	古地理学报（英文版）(Journal of Palaeogeography)	英文学术期刊	16.62	
118	网络空间安全科学与技术（英文）(Cybersecurity)	英文学术期刊	16.11	
119	安全科学与韧性（英文）(Journal of Safety Science and Resilience)	英文学术期刊	12.40	
120	农业信息处理（英文）(Information Processing in Agriculture)	英文学术期刊	12.24	
121	稀有金属材料与工程（英文版）(Rare Metal Materials and Engineering)	英文学术期刊	11.37	
122	渔业学报（英文）(Aquaculture and Fisheries)	英文学术期刊	11.22	
123	中国科学院院刊（英文版）(Bulletin of the Chinese Academy of Sciences)	英文学术期刊	9.08	
124	一体化安全（英文）(Security and Safety)	英文学术期刊	8.67	

注：本表中按照期刊所属分类进行排序，同类期刊按照传播力指数由大到小排序。

（二）中型出版单位期刊传播数据分析

中国出版科技期刊数量达到 10 种以上的中型出版单位共 8 家，共计 151 种期刊，其中传播力 TOP 期刊 15 种，有 59 种期刊传播力指数高于同组期刊均值。其中，中华医学电子音像出版社有限责任公司参与传播力指数计算的期刊最多，为 38 种；《中国科学》杂志社有限责任公司传播力指数均值最高，为 32.08，且 TOP 期刊数量也最多，为 11 种。具体见表 1-49。

表 1-49　8 家中型出版单位期刊传播力情况

序号	出版单位名称	参评期刊数量	传播力指数均值	传播力指数高于同类均值数量	传播力 TOP 期刊数量
1	中华医学电子音像出版社有限责任公司	38	9.88	0	0
2	高等教育出版社有限公司	20	20.37	9	0
3	清华大学出版社有限公司	20	18.50	12	2
4	浙江大学出版社有限责任公司	19	20.52	11	2
5	《中国科学》杂志社有限责任公司	17	32.08	17	11
6	人民卫生电子音像出版社有限公司	13	13.28	0	0
7	《中国铁路》杂志社有限责任公司	12	12.21	4	0
8	北京钢研柏苑出版有限责任公司	12	15.28	6	0

注：按参评期刊数量降序排序。

（三）小型出版单位期刊传播数据分析

出版 3 种及以上科技期刊的小型出版单位共 44 家。其中 25 家小型出版单位拥有传播力 TOP 期刊。北京卓众出版有限公司、《中国激光》杂志社有限公司、黑龙江农业科技杂志社出版期刊数量较多。《中国激光》杂志社有限公司有 6 种期刊入选为传播力 TOP 期刊，在小型出版单位中数量最多。具体见表 1-50。

表 1-50　44 家小型出版单位期刊传播力情况

序号	出版单位名称	参评期刊数量/种	传播力 TOP 期刊数量/种
1	北京卓众出版有限公司	9	0
2	《中国激光》杂志社有限公司	7	6
3	黑龙江农业科技杂志社	7	2
4	《中国畜牧兽医杂志》有限公司	6	3

续表

序号	出版单位名称	参评期刊数量/种	传播力TOP期刊数量/种
5	《中国医学人文》杂志社有限公司	6	2
6	四川大学出版社有限责任公司	6	1
7	北京信通传媒有限责任公司	6	0
8	人民军医电子出版社	6	0
9	山西医学期刊社有限责任公司	5	3
10	实用医学杂志社（实用医学音像出版社）	5	2
11	上海交通大学出版社有限公司	5	1
12	《微纳电子与智能制造》杂志社有限公司	5	1
13	湖南省湘雅医学期刊社有限公司	5	1
14	人民卫生出版社有限公司	5	0
15	江苏苏豪传媒有限公司	5	0
16	中国医药科技出版社	5	0
17	化学工业出版社有限公司	4	3
18	中南大学出版社	4	2
19	重庆五九期刊社	4	2
20	《中华护理杂志》社有限责任公司	4	1
21	山西经济和信息化出版传媒中心	4	1
22	中国宇航出版有限责任公司	4	0
23	中国协和医科大学出版社有限公司	4	0
24	北京赛迪出版传媒有限公司	4	0
25	北京中科期刊出版有限公司	4	0
26	中航出版传媒有限责任公司	4	0
27	《中国鹅学杂志》社有限公司	3	3
28	《电气技术》杂志社有限公司	3	2
29	《工业建筑》杂志社有限公司	3	2
30	测绘出版社有限公司	3	2
31	电子工业出版社有限公司	3	2
32	山西科技期刊出版有限责任公司	3	1
33	上海建科文化传媒有限公司	3	1
34	《中国标准化》杂志社有限公司	3	1
35	《世界中医药》杂志社	3	1
36	北京赛昇传媒有限公司	3	1
37	山西水利出版传媒中心	3	0
38	交通运输科技传媒（北京）有限公司	3	0
39	精诚口腔医学期刊传媒有限责任公司	3	0

续表

序号	出版单位名称	参评期刊数量/种	传播力TOP期刊数量/种
40	皮革科学与工程杂志社	3	0
41	中国化工信息中心	3	0
42	北京理工大学出版社有限责任公司	3	0
43	《质量安全与检验检测》杂志社	3	0
44	北京师范大学出版社（集团）有限公司	3	0

注：按参评期刊数量降序排序。

四、各区域期刊传播力分析

（一）各区域科技期刊传播力总体分析

表1-51统计了32个区域各类期刊的参评期刊数和传播力TOP期刊数。从参评期刊数量来看，北京市的科技期刊数量远高于其他区域，英文学术期刊数量尤为突出，占全部参评英文学术期刊总数的54.61%。此外，上海市和江苏省的科技期刊数量规模也较大。从各区域TOP期刊占该区域期刊总数的比例来看，重庆市TOP期刊占比达到17.39%，北京市TOP期刊占比为16.56%。

表1-51 各区域科技期刊传播力总体情况

序号	区域	中文理学学术期刊 参评期刊数	中文理学学术期刊 TOP期刊数	中文农学学术期刊 参评期刊数	中文农学学术期刊 TOP期刊数	中文医学学术期刊 参评期刊数	中文医学学术期刊 TOP期刊数	中文工程技术期刊 参评期刊数	中文工程技术期刊 TOP期刊数	英文学术期刊 参评期刊数	英文学术期刊 TOP期刊数	参评期刊总数	TOP期刊总数
1	北京	142	35	77	20	368	51	595	103	237	26	1419	235
2	上海	30	3	15	1	70	2	163	12	37	6	315	24
3	江苏	26	2	24	3	42	0	128	8	19	2	239	15
4	湖北	29	1	14	3	58	5	85	12	14	0	200	21
5	四川	26	1	11	0	44	3	93	3	20	2	194	9
6	辽宁	17	2	17	0	35	7	93	4	10	2	172	15
7	广东	24	1	14	0	58	6	62	8	5	0	163	15
8	陕西	23	2	13	0	30	5	86	11	7	0	159	18

续表

序号	区域	中文理学学术期刊 参评期刊数	中文理学学术期刊 TOP期刊数	中文农学学术期刊 参评期刊数	中文农学学术期刊 TOP期刊数	中文医学学术期刊 参评期刊数	中文医学学术期刊 TOP期刊数	中文工程技术期刊 参评期刊数	中文工程技术期刊 TOP期刊数	英文学术期刊 参评期刊数	英文学术期刊 TOP期刊数	参评期刊总数	TOP期刊总数
9	黑龙江	11	0	32	2	24	1	72	4	7	0	146	7
10	天津	12	0	7	2	35	2	70	4	9	0	133	8
11	山东	23	1	11	0	33	2	46	2	8	0	121	5
12	湖南	13	0	15	1	28	3	54	4	5	2	115	10
13	浙江	13	0	16	1	23	0	43	0	18	2	113	3
14	河南	8	0	13	1	20	1	52	3	7	0	100	5
15	河北	12	0	11	1	28	5	41	2	0	0	92	8
16	吉林	18	5	14	1	21	5	28	2	7	1	88	14
17	安徽	15	0	7	2	31	3	28	2	5	0	86	7
18	山西	11	0	5	1	19	0	38	3	3	0	76	7
19	重庆	6	1	4	0	19	4	34	6	6	1	69	12
20	福建	11	0	17	0	11	0	22	0	3	0	64	0
21	甘肃	18	1	10	1	8	0	26	0	2	0	64	2
22	江西	10	0	12	1	11	0	28	2	1	0	62	3
23	广西	11	0	9	0	14	0	24	1	0	0	58	1
24	云南	11	0	7	0	7	0	13	0	3	0	41	0
25	内蒙古	8	1	11	0	10	0	9	0	0	0	38	1
26	新疆	7	0	8	0	8	0	9	0	0	0	32	0
27	贵州	9	0	7	0	8	0	6	0	1	0	31	0
28	青海	5	0	4	0	3	0	3	0	0	0	15	0
29	海南	2	0	6	1	3	0	0	0	0	0	11	1
30	宁夏	3	0	2	0	2	0	3	0	0	0	10	0
31	新疆生产建设兵团	2	0	2	0	2	0	1	0	0	0	7	0
32	西藏	2	0	2	0	1	0	0	0	0	0	5	0

注：按参评期刊总数降序排序。

（二）各区域科技期刊传播者数据分析

表1-52展示了32个区域传播者维度下属的A1～A6各三级指标均值（0值不

计入统计)。在作者覆盖度方面,海南省和重庆市的作者总人数指标均值较高,分别达到了1316.55位和1302.53位,海南省有6种期刊的作者总人数达到了1000位以上,其中2种期刊的作者总人数达到了2000位以上;重庆市有15种期刊的作者总人数达到了2000位以上。重庆市、山西省和海南省的作者所属机构数量均值较高,分别为278.91个、228.15个和224.27个,分别有11种、6种、2种期刊的发文机构在500个以上。

表1-52 各区域科技期刊传播者指标刊均数值

序号	区域	作者总人数/位	作者所属机构数量/个	高被引作者占比/%	高被引机构占比/%	高级职称编辑占比/%	刊均编委人数/位
1	海南	1316.55	224.27	3.20	31.66	47.08	40.82
2	重庆	1302.53	278.91	2.93	37.55	45.17	47.91
3	山西	928.53	228.15	1.59	28.22	49.56	35.76
4	北京	912.78	198.99	3.65	38.22	49.06	44.00
5	吉林	902.47	187.95	2.56	37.54	60.98	31.28
6	广东	879.83	195.85	2.47	35.03	49.65	37.63
7	河北	864.82	201.08	2.56	33.39	57.94	37.41
8	陕西	849.07	175.22	3.50	40.61	54.20	45.45
9	安徽	830.12	184.13	2.21	37.70	56.72	36.40
10	黑龙江	810.38	189.09	2.57	34.54	66.56	32.34
11	湖北	809.16	176.58	2.96	38.46	54.00	39.66
12	江西	725.30	182.20	1.67	28.86	52.77	23.69
13	贵州	715.30	144.27	2.35	28.98	56.02	41.68
14	河南	713.07	151.70	3.11	35.87	56.01	40.24
15	湖南	711.04	164.16	2.87	36.03	59.06	43.44
16	辽宁	708.75	148.45	2.91	36.52	58.88	35.10
17	宁夏	686.20	119.90	1.72	27.35	67.42	42.20
18	四川	682.42	146.12	2.88	37.42	53.73	38.21
19	天津	680.78	150.22	2.89	37.21	56.37	38.56
20	山东	667.34	139.27	2.25	35.05	64.36	28.44
21	云南	645.11	127.95	2.50	31.87	61.96	25.88
22	上海	624.91	137.18	2.70	36.43	49.83	42.40

续表

序号	区域	作者总人数/位	作者所属机构数量/个	高被引作者占比/%	高被引机构占比/%	高级职称编辑占比/%	刊均编委人数/位
23	广西	624.43	126.36	1.85	31.41	49.33	34.72
24	内蒙古	604.26	136.03	2.03	27.45	59.69	28.53
25	浙江	588.18	124.59	2.71	33.99	58.38	31.97
26	江苏	576.54	131.27	3.47	39.73	55.61	40.47
27	甘肃	574.11	122.13	3.79	37.86	60.52	48.73
28	新疆	474.41	91.78	3.08	25.23	57.96	25.69
29	福建	456.89	107.76	2.11	29.43	59.54	31.00
30	西藏	436.50	97.75	1.31	28.96	60.12	33.20
31	新疆生产建设兵团	422.33	76.17	1.29	32.03	67.96	19.29
32	青海	230.80	47.13	3.07	25.22	66.03	37.27

注：按作者总人数降序排序。

在作者权威度方面，甘肃省科技期刊的高被引作者占比均值达到了3.79%，北京市和陕西省为3.65%和3.50%；陕西省科技期刊的刊均高被引机构占比达到了40.61%，江苏省和湖北省为39.73%和38.46%。

在编辑专业度方面，新疆生产建设兵团、宁夏回族自治区、黑龙江省、青海省、山东省、云南省、吉林省、甘肃省、西藏自治区的高级职称编辑占比均超过60%；甘肃省、重庆市、陕西省的刊均编委人数较多，分别为48.73位、47.91位、45.15位。

（三）各区域科技期刊传播内容数据分析

表1-53展示了32个区域传播内容维度下属的B1~B4各三级指标均值（0值不计入统计）。在发文规模方面，山西省的刊均文章总量较高，达到380.91篇，其次为重庆市、海南省，分别为368.06篇、346.45篇。

在论文质量方面，陕西省科技期刊的刊均国家级基金论文比达到30%以上；新疆维吾尔自治区、北京市、江苏省的科技期刊刊均高PCSI论文比较高，分别为3.10%、2.94%、2.65%；北京市科技期刊高使用论文比的均值达到1.91%，在32个区域当中位列第一，其次为江苏省和辽宁省，分别为1.55%、1.54%。

表 1-53　各区域科技期刊传播内容指标刊均数值

序号	区域	2022年发表文章总量/篇	刊均文章总量/篇	国家级基金论文比/%	近3年高PCSI论文比/%	近3年高使用论文比/%
1	北京	376 169	265.09	29.01	2.94	1.91
2	上海	58 436	185.51	25.07	2.13	1.44
3	广东	47 307	290.23	20.04	1.69	1.20
4	湖北	44 802	224.01	28.05	2.59	1.32
5	黑龙江	42 371	290.21	19.78	1.25	0.92
6	江苏	41 143	172.15	28.67	2.65	1.55
7	陕西	38 426	241.67	30.04	1.99	1.27
8	四川	37 078	191.12	25.92	2.23	1.48
9	辽宁	37 056	215.44	26.14	2.44	1.54
10	山西	28 949	380.91	13.17	0.93	1.09
11	天津	27 864	209.50	23.03	1.53	1.05
12	河北	27 016	293.65	16.86	1.61	1.19
13	重庆	25 396	368.06	27.49	2.18	1.22
14	山东	24 615	203.43	25.52	1.28	1.26
15	湖南	24 471	212.79	23.40	2.15	1.26
16	吉林	23 339	265.22	27.23	1.99	1.16
17	河南	22 364	223.64	24.92	1.75	1.04
18	安徽	21 195	246.45	23.33	1.37	0.92
19	江西	17 831	287.60	19.87	0.43	0.64
20	浙江	17 476	154.65	24.68	1.31	1.27
21	福建	11 410	178.28	19.36	1.28	0.86
22	甘肃	11 347	177.30	28.64	1.64	1.06
23	广西	10 709	184.64	19.09	0.90	0.71
24	内蒙古	7 869	207.08	16.62	1.84	0.85
25	云南	7 578	184.83	24.44	0.90	0.65
26	贵州	6 110	197.10	18.85	0.97	0.79
27	新疆	4 394	137.31	17.43	3.10	0.83
28	海南	3 811	346.45	22.74	1.21	0.99
29	宁夏	2 406	240.60	13.17	0.13	0.56
30	青海	1 259	83.93	19.43	0.66	0.89
31	新疆生产建设兵团	849	121.29	22.67	0.00	1.09
32	西藏	690	138.00	13.34	0.00	0.26

注：按2022年发表文章总量降序排序。

（四）各区域科技期刊传播渠道数据分析

在传播渠道维度，着重分析各区域科技期刊的新媒体渠道建设情况。表 1-54 统计了各区域开通新媒体账号的期刊数量以及占区域内期刊总数的比重，以及期刊的新媒体平台数量和新媒体文章数量。

表 1-54　各区域科技期刊新媒体传播渠道数据分析

序号	区域	开通新媒体账号期刊数量/个	开通新媒体账号期刊占比/%	刊均新媒体平台数量/种	刊均新媒体文章数量/篇
1	北京	993	69.98	1.29	235.29
2	上海	167	53.02	1.20	218.64
3	江苏	152	63.60	1.17	148.72
4	四川	129	66.49	1.12	114.76
5	湖北	128	64.00	1.16	118.34
6	陕西	119	74.84	1.19	121.46
7	广东	107	65.64	1.21	138.03
8	辽宁	105	61.05	1.20	142.02
9	山东	82	67.77	1.09	73.29
10	天津	78	58.65	1.15	190.32
11	湖南	75	65.22	1.09	79.78
12	浙江	69	61.06	1.10	154.55
13	黑龙江	68	46.58	1.10	91.12
14	河南	62	62.00	1.11	126.75
15	重庆	50	72.46	1.22	97.77
16	河北	47	51.09	1.11	90.08
17	吉林	43	48.86	1.16	231.53
18	安徽	43	50.00	1.14	156.55
19	山西	41	53.95	1.17	120.97
20	甘肃	41	64.06	1.10	61.42
21	江西	33	53.23	1.09	57.08
22	广西	32	55.17	1.22	187.04
23	福建	30	46.88	1.10	28.04
24	云南	17	41.46	1.12	42.43
25	内蒙古	17	44.74	1.18	33.36
26	贵州	13	41.94	1.08	60.40

续表

序号	区域	开通新媒体账号期刊数量/个	开通新媒体账号期刊占比/%	刊均新媒体平台数量/种	刊均新媒体文章数量/篇
27	新疆	7	21.88	1.00	29.00
28	海南	7	63.64	1.00	36.40
29	青海	3	20.00	1.00	224.00
30	宁夏	3	30.00	1.00	15.00
31	新疆生产建设兵团	2	28.57	1.00	11.50
32	西藏	1	20.00	1.00	196.00

注：按开通新媒体账号期刊数量降序排序。

陕西省、重庆市、北京市科技期刊新媒体渠道建设情况较好，开通新媒体账号期刊占比分别达到了74.84%、72.46%和69.98%。总体而言，绝大多数期刊目前仅在一种平台开通了新媒体账号。在新媒体渠道活跃度方面，北京市科技期刊新媒体账号活跃度较高，刊均新媒体渠道文章总量为235.29篇，其次是吉林省和青海省，刊均新媒体渠道文章总量分别为231.53篇和224.00篇。

（五）各区域科技期刊受众数据分析

表1-55展示了32个区域受众维度下属的D1、D2两项三级指标均值（0值不计入统计）情况。重庆市、海南省、山西省是刊均国内外使用总频次最高的三个区域，刊均国内外使用总频次达到12万次以上。吉林省、北京市和青海省的刊均新媒体渠道关注总人数位居前列，分别达到33 716.67人、28 262.83人、21 454.67人。

表1-55 各区域科技期刊受众指标刊均数值

序号	区域	参评期刊数	刊均国内外使用总频次/次	刊均新媒体渠道关注总人数/人
1	北京	1 419	89 655.01	28 262.83
2	上海	315	53 551.36	17 537.18
3	江苏	239	54 289.81	13 395.58
4	湖北	200	79 358.38	19 833.74
5	四川	194	61 065.55	10 516.58
6	辽宁	172	72 060.91	13 885.24
7	广东	163	85 309.27	11 204.04
8	陕西	159	84 973.49	13 853.33

续表

序号	区域	参评期刊数	刊均国内外使用总频次/次	刊均新媒体渠道关注总人数/人
9	黑龙江	146	80 507.15	6 707.77
10	天津	133	72 663.92	10 489.26
11	山东	121	62 606.24	15 458.23
12	湖南	115	72 460.20	10 091.84
13	浙江	113	53 925.15	12 443.00
14	河南	100	67 748.97	9 928.56
15	河北	92	97 934.48	13 277.44
16	吉林	88	87 476.08	33 716.67
17	安徽	86	74 361.86	11 291.22
18	山西	76	121 551.30	9 916.23
19	重庆	69	137 949.77	20 589.26
20	福建	64	44 340.94	5 317.19
21	甘肃	64	46 188.44	12 248.54
22	江西	62	69 218.69	9 333.76
23	广西	58	47 741.63	7 449.60
24	云南	41	54 394.85	16 622.63
25	内蒙古	38	50 258.21	5 252.57
26	新疆	32	36 340.26	3 820.00
27	贵州	31	71 907.73	7 442.36
28	青海	15	11 494.53	21 454.67
29	海南	11	130 785.18	4 974.33
30	宁夏	10	47 704.50	1 952.00
31	新疆生产建设兵团	7	28 063.29	1 599.50
32	西藏	5	29 156.25	8 882.00

注：按参评期刊数降序排序。
新媒体渠道关注总人数为预估值。

（六）各区域科技期刊传播效果数据分析

表1-56展示了32个区域传播效果维度下属的E2、E4~E6四个三级指标均值（0值不计入统计）情况，由于年纸本发行量（E1）指标与期刊类型高度相关，因此此处不进行刊均情况分析，被科技新闻提及次数（E3）指标涉及期刊数量较少，同样不进行刊均情况分析。

表 1-56　各区域科技期刊传播效果指标刊均数值

序号	区域	国内外被引频次/次	新媒体渠道总阅读量/次	新媒体渠道总点赞量/次	新媒体渠道总转发量/次
1	重庆	4 102.98	82 719.63	382.10	156.51
2	北京	4 029.90	213 091.40	1 038.55	531.07
3	辽宁	3 336.31	109 288.17	499.75	294.84
4	海南	3 215.00	13 595.50	19.25	6.25
5	湖北	3 162.79	155 336.54	886.29	495.56
6	吉林	3 101.57	364 794.28	4 084.03	3 444.19
7	陕西	3 070.35	41 881.21	197.92	89.76
8	湖南	2 651.64	31 745.98	139.16	76.26
9	甘肃	2 557.95	23 254.26	131.06	42.74
10	江苏	2 530.21	128 325.14	630.40	427.19
11	上海	2 488.87	257 954.03	1 143.66	539.47
12	黑龙江	2 472.40	48 245.28	208.77	137.22
13	天津	2 369.57	131 959.87	459.15	234.66
14	河北	2 295.63	55 454.31	259.86	129.66
15	四川	2 279.69	75 374.33	379.84	194.20
16	安徽	2 251.26	59 850.64	230.64	111.71
17	河南	2 219.31	39 722.69	241.52	100.19
18	广东	2 198.33	55 818.54	289.85	140.18
19	贵州	2 044.90	21 589.00	120.90	48.80
20	山东	1 863.01	27 321.44	156.15	79.08
21	内蒙古	1 808.15	15 569.20	95.60	35.86
22	浙江	1 760.84	152 070.25	371.09	165.49
23	山西	1 755.71	45 175.47	173.26	89.65
24	新疆	1 535.67	7 328.50	56.00	10.00
25	云南	1 482.32	11 705.07	83.86	24.46
26	广西	1 473.73	56 129.33	301.24	161.64
27	江西	1 193.62	16 906.63	253.50	84.00
28	福建	1 059.13	11 744.21	73.57	42.85
29	宁夏	934.60	2 653.00	11.00	3.00
30	青海	579.87	38 857.67	416.00	404.00
31	新疆生产建设兵团	471.00	752.50	16.00	2.00
32	西藏	281.50	78 543.00	436.00	225.00

注：按国内外被引频次降序排序。

统计结果可见，重庆市和北京市科技期刊的传播效果普遍较强，其中国内外被引频次刊均分别达到4102.98次和4029.90次。吉林省、上海市和北京市科技期刊在新媒体渠道上产生了较好的传播效果，总阅读量、总点赞量、总转发量的刊均数值在32个区域当中均位列前三名。

第三节　科技期刊国际传播力指标体系及指数构建

科技期刊国际传播力是指科技期刊运用各种传播策略、方法、技术和渠道，将期刊本身及其刊载的知识资源在国际范围内进行传播，并产生影响，体现科技期刊的国际化水平以及国际传播能力。对此，本章从国际传播者、国际传播内容、国际传播渠道、国际受众和国际传播效果5个维度设计了我国科技期刊国际传播力指标体系，并构建了国际传播力指数。

一、数据来源与标准

数据主要来源：2022年及2023年全国期刊核验数据、国家新闻出版署期刊和电子出版物数据、中国知网、万方数据知识服务平台、中华医学期刊全文数据库、科睿唯安旗下数据库（包含Web of Science数据库、Essential Science Indicators数据库和InCites数据库）等官方数据，以及在Altmetric、国际出版网站和优睿科（EurekAlert!）等网站所获取的网络数据。

期刊分类：参加国际传播力指数计算的学术类科技期刊共4438种，根据期刊的语种，将科技期刊划分为英文学术期刊、中文学术期刊两大类型分别计算国际传播力指数，其中英文学术期刊434种、中文学术期刊4004种。

期刊所属区域划分、出版单位类型划分方式与本章第一节、第二节一致。

二、科技期刊国际传播力指标设计

本次科技期刊国际传播力指标体系以传播学"5W"经典传播模式为框架，参考专家建议，从国际传播者、国际传播内容、国际传播渠道、国际受众、国际传播效果5个维度进行设计，最终形成5个一级指标、10个二级指标、16个三级指标，各指标定义如下所述。

（一）国际传播者（A类指标）

传播者，是指传播行为的引发者，即以发出讯息的方式主动作用于他人的人、群体或组织。具体到科技期刊传播行为中，作者和编辑是主要的传播者。因此，在对科技期刊国际传播者进行评估时，共设计作者覆盖度、作者权威度、编辑专业度3个二级指标，A1～A5共5个三级指标。

A1.国际作者总人数

期刊2022年发文所涵盖的国际作者总数量，反映期刊的国际作者规模与覆盖度。

A2.国际作者所属机构数量

期刊2022年发文所涵盖的国际作者所属的机构数量，反映期刊发文国际机构的覆盖度。

A3.国际高被引作者占比

期刊2022年发文所涵盖的国际高被引作者数量与期刊2022年国际作者总人数的比值，反映期刊国际作者的整体水平与权威度。

其中国际高被引作者是指：将中国学术期刊作者近十年发表某学科论文的被引频次相加，降序排列，其中总被引频次居同学科前1%的国际作者。

A4.国际高被引机构占比

期刊2022年发文所涵盖的国际高被引机构数量与期刊2022年国际发文机构数量的比值，反映期刊发文国际机构的整体水平与权威度。

其中高被引机构是指：将中国学术期刊作者所属机构近十年发表某学科论文的被引频次相加，降序排列，其中总被引频次居同学科前1%的国际机构。

A5.国际编委人数

科技期刊拥有的国际编委人数，反映期刊编辑团队的国际化程度。

（二）国际传播内容（B类指标）

科技期刊的传播内容以科技论文、科普文章、科技新闻为主体。国际传播内容指标包括内容规模、内容质量和内容形式3个二级指标，B1～B3共3个三级指标。

B1.文章总量

期刊2022年的总发文量，反映了科技期刊传播内容的规模。

B2.近3年高使用论文比

期刊2020～2022年发表的高使用论文数量与期刊2020～2022年文章总量的比值，从论文下载角度反映传播内容的质量。

其中高使用论文是指同年度同学科同种文献类型（研究型、综述型文献）的国内期刊、会议论文中，中国知网海外总下载频次排名前1%的论文或Web of Science数据库当中近180天使用频次位列前1%的论文。若期刊同时被中国知网以及Web of Science数据库收录，则取数值较高的用于计算。

B3.双语出版/英文长摘要

期刊是否以中英文双语出版，或期刊刊载的文章是否有英文长摘要（字符数在1000字以上），从期刊的内容形式角度反映英文传播情况。该指标仅用于评价中文学术期刊。

（三）国际传播渠道（C类指标）

C类指标主要用于评估科技期刊的传统传播渠道覆盖度，包括C1～C3共3个三级指标。

C1.国际索引型数据库收录数量

期刊被国际主要索引型数据库收录的数量。期刊每被一种索引型数据库收录得1分，累加计算。

本报告统计的国际索引型数据库包括：SCIE、ESCI、AHCI、Scopus、EI、MEDLINE、INSPEC、RSCI、KCI、JST、CA等综合及专业索引数据库。

C2.国际全文发行传播渠道数量

期刊 2022 年所拥有的全文发行传播渠道数量。期刊每拥有一种全文发行传播渠道得 1 分，累加计算。

国际全文发行传播渠道包括：期刊与国际出版商爱思唯尔（Elsevier）、斯普林格·自然（Springer Nature）、泰勒·弗朗西斯（Taylor & Francis）、威立（Wiley）、DOAJ 合作情况。

C3.国际图书馆馆藏数

期刊被国际图书馆馆藏的数量。

（四）国际受众（D 类指标）

受众是传播内容的接受者，科技期刊的受众以专业研究人员为主，兼顾部分大众读者。本书主要通过"国际总使用频次"这一指标反映科技期刊的受众规模。

D1.国际总使用频次

期刊 2022 年所发论文截至统计时在中国知网海外下载频次以及在 Web of Science 平台的近 180 天使用次数之和，用于反映国际数据库用户对期刊的使用情况。

（五）国际传播效果（E 类指标）

科技期刊的国际传播效果主要体现在传统渠道产生的引用行为以及新媒体用户的使用情况方面，国际传播效果维度共设计用户使用转化度、新媒体用户关注度 2 个二级指标，E1~E4 共 4 个三级指标。

E1.国际总被引频次

统计年 2022 年期刊被《中国学术期刊国际引证年报》统计的国际他引总被引频次。

E2.论文转化为国际科技新闻数量

期刊发表的论文在 2022 年被 EurekAlert! 新闻提及的次数，反映期刊论文转化为国际科技新闻的情况。

E3.国际新闻及政策文件提及数量

期刊在2022年被国际新闻和政策文件提及的次数，统计数据来自Altmetric。

E4.国际社交媒体渠道提及数量

期刊在2022年被博客、推特（Twitter）、脸书（Facebook）、领英（LinkedIn）等国际社交媒体提及的次数，统计数据来自Altmetric。

以上各项指标的数据来源如下所述。

（1）A1～A4、B1～B3、D1、E1等指标数据主要来自中国知网《中国知识资源总库》《中国学术期刊国际引证年报》与科睿唯安旗下Web of Science数据库、Essential Science Indicators数据库和InCites数据库的公开数据；

（2）A5指标数据来自课题组所采集的期刊版权页公开数据；

（3）C1～C3指标数据主要来自课题组所采集的国内外期刊索引数据库、国际出版商和国际图书馆的公开数据；

（4）E2～E4指标数据来自课题组采集的EurekAlert!、Altmetric公开数据。

科技期刊国际传播力指标体系见表1-57。

表1-57 科技期刊国际传播力指标体系

一级指标	二级指标代号	指标名称	三级指标代号	指标名称	说明	单位
国际传播者 A	1	作者覆盖度	A1	国际作者总人数	期刊2022年发文涵盖的国际作者数量	位
			A2	国际作者所属机构数量	期刊2022年发文所涵盖的国际作者所属机构的总数	个
	2	作者权威度	A3	国际高被引作者占比	期刊2022年发文涵盖的国际高被引作者数量/A1×100%	%
			A4	国际高被引机构占比	期刊2022年发文涵盖的国际高被引机构数量/A2×100%	%
	3	编辑专业度	A5	国际编委人数	期刊编委会中的国际编委数量	位
国际传播内容 B	4	内容规模	B1	文章总量	期刊2022年的总发文量	篇
	5	内容质量	B2	近3年高使用论文比	期刊2020～2022年发表的高下载论文数量/B1×100%	%
	6	内容形式	B3	双语出版/英文长摘要	期刊是否为双语出版期刊,期刊文章是否有英文长摘要	—

续表

一级指标	二级指标 代号	二级指标 指标名称	三级指标 代号	三级指标 指标名称	说明	单位
国际传播渠道 C	7	传播渠道覆盖度	C1	国际索引型数据库收录数量	期刊入选 SCIE、ESCI、AHCI、Scopus、EI、MEDLINE、INSPEC、RSCI、JST、CA 等综合及专业索引数据库的情况，每入选一种索引型数据库得 1 分，累加计算	种
			C2	国际全文发行传播渠道数量	期刊所拥有的全文发行传播渠道数量。包括期刊与国际出版商、DOAJ 合作情况，每种渠道得 1 分，累加计算	种
			C3	国际图书馆馆藏数	期刊被国外图书馆馆藏的数量	个
国际受众 D	8	数据库用户使用度	D1	国际总使用频次	期刊 2022 年所发论文截至统计时在中国知网海外下载频次，以及在 Web of Science 平台的近 180 天使用次数之和	次
国际传播效果 E	9	用户使用转化度	E1	国际总被引频次	《中国学术期刊国际引证年报》（统计年 2022 年）的国际他引总被引频次	次
			E2	论文转化为国际科技新闻数量	期刊 2022 年被 EurekAlert! 新闻提及的次数	次
	10	新媒体用户关注度	E3	国际新闻及政策文件提及数量	期刊 2022 年被国际新闻和政策文件提及的次数	次
			E4	国际社交媒体渠道提及数量	期刊 2022 年被博客、Twitter、Facebook 等媒体提及的次数	次

三、科技期刊国际传播力数据概览

统计结果显示，我国科技期刊 2022 年国际传播规模概况如下：①2022 年发表科技论文 105.17 万篇，国际总使用频次为 178.71 万次，国际总被引频次为 201.46 万次；②2022 年国际发文作者 3.99 万人，国际发文机构 2.34 万个；③国际编委人数 5259 位；④国际图书馆刊均馆藏数量为 13.24 个；⑤2022 年被国外各类新闻媒体、社交平台提及 10.25 万次。

（一）国际传播者数据分析

参与传播力计算的 4438 种科技期刊在 2022 年共有国际发文作者 3.99 万人，国际发文机构 2.34 万个，国际编委人数 5259 位。表 1-58 展示了各类期刊的国际传播者 5 项指标的均值。

期刊在 2022 年内发表论文的国际作者总人数刊均为 21.45 位，英文学术期刊刊均国际作者 102.41 位，中文学术期刊刊均国际作者 3.49 位。期刊在 2022 年内发表论文的国际作者所属机构数量平均为 12.33 个，英文学术期刊刊均国际作者所属机构数量为 56.72 个，中文学术期刊刊均国际作者所属机构数量为 2.72 个。英文学术期刊刊均国际高被引作者占比为 3.50%，刊均国际高被引机构占比为 10.45%。刊均国际编委人数为 8.66 位，英文学术期刊刊均国际编委人数为 18.89 位，中文学术期刊刊均国际编委人数为 4.39 位。

表 1-58　各类期刊国际传播者指标均值情况

指标名称	全部期刊	英文学术期刊	中文学术期刊
国际作者总人数/位	21.45	102.41	3.49
国际作者所属机构数量/个	12.33	56.72	2.72
国际高被引作者占比/%	—	3.50	—
国际高被引机构占比/%	—	10.45	—
国际编委人数/位	8.66	18.89	4.39

从表 1-59 可见，各类期刊的国际作者总人数指标分布多集中在 0～<50 位的区间范围；在国际作者所属机构数量指标分布方面，近 70% 的英文学术期刊国际作者所属机构数小于 50 个，中文学术期刊的国际作者所属机构数量主要集中在 10 个以下；在国际高被引作者占比指标分布方面，英文学术期刊的国际高被引作者占比多集中在 5% 以下；在国际高被引机构占比指标分布方面，26.04% 的英文学术期刊国际高被引机构占比在 10% 以上；在国际编委人数指标分布方面，各类期刊的国际编委人数多集中在 0～<5 位的区间范围。

表 1-59　各类期刊国际传播者指标分布情况

指标名称	区间	期刊数量/种 英文学术期刊	期刊数量/种 中文学术期刊
国际作者总人数/位	0～<50	250	4000
	50～<100	68	4
	100～<150	48	0
	150～<200	31	0
	200 位及以上	37	0

续表

指标名称	区间	期刊数量/种 英文学术期刊	期刊数量/种 中文学术期刊
国际作者所属机构数量/个	0～<10	154	3927
	10～<50	147	77
	50～<100	77	0
	100～<200	43	0
	200 个及以上	13	0
国际高被引作者占比/%	0～<1%	292	—
	1%～<5%	102	—
	5%～<10%	29	—
	10%～<15%	10	—
	15%～100%	1	—
国际高被引机构占比/%	0～<1%	172	—
	1%～<2%	4	—
	2%～<5%	62	—
	5%～<10%	83	—
	10%～100%	113	—
国际编委人数/位	0～<5	281	3878
	5～<10	30	77
	10～<20	57	40
	20～<30	31	8
	30 位及以上	35	1

（二）国际传播内容数据分析

参与传播力计算的 4438 种科技期刊 2022 年发表科技论文 105.17 万篇，近 3 年刊均高使用论文比为 1.47%，有 127 种中文学术期刊采取双语出版进行国际传播。表 1-60 展示了各类期刊国际传播内容 3 个指标的均值。数据统计结果显示，期刊 2022 年发表文章总量平均为 254.35 篇，其中，中文学术期刊刊均文章总量为 266.85 篇，英文学术期刊为 119.41 篇。期刊近 3 年刊均高使用论文比为 1.47%，其中，中文学术期刊刊均近 3 年高使用论文比为 1.44%，英文学术期刊为 2.12%。

第一章　科技期刊传播力指数构建与计量分析

表1-60　各类期刊国际传播内容指标均值情况

指标名称	全部期刊	英文学术期刊	中文学术期刊
文章总量/篇	254.35	119.41	266.85
近3年高使用论文比/%	1.47	2.12	1.44
双语出版/英文长摘要	—	—	5.18

注："双语出版/英文长摘要"指标只评价中文学术期刊，指标得分采取赋分法，双语出版期刊得分10分，有英文长摘要的期刊得分为5分。

从表1-61可见，各类期刊文章总量指标分布多集中在500篇以内；在近3年高使用论文比指标分布方面，期刊基本集中在0~<5%的区间范围；有127种中文学术期刊采取双语出版模式，3311种中文学术期刊发表的文章有英文长摘要。

表1-61　各类期刊国际传播内容指标分布情况

指标名称	区间	期刊数量/种 英文学术期刊	期刊数量/种 中文学术期刊
文章总量/篇	0~<250	398	2807
	250~<500	29	729
	500~<750	2	215
	750~<1000	3	116
	1000篇及以上	2	137
近3年高使用论文比/%	0~<1%	364	2763
	1%~<5%	56	1107
	5%~<10%	9	110
	10%~<20%	4	20
	20%~100%	1	4
双语出版/英文长摘要	双语出版	—	127
	英文长摘要	—	3311

（三）国际传播渠道数据分析

参与传播力计算的4438种科技期刊刊均被2.70种国际索引型数据库收录，刊均被13.24个国际图书馆馆藏。表1-62展示了各类期刊国际传播渠道3个三级指标的均值（0值不计入统计）。英文期刊由于语种优势，更容易被国际索引型数据库收录及国际图书馆馆藏。英文学术期刊刊均被3.31种国际索引型数据库收录，中文学术期刊刊均被 2.31 种国际索引型数据库收录；英文学术期刊刊均被 44.81 个国际图书馆馆藏，中文学术期刊刊均馆藏数量为 8.67 个。

表 1-62　各类期刊国际传播渠道指标均值情况

指标名称	全部期刊	英文学术期刊	中文学术期刊
国际索引型数据库收录数量/种	2.70	3.31	2.31
国际全文发行传播渠道数量/种	—	1	—
国际图书馆馆藏数/个	13.24	44.81	8.67

表 1-63 展示了各类期刊国际传播渠道 3 个三级指标的分布情况。在国际索引型数据库收录数量指标方面，有 13.82% 的英文学术期刊被 5 种及以上国际索引型数据库收录，中文学术期刊的国际数据库收录数量主要集中在 0～1 个，占比 88.49%。在国际图书馆馆藏数量方面，有 45.85% 的英文学术期刊和 84.92% 的中文学术期刊被 10 个以下国际图书馆馆藏。

表 1-63　各类期刊国际传播渠道指标分布情况

指标名称	区间	期刊数量/种 英文学术期刊	期刊数量/种 中文学术期刊
国际索引型数据库收录数量/种	0～1	110	3543
	2	72	268
	3	92	141
	4	100	48
	5 种及以上	60	4
国际全文发行传播渠道数量/种	0	325	—
	1	109	—
国际图书馆馆藏数/个	0～<10	199	3400
	10～<20	35	389
	20～<50	91	167
	50～<100	60	41
	100 个及以上	49	7

（四）国际受众数据分析

4438 种科技期刊 2022 年发文的国际总使用频次为 178.71 万次，表 1-64 展示了各类期刊的国际总使用频次均值情况。我国科技期刊刊均国际总使用频次为433.77次，其中，英文学术期刊刊均国际总使用频次为1314.52次，远高于中文学术期刊的354.30次。

表 1-64　各类期刊国际受众指标均值情况

指标名称	全部期刊	英文学术期刊	中文学术期刊
国际总使用频次/次	433.77	1314.52	354.30

表 1-65 展示了各类期刊国际总使用频次指标的区间分布。可以看出，各有近40.00%的英文学术期刊和中文学术期刊国际总使用频次在100次以内；有3.46%的英文学术期刊国际总使用频次在5000次及以上。

表 1-65　各类期刊国际受众指标分布情况

指标名称	区间	期刊数量/种 英文学术期刊	期刊数量/种 中文学术期刊
国际总使用频次/次	0～<100	166	1596
	100～<500	102	1732
	500～<1000	53	381
	1000～<5000	98	285
	5000次及以上	15	10

（五）国际传播效果数据分析

4438种科技期刊2022年发文的国际总被引频次为201.46万次，论文转化为国际科技新闻数量为597篇，被国外各类新闻媒体、社交平台提及10.25万次。表1-66展示了各类期刊国际传播效果维度下4个三级指标的均值（0值不计入统计）。英文学术期刊刊均国际总被引频次为2820.70次，刊均有近10篇论文转化为国际科技新闻，刊均被国际新闻及政策文件提及59.88次，被国际社交媒体提及473.10次；中文学术期刊刊均国际总被引频次为236.28次，刊均被国际新闻及政策文件提及4.82次，被国际社交媒体提及67.67次。

表 1-66 各类期刊国际传播效果指标均值情况

指标名称	全部期刊	英文学术期刊	中文学术期刊
国际总被引频次/次	482.77	2820.70	236.28
论文转化为国际科技新闻数量/篇	—	9.93	—
国际新闻及政策文件提及数量/次	48.25	59.88	4.82
国际社交媒体渠道提及数量/次	379.04	473.10	67.67

表 1-67 展示了国际传播效果 4 个三级指标的数值分布情况。在国际总被引频次方面，有 50.46% 的英文学术期刊国际总被引频次在 1000 次及以上；有 64.04% 的中文学术期刊的国际总被引频次在 100 次以下。我国 93.32% 的英文学术期刊 2022 年的论文转化为国际科技新闻数量少于 5 篇。绝大部分科技期刊论文被国际新闻和政策文件、社交媒体提及的次数在 10 次以下。

表 1-67 各类期刊国际传播效果指标分布情况

指标名称	区间	期刊数量/种 英文学术期刊	期刊数量/种 中文学术期刊
国际总被引频次/次	0～<100	88	2564
	100～<500	72	1032
	500～<1000	55	226
	1000～<5000	163	168
	5000 次及以上	56	14
论文转化为国际科技新闻数量/篇	0～<5	405	—
	5～<10	12	—
	10～<20	10	—
	20～<50	5	—
	50 篇及以上	2	—
国际新闻及政策文件提及数量/次	0～<10	359	4001
	10～<20	22	1
	20～<50	21	2
	50～<100	9	0
	100 次及以上	23	0
国际社交媒体渠道提及数量/次	0～<10	282	3956
	10～<20	19	1
	20～<50	26	17
	50～<100	24	19
	100 次及以上	83	11

第四节 科技期刊国际传播力计量分析

一、科技期刊国际传播力指数计算方法

科技期刊国际传播力指数的计算方法与传播力指数计算方法相同，计算过程参见本章第二节。不同类别期刊指标权重详见表1-68、表1-69。各表中，一级指标、二级指标与三级指标的权重总和均为100。

表1-68 英文学术期刊各级指标权重

一级指标		二级指标			三级指标		
代号	权重	代号	指标名称	权重	序号	指标名称	权重
国际传播者 A	20	1	作者覆盖度	6	A1	国际作者总人数	3
					A2	国际作者所属机构数量	3
		2	作者权威度	8	A3	国际高被引作者占比	4
					A4	国际高被引机构占比	4
		3	编辑专业度	6	A5	国际编委人数	6
国际传播内容 B	11	4	内容规模	5	B1	文章总量	5
		5	内容质量	6	B2	近3年高使用论文比	6
		6	内容形式	—	B3	双语出版/英文长摘要	—
国际传播渠道 C	23	7	传播渠道覆盖度	23	C1	国际索引型数据库收录数量	9
					C2	国际全文发行传播渠道数量	9
					C3	国际图书馆馆藏数	5
国际受众 D	16	8	数据库用户使用度	16	D1	国际总使用频次	16
国际传播效果 E	30	9	用户使用转化度	22	E1	国际总被引频次	18
					E2	论文转化为国际科技新闻数量	4
		10	新媒体用户关注度	8	E3	国际新闻及政策文件提及数量	6
					E4	国际社交媒体渠道提及数量	2

表1-69　中文学术期刊各级指标权重

一级指标		二级指标			三级指标		
代号	权重	代号	指标名称	权重	序号	指标名称	权重
国际传播者 A	4	1	作者覆盖度	2	A1	国际作者总人数	1
					A2	国际作者所属机构数量	1
		2	作者权威度	—	A3	国际高被引作者占比	—
					A4	国际高被引机构占比	—
		3	编辑专业度	2	A5	国际编委人数	2
国际传播内容 B	15	4	内容规模	4	B1	文章总量	4
		5	内容质量	6	B2	近3年高使用论文比	6
		6	内容形式	5	B3	双语出版/英文长摘要	5
国际传播渠道 C	25	7	传播渠道覆盖度	25	C1	国际索引型数据库收录数量	12
					C2	国际全文发行传播渠道数量	—
					C3	国际图书馆馆藏数	13
国际受众 D	16	8	数据库用户使用度	16	D1	国际总使用频次	16
国际传播效果 E	40	9	用户使用转化度	30	E1	国际总被引频次	30
					E2	论文转化为国际科技新闻数量	—
		10	新媒体用户关注度	10	E3	国际新闻及政策文件提及数量	2
					E4	国际社交媒体渠道提及数量	8

二、国际传播力TOP科技期刊数据分析

在计算出期刊的国际传播力指数之后，各组期刊按照国际传播力指数由大到小排序，遴选出国际传播力指数TOP期刊，各组参评期刊以及TOP期刊数量见表1-70。

表1-70　各组参评期刊数量与国际传播力TOP期刊数量

期刊类型	参评期刊数量/种	国际传播力TOP期刊数量/种
中文学术期刊	4004	100
英文学术期刊	434	200
合计	4438	300

（一）国际传播力 TOP 期刊列表

1.国际传播力 TOP20 英文学术期刊名单

国际传播力 TOP 英文学术期刊完整名单详见附录 6。表 1-71 展示了国际传播力指数排名前 20 的英文学术期刊名单，其中《纳米研究（英文版）》《能源化学（英文版）》《材料科学技术（英文版）》是国际传播力指数最高的 3 种英文学术期刊。

表 1-71　国际传播力 TOP20 英文学术期刊名单

序号	期刊名称（中文刊名）	期刊名称（英文刊名）	国际传播者指数	国际传播内容指数	国际传播渠道指数	国际受众指数	国际传播效果指数	国际传播力指数
1	纳米研究（英文版）	Nano Research	8.51	8.60	9.49	16.00	22.97	65.57
2	能源化学（英文版）	Journal of Energy Chemistry	10.50	6.81	18.17	8.07	15.23	58.78
3	材料科学技术（英文版）	Journal of Materials Science & Technology	10.66	6.90	11.82	7.53	18.47	55.38
4	纳微快报（英文）	Nano Micro Letters	11.07	6.90	16.95	6.61	10.78	52.31
5	中国化学快报（英文版）	Chinese Chemical Letters	6.29	5.09	14.67	6.89	13.89	46.83
6	环境科学学报（英文版）	Journal of Environmental Sciences	6.39	4.87	19.26	2.82	12.54	45.88
7	细胞研究（英文）	Cell Research	8.61	2.07	15.58	0.90	18.57	45.73
8	国家科学评论（英文）	National Science Review	9.66	6.49	9.90	2.88	16.15	45.09
9	催化学报	Chinese Journal of Catalysis	9.38	7.16	10.00	4.46	10.65	41.64
10	科学通报（英文版）	Science Bulletin	8.36	6.11	11.13	2.76	12.88	41.25
11	药学学报（英文）	Acta Pharmaceutica Sinica B	8.59	3.63	14.89	2.41	10.40	39.92
12	光．科学与应用（英文）	Light: Science & Applications	7.59	5.34	9.32	2.86	14.26	39.37
13	农业科学学报（英文）	Journal of Integrative Agriculture	10.04	2.23	17.63	2.08	6.94	38.92
14	生物活性材料（英文）	Bioactive Materials	7.91	7.51	7.97	4.87	9.18	37.43
15	地学前缘（英文版）	Geoscience Frontiers	8.23	2.48	18.38	1.25	6.74	37.08
16	植物学报（英文版）	Journal of Integrative Plant Biology	6.75	3.89	16.84	1.72	7.09	36.28
17	碳能源（英文）	Carbon Energy	7.40	6.39	16.93	2.03	3.06	35.80
18	矿业科学技术学报（英文）	International Journal of Mining Science and Technology	8.71	2.21	17.88	1.65	5.17	35.62
19	电化学能源评论（英文）	Electrochemical Energy Reviews	8.29	6.29	15.75	1.70	3.35	35.37
20	镁合金学报（英文）	Journal of Magnesium and Alloys	12.44	3.49	10.59	2.01	6.06	34.60

注：按国际传播力指数降序排序。

2. 国际传播力 TOP20 中文学术期刊名单

国际传播力 TOP 中文学术期刊完整名单详见附录 7。表 1-72 展示了国际传播力指数排名前 20 的中文学术期刊名单，其中《物理学报》《生态学报》《中国中药杂志》是国际传播力指数最高的 3 种中文学术期刊。

表 1-72　国际传播力 TOP20 中文学术期刊名单

序号	期刊名称	国际传播者指数	国际传播内容指数	国际传播渠道指数	国际受众指数	国际传播效果指数	国际传播力指数
1	物理学报	2.01	6.55	16.94	15.29	17.96	58.75
2	生态学报	2.01	4.34	15.45	5.04	30.32	57.16
3	中国中药杂志	0.91	7.10	10.10	10.63	22.34	51.08
4	地球物理学报	1.92	5.73	16.67	9.21	17.06	50.59
5	岩石学报	1.80	3.19	10.65	8.47	26.39	50.50
6	农业工程学报	2.14	6.40	8.82	2.12	28.40	47.88
7	岩土力学	2.01	5.97	11.55	8.12	19.54	47.20
8	物理化学学报	1.83	3.98	14.23	8.64	18.15	46.84
9	科学通报	3.16	4.21	15.39	10.88	12.16	45.80
10	岩石力学与工程学报	1.34	6.21	8.50	1.71	27.30	45.07
11	石油勘探与开发	2.74	3.92	9.40	4.96	22.99	44.02
12	煤炭学报	1.79	6.14	9.98	1.71	24.13	43.75
13	中国电机工程学报	1.83	7.23	8.63	6.07	17.25	41.02
14	光谱学与光谱分析	2.69	3.76	11.48	10.44	11.93	40.31
15	光学学报	1.43	6.13	13.48	8.68	9.95	39.66
16	中国激光	1.21	6.06	13.41	8.03	9.44	38.16
17	环境科学	0.77	6.14	12.76	3.22	14.67	37.55
18	机械工程学报	2.68	6.59	12.51	2.50	13.27	37.54
19	中草药	0.28	7.19	7.19	11.57	10.79	37.01
20	地理学报	1.35	5.37	8.28	3.39	18.57	36.95

注：按国际传播力指数降序排序。

（二）国际传播力 TOP 英文学术期刊数据分析

下文分别挑选国际传播者指数、国际传播内容指数、国际传播渠道指数、国际受众指数、国际传播效果指数最高的 20 种国际传播力 TOP 英文学术期刊展开详细分析。

1.国际传播者数据分析

从表 1-73 可见，国际传播力 TOP 英文学术期刊中，国际传播者指数最高的三种期刊为《镁合金学报（英文）》《纳微快报（英文）》《材料科学技术（英文版）》，国际传播者指数分别为 12.44、11.07、10.66。

表 1-73 国际传播者指数较高的英文学术期刊

序号	期刊名称（中文刊名）	期刊名称（英文刊名）	国际传播者指数	国际作者总人数/位	国际作者所属机构数量/个	国际高被引作者占比/%	国际高被引机构占比/%	国际编委人数/位
1	镁合金学报（英文）	Journal of Magnesium and Alloys	12.44	408	212	1.53	5.19	68
2	纳微快报（英文）	Nano-Micro Letters	11.07	380	160	7.49	19.38	29
3	材料科学技术（英文版）	Journal of Materials Science & Technology	10.66	963	352	5.37	10.23	22
4	山地科学学报（英文）	Journal of Mountain Science	10.60	251	168	0.40	4.76	67
5	能源化学（英文版）	Journal of Energy Chemistry	10.50	893	344	5.10	9.01	22
6	农业科学学报（英文）	Journal of Integrative Agriculture	10.04	99	72	5.05	11.11	66
7	土壤圈（英文）	Pedosphere	10.01	192	114	2.87	8.77	61
8	国际肝胆胰疾病杂志（英文）	Hepatobiliary & Pancreatic Diseases International	9.95	210	74	2.29	4.69	71
9	国家科学评论（英文）	National Science Review	9.66	345	164	5.49	12.03	26
10	催化学报	Chinese Journal of Catalysis	9.38	138	70	13.04	22.86	19
11	国际泥沙研究（英文版）	International Journal of Sediment Research	9.32	176	119	2.27	5.04	58
12	岩石力学与岩土工程学报（英文版）	Journal of Rock Mechanics and Geotechnical Engineering	9.02	188	110	2.78	13.64	45
13	现代电力系统与清洁能源学报（英文）	Journal of Modern Power Systems and Clean Energy	8.94	245	146	3.67	7.53	37
14	矿业科学技术学报（英文）	International Journal of Mining Science and Technology	8.71	71	41	3.28	24.39	49
15	工程（英文）	Engineering	8.63	285	138	3.23	16.67	24
16	细胞研究（英文）	Cell Research	8.61	59	31	1.69	12.90	66
17	药学学报（英文）	Acta Pharmaceutica Sinica B	8.59	371	142	2.15	7.04	29
18	纳米研究（英文版）	Nano Research	8.51	752	388	4.12	8.51	—
19	科学通报（英文版）	Science Bulletin	8.36	960	226	2.29	9.29	3
20	电化学能源评论（英文）	Electrochemical Energy Reviews	8.29	48	19	10.42	52.63	—

注：按国际传播者指数降序排序。

《镁合金学报（英文）》的国际作者总人数为408位，国际作者所属机构数量为212个，国际高被引作者占比为1.53%，国际高被引机构占比为5.19%，国际编委人数68位。《纳微快报（英文）》的国际作者总人数为380位，国际作者所属机构数量为160个，国际高被引作者占比为7.49%，国际高被引机构占比为19.38%，国际编委人数29位。《材料科学技术（英文版）》国际作者总人数为963位，国际作者所属机构数量为352个，国际高被引作者占比为5.37%，国际高被引机构占比为10.23%，国际编委人数22位。

从国际作者人数规模来看，国际作者总人数较多的期刊有《材料科学技术（英文版）》（963位）、《科学通报（英文版）》（960位）、《能源化学（英文版）》（893位）；国际作者所属机构数最高的期刊有《纳米研究（英文版）》（388个）、《材料科学技术（英文版）》（352个）、《能源化学（英文版）》（344个）。

从国际作者整体水平来看，国际高被引作者占比较高的期刊有《催化学报》（13.04%）、《电化学能源评论（英文）》（10.42%）、《纳微快报（英文）》（7.49%）；国际高被引机构占比较高的期刊有《电化学能源评论（英文）》（52.63%）、《矿业科学技术学报（英文）》（24.39%）、《催化学报》（22.86%）。

从国际编委队伍建设情况来看，国际编委人数较多的期刊有《国际肝胆胰疾病杂志（英文）》（71位）、《镁合金学报（英文）》（68位）、《山地科学学报（英文）》（67位）。

2.国际传播内容数据分析

从表1-74可见，国际传播力TOP英文学术期刊中，国际传播内容指数最高的三种期刊为《纳米研究（英文版）》《生物活性材料（英文）》《催化学报》，国际传播内容指数分别为8.60、7.51、7.16。其中，《纳米研究（英文版）》的文章总量为1469篇，近3年高使用论文比为3.63%。《生物活性材料（英文）》的文章总量为413篇，近3年高使用论文比为8.35%。《催化学报》的文章总量为309篇，近3年高使用论文比为7.17%。

第一章 科技期刊传播力指数构建与计量分析

表 1-74 国际传播内容指数较高的英文学术期刊

序号	期刊名称（中文刊名）	期刊名称（英文刊名）	国际传播内容指数	文章总量/篇	近3年高使用论文比/%
1	纳米研究（英文版）	Nano Research	8.60	1469	3.63
2	生物活性材料（英文）	Bioactive Materials	7.51	413	8.35
3	催化学报	Chinese Journal of Catalysis	7.16	309	7.17
4	材料科学技术（英文版）	Journal of Materials Science & Technology	6.90	968	3.57
5	纳微快报（英文）	Nano-Micro Letters	6.90	230	18.35
6	能源化学（英文版）	Journal of Energy Chemistry	6.81	750	4.45
7	能源与环境材料（英文）	Energy & Environmental Materials	6.61	143	7.32
8	国家科学评论（英文）	National Science Review	6.49	303	6.09
9	信息材料（英文）	InfoMat	6.41	83	13.89
10	碳能源（英文）	Carbon Energy	6.39	75	13.40
11	生物炭（英文）	Biochar	6.38	72	12.10
12	电化学能源评论（英文）	Electrochemical Energy Reviews	6.29	45	23.16
13	环境科学与生态技术（英文）	Environmental Science & Ecotechnology	6.27	38	8.55
14	科学通报（英文版）	Science Bulletin	6.11	412	5.05
15	先进光子学（英文）	Advanced Photonics	5.69	50	6.14
16	极端制造（英文）	International Journal of Extreme Manufacturing	5.37	44	5.71
17	光：科学与应用（英文）	Light: Science & Applications	5.34	230	4.81
18	光电进展（英文）	Opto-Electronic Advances	5.16	60	5.34
19	中国化学快报（英文版）	Chinese Chemical Letters	5.09	893	1.36
20	中国物理 B	Chinese Physics B	4.88	1115	0.03

注：按国际传播内容指数降序排序。

从传播内容规模来看，文章总量较高的期刊有《纳米研究（英文版）》（1469篇）、《中国物理B》（1115篇）、《材料科学技术（英文版）》（968篇）。

从传播内容质量来看，近3年高使用论文比较高的期刊有《电化学能源评论（英文）》（23.16%）、《纳微快报（英文）》（18.35%）、《信息材料（英文）》（13.89%）。

3.国际传播渠道数据分析

从表 1-75 可见，国际传播力 TOP 英文学术期刊中，国际传播渠道指数最高的三种期刊为《力学学报（英文版）》《环境科学学报（英文版）》《昆虫科学（英文版）》，国际传播渠道指数分别为 20.06、19.26、18.94。其中，《力学学报（英文版）》被 4 种国际索引型数据库收录，国际全文发行传播渠道数量为 1 种，被 264 个国际图书馆馆藏。《环境科学学报（英文版）》被 6 种国际索引型数据库收录，国际全文发行传播渠道数量为 1 种，被 60 个国际图书馆馆藏。《昆虫科学（英文版）》被 4 种国际索引型数据库收录，国际全文发行传播渠道数量为 1 种，被 198 个国际图书馆馆藏。

表 1-75　国际传播渠道指数较高的英文学术期刊

序号	期刊名称（中文刊名）	期刊名称（英文刊名）	国际传播渠道指数	国际索引型数据库收录数量/种	国际全文发行传播渠道数量/种	国际图书馆馆藏数/个
1	力学学报（英文版）	Acta Mechanica Sinica	20.06	4	1	264
2	环境科学学报（英文版）	Journal of Environmental Sciences	19.26	6	1	60
3	昆虫科学（英文版）	Insect Science	18.94	4	1	198
4	稀土学报（英文版）	Journal of Rare Earths	18.80	5	1	111
5	水动力学研究与进展 B 辑（英文版）	Journal of Hydrodynamics	18.45	4	1	169
6	地学前缘（英文版）	Geoscience Frontiers	18.38	4	1	165
7	颗粒学报（英文版）	Particuology	18.24	5	1	78
8	高分子科学（英文版）	Chinese Journal of Polymer Science	18.19	5	1	75
9	能源化学（英文版）	Journal of Energy Chemistry	18.17	5	1	74
10	中国机械工程学报（英文版）	Chinese Journal of Mechanical Engineering	17.91	5	1	59
11	矿业科学技术学报（英文）	International Journal of Mining Science and Technology	17.88	5	1	57
12	自然科学进展：国际材料（英文）	Progress in Natural Science: Materials International	17.69	5	1	46
13	应用数学学报（英文版）	Acta Mathematicae Applicatae Sinica	17.67	2	1	280
14	钢铁研究学报（英文版）	Journal of Iron and Steel Research (International)	17.65	4	1	122
15	农业科学学报（英文）	Journal of Integrative Agriculture	17.63	4	1	121
16	中国医学科学杂志（英文版）	Chinese Medical Sciences Journal	17.35	3	1	183
17	力学快报（英文版）	Theoretical & Applied Mechanics Letters	17.09	4	1	89
18	生物设计与制造（英文）	Bio-Design and Manufacturing	17.08	5	1	10
19	海洋学报（英文版）	Acta Oceanologica Sinica	17.07	4	1	88
20	数学物理学报（英文版）	Acta Mathematica Scientia	17.06	2	1	244

注：按国际传播渠道指数降序排序。

从国际传统传播渠道覆盖度来看，国内外索引型数据库收录数量最多的期刊为《环境科学学报（英文版）》（6 种），其次为《稀土学报（英文版）》《颗粒学报（英文版）》《高分子科学（英文版）》《能源化学（英文版）》《中国机械工程学报（英文版）》《矿业科学技术学报（英文）》《自然科学进展：国际材料（英文）》《生物设计与制造（英文）》8 种期刊，均被 5 种国内外索引型数据库收录。国际图书馆馆藏数量较多的期刊有《应用数学学报（英文版）》（280 个）、《力学学报（英文版）》（264 个）、《数学物理学报（英文版）》（244 个）。

4.国际受众数据分析

从表 1-76 可见，国际传播力 TOP 英文学术期刊中，国际受众指数最高的三种期刊为《纳米研究（英文版）》《能源化学（英文版）》《材料科学技术（英文版）》，国际受众指数分别为 16.00、8.07、7.53，国际总使用频次分别为 37 909 次、18 292 次、16 967 次。

表 1-76 国际受众指数较高的英文学术期刊

序号	期刊名称（中文刊名）	期刊名称（英文刊名）	国际受众指数	国际总使用频次/次
1	纳米研究（英文版）	Nano Research	16.00	37 909
2	能源化学（英文版）	Journal of Energy Chemistry	8.07	18 292
3	材料科学技术（英文版）	Journal of Materials Science & Technology	7.53	16 967
4	中国化学快报（英文版）	Chinese Chemical Letters	6.89	15 380
5	纳微快报（英文）	Nano-Micro Letters	6.61	14 696
6	生物活性材料（英文）	Bioactive Materials	4.87	10 386
7	催化学报	Chinese Journal of Catalysis	4.46	9 371
8	中国物理 B	Chinese Physics B	3.66	7 386
9	中国科学：材料科学（英文）	Science China Materials	3.45	6 880
10	中国科学：化学（英文版）	Science China Chemistry	3.07	5 940
11	稀有金属（英文版）	Rare Metals	3.06	5 904
12	国家科学评论（英文）	National Science Review	2.88	5 468
13	光：科学与应用（英文）	Light: Science & Applications	2.86	5 412
14	环境科学学报（英文版）	Journal of Environmental Sciences	2.82	5 320
15	科学通报（英文版）	Science Bulletin	2.76	5 178
16	中国化学工程学报（英文版）	Chinese Journal of Chemical Engineering	2.60	4 774
17	光子学研究（英文）	Photonics Research	2.56	4 667
18	药学学报（英文）	Acta Pharmaceutica Sinica B	2.41	4 299
19	能源与环境材料（英文）	Energy & Environmental Materials	2.40	4 277
20	中国化学会会刊（英文）	CCS Chemistry	2.36	4 189

注：按国际受众指数降序排列。

5.国际传播效果数据分析

从表 1-77 可见，国际传播力 TOP 英文学术期刊中，国际传播效果指数最高的三种期刊为《纳米研究（英文版）》《细胞研究（英文）》《材料科学技术（英文版）》，国际传播效果指数分别为 22.97、18.57、18.47。《纳米研究（英文版）》的国际总被引频次为 32 720 次，论文转化为国际科技新闻数量为 57 篇，国际新闻及政策文件提及数量 360 次，国际社交媒体渠道提及数量为 1417 次。《细胞研究（英文）》的国际总被引频次为 29 605 次，论文转化为国际科技新闻数量为 3 篇，国际新闻及政策文件提及数量 236 次，国际社交媒体渠道提及数量为 1328 次。《材料科学技术（英文版）》的国际总被引频次为 32 163 次，国际新闻及政策文件提及数量 22 次，国际社交媒体渠道提及数量为 45 次。

表 1-77　国际传播效果指数较高的英文学术期刊

序号	期刊名称（中文刊名）	期刊名称（英文刊名）	国际传播效果指数	国际总被引频次/次	论文转化为国际科技新闻数量/篇	国际新闻及政策文件提及数量/次	国际社交媒体渠道提及数量/次
1	纳米研究（英文版）	Nano Research	22.97	32 720	57	360	1 417
2	细胞研究（英文）	Cell Research	18.57	29 605	3	236	1 328
3	材料科学技术（英文版）	Journal of Materials Science & Technology	18.47	32 163	0	22	45
4	国家科学评论（英文）	National Science Review	16.15	13 094	100	671	866
5	信号转导与靶向治疗（英文）	Signal Transduction and Targeted Therapy	15.89	19 414	2	378	30 071
6	能源化学（英文版）	Journal of Energy Chemistry	15.23	24 532	12	68	249
7	分子植物（英文）	Molecular Plant	14.67	23 677	3	74	3 188
8	光：科学与应用（英文）	Light: Science & Applications	14.26	18 086	0	528	2 832
9	中国化学快报（英文版）	Chinese Chemical Letters	13.89	23 167	0	11	2 663
10	科学通报（英文版）	Science Bulletin	12.88	15 715	31	322	946
11	环境科学学报（英文版）	Journal of Environmental Sciences	12.54	21 018	0	0	0
12	大气科学进展	Advances in Atmospheric Sciences	12.41	6 302	43	976	3 649
13	纳微快报（英文）	Nano-Micro Letters	10.78	17 481	1	5	313
14	催化学报	Chinese Journal of Catalysis	10.65	15 301	15	88	85
15	中国药理学报（英文版）	Acta Pharmacologica Sinica	10.51	15 907	0	42	6 081
16	药学学报（英文）	Acta Pharmaceutica Sinica B	10.40	12 436	7	343	1 158

续表

序号	期刊名称（中文刊名）	期刊名称（英文刊名）	国际传播效果指数	国际总被引频次/次	论文转化为国际科技新闻数量/篇	国际新闻及政策文件提及数量/次	国际社交媒体渠道提及数量/次
17	中国免疫学杂志（英文版）	Cellular & Molecular Immunology	9.64	13 737	0	131	2 117
18	中华医学杂志（英文版）	Chinese Medical Journal	9.50	12 084	16	165	680
19	中国有色金属学报（英文版）	Transactions of Nonferrous Metals Society of China	9.49	15 159	0	0	6
20	生物活性材料（英文）	Bioactive Materials	9.18	14 122	6	0	0

注：按国际传播效果指数降序排序。

国际总被引频次较高的期刊有《纳米研究（英文版）》（32 720次）、《材料科学技术（英文版）》（32 163次）、《细胞研究（英文）》（29 605次）。论文转化为国际科技新闻数量较多的期刊有《国家科学评论（英文）》（100篇）、《纳米研究（英文版）》（57篇）、《大气科学进展》（43篇）。

国际新闻及政策文件提及次数较多的期刊为《大气科学进展》（976次）、《国家科学评论（英文）》（671次）、《光：科学与应用（英文）》（528次）；国际社交媒体渠道提及次数较多的期刊为《信号转导与靶向治疗（英文）》（30 071次）、《中国药理学报（英文版）》（6081次）、《大气科学进展》（3649次）。

（三）国际传播力TOP中文学术期刊数据分析

下文分别挑选国际传播者指数、国际传播内容指数、国际传播渠道指数、国际受众指数、国际传播效果指数最高的20种国际传播力TOP中文期刊展开详细分析。

1.国际传播者数据分析

从表1-78可见，国际传播力TOP中文学术期刊中，国际传播者指数最高的三种期刊为《科学通报》《地球科学》《石油勘探与开发》，国际传播者指数分别为3.16、2.75、2.74。其中，《科学通报》的国际作者人数为19位，国际作者所属机构数为15个，国际编委人数为18位。《地球科学》的国际作者人数为19位，国际作者所属机构数为11个，国际编委人数为14位。《石油勘探与开发》的国际作者人数为25位，国际作者所属机构数为17个，国际编委人数为11位。

表 1-78　国际传播者指数较高的中文学术期刊

序号	期刊名称	国际传播者指数	国际作者总人数/位	国际作者所属机构数量/个	国际编委人数/位
1	科学通报	3.16	19	15	18
2	地球科学	2.75	19	11	14
3	石油勘探与开发	2.74	25	17	11
4	光谱学与光谱分析	2.69	12	11	18
5	机械工程学报	2.68	25	20	10
6	岩土工程学报	2.67	12	8	21
7	中国公路学报	2.23	15	11	9
8	农业工程学报	2.14	17	15	4
9	石油学报	2.13	10	9	13
10	软件学报	2.05	11	11	9
11	生态学报	2.01	31	24	—
12	物理学报	2.01	29	21	—
13	分析化学	2.01	58	28	—
14	岩土力学	2.01	35	24	—
15	电工技术学报	1.97	19	14	—
16	地学前缘	1.94	26	12	—
17	地球物理学报	1.92	18	15	—
18	自动化学报	1.92	18	16	—
19	电力系统自动化	1.92	17	10	4
20	地质学报	1.88	17	14	—

注：按国际传播者指数降序排列。

国际作者人数较多的期刊有《分析化学》（58 位）、《岩土力学》（35 位）、《生态学报》（31 位）。国际作者所属机构数较多的期刊有《分析化学》（28 个）、《岩土力学》（24 个）、《生态学报》（24 个）。

国际编委人数较多的期刊有《岩土工程学报》（21 位）、《科学通报》（18 位）、《光谱学与光谱分析》（18 位）。

2.国际传播内容数据分析

从表 1-79 可见，国际传播力 TOP 中文学术期刊中，国际传播内容指数较高的三种期刊是《中华中医药杂志》《中国电机工程学报》《中草药》，国际传播内容指数分别为 7.41、7.23、7.19。其中,《中华中医药杂志》的文章总量为 1704 篇,近 3 年高使用论文比为 1.09%。《中国电机工程学报》的文章总量为 842 篇,近 3 年高使用论文比为 6.92%。《中草药》的文章总量为 862 篇,近 3 年高使用论文比为 6.48%。均为双语出版。

表 1-79 国际传播内容指数较高的中文学术期刊

序号	期刊名称	国际传播内容指数	文章总量/篇	近 3 年高使用论文比/%	双语出版/英文长摘要
1	中华中医药杂志	7.41	1704	1.09	双语出版
2	中国电机工程学报	7.23	842	6.92	双语出版
3	中草药	7.19	862	6.48	双语出版
4	中国中药杂志	7.10	786	6.54	双语出版
5	中医杂志	7.06	458	8.92	双语出版
6	中国科学院院刊	6.92	240	9.79	双语出版
7	中国实验方剂学杂志	6.88	872	4.36	双语出版
8	中国临床心理学杂志	6.80	295	8.54	双语出版
9	机械工程学报	6.59	735	3.55	双语出版
10	物理学报	6.55	994	1.23	双语出版
11	武汉大学学报(信息科学版)	6.41	238	6.44	双语出版
12	农业工程学报	6.40	910	0.91	双语出版
13	高电压技术	6.29	507	3.45	双语出版
14	电网技术	6.28	520	3.29	双语出版
15	药学学报	6.28	428	4.02	双语出版
16	岩石力学与工程学报	6.21	304	4.58	双语出版
17	中国针灸	6.19	399	3.69	双语出版
18	环境科学	6.14	700	0.92	双语出版
19	煤炭学报	6.14	406	3.28	双语出版
20	光学学报	6.13	709	0.74	双语出版

注:按国际传播内容指数降序排序。

从传播内容的规模来看,文章总量较多的期刊有《中华中医药杂志》(1704 篇)、《物理学报》(994 篇)、《农业工程学报》(910 篇)。

从传播内容的质量来看,近 3 年高使用论文比较高的期刊有《中国科学院院刊》(9.79%)、《中医杂志》(8.92%)、《中国临床心理学杂志》(8.54%)。

从传播内容的形式来看,国际传播力 TOP 中文学术期刊中国际传播内容指数较高的期刊，其出版形式均为双语出版。

3.国际传播渠道数据分析

从表 1-80 可见，国际传播力 TOP 中文学术期刊中，国际传播渠道指数较高的三种期刊是《煤炭科学技术》《农业环境科学学报》《物理学报》，国际传播渠道指数分别为 20.60、18.01、16.94。其中，《煤炭科学技术》被 3 种国际索引型数据库收录，被 198 个国际图书馆馆藏。《农业环境科学学报》被 2 种国际索引型数据库收录，被 194 个国际图书馆馆藏。《物理学报》被 5 种国际索引型数据库收录，被 72 个国际图书馆馆藏。

表 1-80 国际传播渠道指数较高的中文学术期刊

序号	期刊名称	国际传播渠道指数	国际索引型数据库收录数量/种	国际图书馆馆藏数/个
1	煤炭科学技术	20.60	3	198
2	农业环境科学学报	18.01	2	194
3	物理学报	16.94	5	72
4	地球物理学报	16.67	4	100
5	东北大学学报（自然科学版）	15.90	4	88
6	生态学报	15.45	2	154
7	科学通报	15.39	4	80
8	天津大学学报（自然科学与工程技术版）	14.81	4	71
9	地球科学	14.23	4	62
10	物理化学学报	14.23	4	62
11	力学学报	13.95	3	94
12	中华医学杂志	13.56	3	88
13	光学学报	13.48	5	18
14	中国激光	13.41	5	17
15	色谱	13.34	4	48
16	光子学报	13.16	5	13
17	北京大学学报（自然科学版）	13.08	4	44
18	金属学报	13.02	4	43
19	清华大学学报（自然科学版）	12.76	4	39
20	环境科学	12.76	4	39

注：按国际传播渠道指数降序排序。

《物理学报》《光学学报》《中国激光》《光子学报》均被5种国内外索引型数据库收录。国际图书馆馆藏数较多的期刊有《煤炭科学技术》（198个）、《农业环境科学学报》（194个）、《生态学报》（154个）。

4.国际受众数据分析

从表1-81可见，国际传播力TOP中文学术期刊中，国际受众指数较高的三种期刊是《激光与光电子学进展》《中华中医药杂志》《物理学报》，国际受众指数分别为16.00、15.44、15.29，国际总使用频次分别为7897次、7612次、7536次。

表1-81 国际受众指数较高的中文学术期刊

序号	期刊名称	国际受众指数	国际总使用频次/次
1	激光与光电子学进展	16.00	7897
2	中华中医药杂志	15.44	7612
3	物理学报	15.29	7536
4	中医杂志	12.97	6353
5	化学进展	12.29	6004
6	中草药	11.57	5637
7	科学通报	10.88	5285
8	中国中药杂志	10.63	5156
9	光谱学与光谱分析	10.44	5061
10	地球物理学报	9.21	4434
11	有机化学	8.94	4295
12	中国实验方剂学杂志	8.90	4275
13	光学学报	8.68	4163
14	物理化学学报	8.64	4143
15	岩石学报	8.47	4056
16	高等学校化学学报	8.27	3952
17	岩土力学	8.12	3876
18	分析化学	8.04	3836
19	中国激光	8.03	3833
20	稀有金属材料与工程	7.44	3529

注：按国际受众指数降序排序。

5.国际传播效果数据分析

从表 1-82 可见，国际传播力 TOP 中文学术期刊中，国际传播效果指数较高的三种期刊是《生态学报》《农业工程学报》《岩石力学与工程学报》，国际传播效果指数分别为 30.32、28.40、27.30。其中，《生态学报》的国际总被引频次为 10 170 次，《农业工程学报》的国际总被引频次为 9495 次，《岩石力学与工程学报》的国际总被引频次为 9109 次，三种期刊的国际新闻及政策文件提及数量和国际社交媒体渠道提及数量均为 0 次。

表 1-82 国际传播效果指数较高的中文学术期刊

序号	期刊名称	国际传播效果指数	国际总被引频次/次	国际新闻及政策文件提及数量/次	国际社交媒体渠道提及数量/次
1	生态学报	30.32	10 170	0	0
2	农业工程学报	28.40	9 495	0	0
3	岩石力学与工程学报	27.30	9 109	0	0
4	岩石学报	26.39	8 789	0	0
5	煤炭学报	24.13	7 996	0	0
6	石油勘探与开发	22.99	7 594	0	0
7	中国中药杂志	22.34	6 414	7	165
8	岩土力学	19.54	6 382	0	0
9	地理学报	18.57	6 040	0	0
10	物理化学学报	18.15	5 894	0	0
11	物理学报	17.96	5 820	0	1
12	中国电机工程学报	17.25	5 577	0	0
13	地球物理学报	17.06	5 508	0	0
14	农业机械学报	16.14	5 185	0	0
15	应用生态学报	15.79	4 708	0	72
16	环境科学	14.67	4 367	1	57
17	岩土工程学报	13.73	4 337	0	0
18	机械工程学报	13.27	4 177	0	0
19	地质学报	12.71	3 981	0	0
20	科学通报	12.16	3 788	0	0

注：按国际传播效果指数降序排序。

国际总被引频次较高的期刊有《生态学报》（10 170 次）、《农业工程学报》（9495 次）、《岩石力学与工程学报》（9109 次）。

国际新闻及政策文件提及数量较多的期刊有《中国中药杂志》（7次）、《环境科学》（1次）。国际社交媒体渠道提及数量较多的期刊有《中国中药杂志》（165次）、《应用生态学报》（72次）、《环境科学》（57次）。

三、各出版单位期刊国际传播力分析

（一）大型出版单位期刊国际传播数据分析

我国出版科技期刊数量超过100种的出版单位有2家：《中华医学杂志》社有限责任公司和中国科技出版传媒股份有限公司。两个出版单位本次分别有146种和124种科技期刊参与国际传播力指数计算，将两个大型出版单位本次参与计算的期刊数据进行汇总，对A1、A2、A5、B1、D1、E1～E4进行求和（按出版单位去重加总），对A3、A4、B2等比值类指标以及C1、C2、C3指标进行均值计算，最终两家大型出版单位的传播数据详见表1-83。

表1-83 2022年两家大型出版单位期刊国际传播力指标对比

指标代号	指标名称	《中华医学杂志》社有限责任公司	中国科技出版传媒股份有限公司
A1	国际作者总人数/位	930	5 156
A2	国际作者所属机构数量/个	616	2 705
A3	国际高被引作者占比/%	0.03	3.76
A4	国际高被引机构占比/%	0.26	3.25
A5	国际编委人数/位	—	516
B1	文章总量/篇	28 793	19 515
B2	近3年高使用论文比/%	0.03	1.53
B3	双语出版期刊数量	0	9
	英文长摘要期刊数量	133	99
C1	国际索引型数据库收录数量/种	1.12	1.84
C2	国际全文发行传播渠道数量/种	0.05	0.10
C3	国际图书馆藏数/个	8.29	26.16
D1	国际总使用频次/次	3 156	95 247
E1	国际总被引频次/次	50 361	247 940
E2	论文转化为国际科技新闻数量/篇	22	204
E3	国际新闻及政策文件提及数量/次	298	2 091
E4	国际社交媒体渠道提及数量/次	3 273	7 439

结果可见，中国科技出版传媒股份有限公司的国际传播者表现整体优于《中华医学杂志》社有限责任公司。中国科技出版传媒股份有限公司的国际作者总人数、国际作者所属机构数量两项指标数值较高，国际高被引作者占比和国际高被引机构占比也高于《中华医学杂志》社有限责任公司。

在国际传播内容方面，两家大型出版单位也呈现出不同的特征，《中华医学杂志》社有限责任公司由于期刊数量更多，因此2022年的文章总量高于中国科技出版传媒股份有限公司，但后者的近3年高使用论文比高于前者。

在国际传播渠道方面，中国科技出版传媒股份有限公司的国际索引型数据库收录数量、国际全文发行传播渠道数量和国际图书馆馆藏数指标数据高于《中华医学杂志》社有限责任公司。

在国际受众方面，中国科技出版传媒股份有限公司国际受众规模更大，所出版期刊文章的国际总使用频次高于《中华医学杂志》社有限责任公司。

在国际传播效果方面，中国科技出版传媒股份有限公司的国际总被引频次、国际新闻及政策文件提及数量和国际社交媒体渠道提及数量均高于《中华医学杂志》社有限责任公司。

《中华医学杂志》社有限责任公司146种期刊的国际传播力指标数据如表1-84所示。国际传播力均值为10.35，63种期刊的国际传播力指数高于同组期刊均值，国际传播力TOP期刊有9种，占比为6.16%。

表1-84　《中华医学杂志》社有限责任公司出版期刊国际传播力指数情况

序号	期刊名称	期刊所属分类	国际传播力指数	是否国际传播力TOP期刊
1	中华医学杂志	中文学术期刊	29.07	是
2	中华流行病学杂志	中文学术期刊	23.07	是
3	中华儿科杂志	中文学术期刊	21.69	是
4	中华肿瘤杂志	中文学术期刊	19.86	
5	中华预防医学杂志	中文学术期刊	19.85	
6	中华外科杂志	中文学术期刊	18.22	
7	中华心血管病杂志	中文学术期刊	18.11	
8	中华妇产科杂志	中文学术期刊	17.95	
9	中华病理学杂志	中文学术期刊	17.93	

续表

序号	期刊名称	期刊所属分类	国际传播力指数	是否国际传播力TOP期刊
10	中华肝脏病杂志	中文学术期刊	17.67	
11	中华眼科杂志	中文学术期刊	17.11	
12	中华血液学杂志	中文学术期刊	17.00	
13	中华危重病急救医学	中文学术期刊	16.85	
14	中华医学遗传学杂志	中文学术期刊	16.55	
15	中华口腔医学杂志	中文学术期刊	15.82	
16	中华劳动卫生职业病杂志	中文学术期刊	15.76	
17	中华烧伤杂志	中文学术期刊	15.11	
18	中华耳鼻咽喉头颈外科杂志	中文学术期刊	14.61	
19	中华胃肠外科杂志	中文学术期刊	14.16	
20	中华医史杂志	中文学术期刊	13.01	
21	中华结核和呼吸杂志	中文学术期刊	12.74	
22	中华麻醉学杂志	中文学术期刊	12.57	
23	中华放射学杂志	中文学术期刊	12.56	
24	中华烧伤与创面修复杂志	中文学术期刊	12.36	
25	中华神经科杂志	中文学术期刊	12.21	
26	中华内分泌代谢杂志	中文学术期刊	12.13	
27	中华骨科杂志	中文学术期刊	12.00	
28	中华微生物学和免疫学杂志	中文学术期刊	11.94	
29	中华检验医学杂志	中文学术期刊	11.87	
30	中华精神科杂志	中文学术期刊	11.87	
31	中华实用儿科临床杂志	中文学术期刊	11.84	
32	中华急诊医学杂志	中文学术期刊	11.74	
33	中华实验眼科杂志	中文学术期刊	11.74	
34	中华消化外科杂志	中文学术期刊	11.73	
35	中华围产医学杂志	中文学术期刊	11.63	
36	中华糖尿病杂志	中文学术期刊	11.57	
37	临床小儿外科杂志	中文学术期刊	11.41	
38	中华创伤骨科杂志	中文学术期刊	11.39	
39	中华神经医学杂志	中文学术期刊	11.39	
40	中华生殖与避孕杂志	中文学术期刊	11.38	
41	中华泌尿外科杂志	中文学术期刊	11.24	
42	肿瘤研究与临床	中文学术期刊	11.10	

续表

序号	期刊名称	期刊所属分类	国际传播力指数	是否国际传播力TOP期刊
43	中华眼底病杂志	中文学术期刊	11.09	
44	中华肝胆外科杂志	中文学术期刊	11.06	
45	白血病·淋巴瘤	中文学术期刊	11.01	
46	中华临床感染病杂志	中文学术期刊	10.94	
47	中华临床营养杂志	中文学术期刊	10.77	
48	中华内分泌外科杂志	中文学术期刊	10.75	
49	中国实用护理杂志	中文学术期刊	9.64	
50	中华小儿外科杂志	中文学术期刊	9.55	
51	中华整形外科杂志	中文学术期刊	9.16	
52	中华神经外科杂志	中文学术期刊	9.03	
53	中华超声影像学杂志	中文学术期刊	9.02	
54	中华全科医师杂志	中文学术期刊	8.96	
55	中华消化内镜杂志	中文学术期刊	8.89	
56	中华显微外科杂志	中文学术期刊	8.75	
57	药物不良反应杂志	中文学术期刊	8.70	
58	中华现代护理杂志	中文学术期刊	8.52	
59	中国综合临床	中文学术期刊	8.43	
60	中华解剖与临床杂志	中文学术期刊	8.41	
61	中华炎性肠病杂志	中文学术期刊	8.26	
62	中华物理医学与康复杂志	中文学术期刊	7.78	
63	中华实验外科杂志	中文学术期刊	7.69	
64	中华老年医学杂志	中文学术期刊	7.55	
65	中华行为医学与脑科学杂志	中文学术期刊	7.48	
66	国际护理学杂志	中文学术期刊	7.47	
67	国际医药卫生导报	中文学术期刊	7.15	
68	中华消化杂志	中文学术期刊	7.15	
69	中国实用医刊	中文学术期刊	6.97	
70	中国基层医药	中文学术期刊	6.91	
71	中华肾脏病杂志	中文学术期刊	6.91	
72	中华实验和临床病毒学杂志	中文学术期刊	6.76	
73	中华传染病杂志	中文学术期刊	6.74	
74	中华医院管理杂志	中文学术期刊	6.71	
75	国际中医中药杂志	中文学术期刊	6.69	

续表

序号	期刊名称	期刊所属分类	国际传播力指数	是否国际传播力TOP期刊
76	中华器官移植杂志	中文学术期刊	6.68	
77	中华创伤杂志	中文学术期刊	6.65	
78	中华普通外科杂志	中文学术期刊	6.59	
79	中华地方病学杂志	中文学术期刊	6.56	
80	中华放射肿瘤学杂志	中文学术期刊	6.54	
81	中华核医学与分子影像杂志	中文学术期刊	6.48	
82	国际外科学杂志	中文学术期刊	6.44	
83	中华健康管理学杂志	中文学术期刊	6.42	
84	中华胸心血管外科杂志	中文学术期刊	6.40	
85	中国小儿急救医学	中文学术期刊	6.39	
86	国际呼吸杂志	中文学术期刊	6.39	
87	国际麻醉学与复苏杂志	中文学术期刊	6.31	
88	中华风湿病杂志	中文学术期刊	6.29	
89	中国医师进修杂志	中文学术期刊	6.26	
90	中华胰腺病杂志	中文学术期刊	6.23	
91	中华航海医学与高气压医学杂志	中文学术期刊	6.22	
92	中华眼外伤职业眼病杂志	中文学术期刊	6.21	
93	中华新生儿科杂志	中文学术期刊	6.18	
94	国际脑血管病杂志	中文学术期刊	6.15	
95	中华生物医学工程杂志	中文学术期刊	6.15	
96	国际儿科学杂志	中文学术期刊	6.14	
97	中华手外科杂志	中文学术期刊	6.13	
98	国际肿瘤学杂志	中文学术期刊	6.12	
99	国际流行病学传染病学杂志	中文学术期刊	6.11	
100	中华疼痛学杂志	中文学术期刊	6.10	
101	中华心律失常学杂志	中文学术期刊	6.05	
102	国际耳鼻咽喉头颈外科杂志	中文学术期刊	6.05	
103	中华航空航天医学杂志	中文学术期刊	6.04	
104	中华医学科研管理杂志	中文学术期刊	6.03	
105	国际遗传学杂志	中文学术期刊	6.02	
106	中华医学美学美容杂志	中文学术期刊	6.00	
107	国际内分泌代谢杂志	中文学术期刊	5.99	
108	国际生物医学工程杂志	中文学术期刊	5.98	

续表

序号	期刊名称	期刊所属分类	国际传播力指数	是否国际传播力 TOP 期刊
109	国际病毒学杂志	中文学术期刊	5.97	
110	中国临床实用医学	中文学术期刊	5.97	
111	国际放射医学核医学杂志	中文学术期刊	5.93	
112	国际免疫学杂志	中文学术期刊	5.92	
113	中华口腔正畸学杂志	中文学术期刊	5.91	
114	国际输血及血液学杂志	中文学术期刊	5.91	
115	国际眼科纵览	中文学术期刊	5.90	
116	中华心力衰竭和心肌病杂志	中文学术期刊	5.83	
117	国际生物制品学杂志	中文学术期刊	5.83	
118	中华转移性肿瘤杂志	中文学术期刊	5.83	
119	国际移植与血液净化杂志	中文学术期刊	5.82	
120	中华血管外科杂志	中文学术期刊	5.80	
121	中华心血管病杂志（网络版）	中文学术期刊	5.77	
122	实用糖尿病杂志	中文学术期刊	4.94	
123	中华医学信息导报	中文学术期刊	4.52	
124	英国医学杂志（中文版）	中文学术期刊	3.35	
125	中华医学杂志（英文版）（Chinese Medical Journal）	英文学术期刊	28.39	是
126	儿科学研究（英文）（Pediatric Investigation）	英文学术期刊	21.22	是
127	贫困所致传染病（英文）（Infectious Diseases of Poverty）	英文学术期刊	20.28	是
128	世界耳鼻咽喉头颈外科杂志（英文）（World Journal of Otorhinolaryngology-Head and Neck Surgery）	英文学术期刊	20.24	是
129	慢性疾病与转化医学（英文）（Chronic Diseases and Translational Medicine）	英文学术期刊	18.64	是
130	生物安全与健康（英文）（Biosafety and Health）	英文学术期刊	18.49	是
131	重症医学（英文）（Journal of Intensive Medicine）	英文学术期刊	17.88	
132	风湿病与自身免疫（英文）（Rheumatology & Autoimmunity）	英文学术期刊	17.72	
133	智慧医学（英文）（Intelligent Medicine）	英文学术期刊	16.39	
134	中华创伤杂志（英文版）（Chinese Journal of Traumatology）	英文学术期刊	16.16	
135	癌症发生与治疗（英文）（Cancer Pathogenesis and Therapy）	英文学术期刊	15.06	
136	生殖与发育医学（英文）（Reproductive and Developmental Medicine）	英文学术期刊	12.20	
137	母胎医学杂志（英文）（Maternal-Fetal Medicine）	英文学术期刊	11.48	
138	国际皮肤性病学杂志（英文）（International Journal of Dermatology and Venereology）	英文学术期刊	10.92	
139	中华神经外科杂志（英文）（Chinese Neurosurgical Journal）	英文学术期刊	10.59	

续表

序号	期刊名称	期刊所属分类	国际传播力指数	是否国际传播力 TOP 期刊
140	血液科学（英文）（Blood Science）	英文学术期刊	10.16	
141	放射医学与防护（英文）（Radiation Medicine and Protection）	英文学术期刊	10.01	
142	胰腺病学杂志（英文）（Journal of Pancreatology）	英文学术期刊	9.17	
143	生物组学研究杂志（英文）（Journal of Bio-X Research）	英文学术期刊	7.72	
144	心血管病探索（英文）（Cardiology Discovery）	英文学术期刊	7.47	
145	感染性疾病与免疫（英文）（Infectious Diseases & Immunity）	英文学术期刊	7.45	
146	呼吸与危重症医学（英文）（Chinese Medical Journal Pulmonary and Critical Care Medicine）	英文学术期刊	7.45	

注：本表中按照期刊所属分类进行排序，同类期刊按照传播力指数由大到小排序。

中国科技出版传媒股份有限公司参与计算的 124 种期刊（表 1-85）国际传播力指数均值为 17.36，89 种期刊国际传播力指数高于同组期刊均值，国际传播力 TOP 期刊有 35 种，占比为 28.23%。

表 1-85　中国科技出版传媒股份有限公司出版期刊国际传播力指数情况

序号	期刊名称	期刊所属分类	国际传播力指数	是否国际传播力 TOP 期刊
1	地球物理学报	中文学术期刊	50.59	是
2	岩石学报	中文学术期刊	50.50	是
3	岩石力学与工程学报	中文学术期刊	45.07	是
4	地质学报	中文学术期刊	28.44	是
5	自动化学报	中文学术期刊	24.32	是
6	作物学报	中文学术期刊	24.01	是
7	电子与信息学报	中文学术期刊	23.73	是
8	软件学报	中文学术期刊	23.63	是
9	中国有色金属学报	中文学术期刊	22.95	是
10	环境科学学报	中文学术期刊	22.42	是
11	中国科学院院刊	中文学术期刊	22.05	是
12	天然气地球科学	中文学术期刊	21.19	是
13	土壤学报	中文学术期刊	21.11	
14	计算机学报	中文学术期刊	20.85	
15	湖泊科学	中文学术期刊	20.13	
16	遗传	中文学术期刊	20.10	
17	应用与环境生物学报	中文学术期刊	20.01	

续表

序号	期刊名称	期刊所属分类	国际传播力指数	是否国际传播力TOP 期刊
18	地理科学	中文学术期刊	19.94	
19	液晶与显示	中文学术期刊	19.86	
20	地质通报	中文学术期刊	19.52	
21	工程热物理学报	中文学术期刊	19.21	
22	遥感学报	中文学术期刊	19.09	
23	地球学报	中文学术期刊	18.96	
24	心理科学进展	中文学术期刊	18.77	
25	中国地质	中文学术期刊	18.14	
26	长江流域资源与环境	中文学术期刊	18.01	
27	沉积学报	中文学术期刊	17.98	
28	发光学报	中文学术期刊	17.89	
29	天然产物研究与开发	中文学术期刊	17.68	
30	第四纪研究	中文学术期刊	17.59	
31	冰川冻土	中文学术期刊	17.59	
32	矿床地质	中文学术期刊	17.18	
33	地质科学	中文学术期刊	16.69	
34	环境化学	中文学术期刊	16.56	
35	环境工程学报	中文学术期刊	15.99	
36	中国生态农业学报（中英文）	中文学术期刊	15.93	
37	摩擦学学报	中文学术期刊	15.59	
38	水生生物学报	中文学术期刊	15.49	
39	工程科学学报	中文学术期刊	15.49	
40	植物生理学报	中文学术期刊	14.29	
41	地球物理学进展	中文学术期刊	14.17	
42	过程工程学报	中文学术期刊	13.22	
43	干旱区研究	中文学术期刊	13.00	
44	地球科学进展	中文学术期刊	12.73	
45	干旱区地理	中文学术期刊	12.53	
46	核技术	中文学术期刊	12.30	
47	分子催化	中文学术期刊	11.60	
48	工程地质学报	中文学术期刊	11.50	
49	辐射研究与辐射工艺学报	中文学术期刊	11.50	
50	广西植物	中文学术期刊	11.44	

续表

序号	期刊名称	期刊所属分类	国际传播力指数	是否国际传播力TOP期刊
51	地层学杂志	中文学术期刊	11.25	
52	波谱学杂志	中文学术期刊	11.15	
53	数学物理学报	中文学术期刊	10.99	
54	高原气象	中文学术期刊	10.74	
55	微体古生物学报	中文学术期刊	10.29	
56	中国沙漠	中文学术期刊	10.13	
57	岩石矿物学杂志	中文学术期刊	9.90	
58	岩矿测试	中文学术期刊	9.78	
59	渔业科学进展	中文学术期刊	9.59	
60	信息安全学报	中文学术期刊	9.33	
61	南方农业学报	中文学术期刊	9.18	
62	农业现代化研究	中文学术期刊	9.15	
63	热带亚热带植物学报	中文学术期刊	9.09	
64	水产科学	中文学术期刊	8.82	
65	遥感技术与应用	中文学术期刊	8.72	
66	天文学报	中文学术期刊	8.69	
67	空间科学学报	中文学术期刊	8.55	
68	湿地科学	中文学术期刊	8.37	
69	自然科学史研究	中文学术期刊	8.18	
70	气候与环境研究	中文学术期刊	7.87	
71	世界科技研究与发展	中文学术期刊	7.70	
72	气象科学	中文学术期刊	7.67	
73	应用声学	中文学术期刊	7.38	
74	建筑遗产	中文学术期刊	7.18	
75	经济林研究	中文学术期刊	7.15	
76	黄金科学技术	中文学术期刊	6.97	
77	新能源进展	中文学术期刊	6.94	
78	原子核物理评论	中文学术期刊	6.90	
79	集成技术	中文学术期刊	6.84	
80	数据与计算发展前沿	中文学术期刊	6.51	
81	工程研究——跨学科视野中的工程	中文学术期刊	6.22	
81	气象研究与应用	中文学术期刊	6.00	
83	金属世界	中文学术期刊	3.97	

续表

序号	期刊名称	期刊所属分类	国际传播力指数	是否国际传播力TOP期刊
84	能源化学（英文版）（Journal of Energy Chemistry）	英文学术期刊	58.78	是
85	环境科学学报（英文版）（Journal of Environmental Sciences）	英文学术期刊	45.88	是
86	国家科学评论（英文）（National Science Review）	英文学术期刊	45.09	是
87	颗粒学报（英文版）（Particuology）	英文学术期刊	33.34	是
88	大气科学进展（Advances in Atmospheric Sciences）	英文学术期刊	32.18	是
89	自然科学进展：国际材料（英文）（Progress in Natural Science: Materials International）	英文学术期刊	29.97	是
90	基因组蛋白质组与生物信息学报（Genomics, Proteomics & Bioinformatics）	英文学术期刊	28.90	是
91	中国有色金属学报（英文版）（Transactions of Nonferrous Metals Society of China）	英文学术期刊	28.01	是
92	绿色能源与环境（英文）（Green Energy & Environment）	英文学术期刊	27.73	是
93	自动化学报（英文版）（IEEE/CAA Journal of Automatica Sinica）	英文学术期刊	26.79	是
94	遗传学报（英文版）（Journal of Genetics and Genomics）	英文学术期刊	26.37	是
95	地球大数据（英文）（Big Earth Data）	英文学术期刊	25.86	是
96	数学物理学报（英文版）（Acta Mathematica Scientia）	英文学术期刊	25.51	是
97	中国物理 C（Chinese Physics C）	英文学术期刊	23.02	是
98	微系统与纳米工程（英文）（Microsystems & Nanoengineering）	英文学术期刊	22.97	是
99	热科学学报（英文版）（Journal of Thermal Science）	英文学术期刊	21.64	是
100	新型炭材料（中英文）	英文学术期刊	21.59	是
101	中国运筹学会会刊（英文）（Journal of the Operations Research Society of China）	英文学术期刊	20.79	是
102	作物学报（英文版）（The Crop Journal）	英文学术期刊	20.73	是
103	网络空间安全科学与技术（英文）（Cybersecurity）	英文学术期刊	20.55	是
104	结合医学学报（英文）（Journal of Integrative Medicine）	英文学术期刊	19.98	是
105	核技术（英文版）（Nuclear Science and Techniques）	英文学术期刊	18.71	是
106	卫星导航（英文）（Satellite Navigation）	英文学术期刊	18.46	是
107	渔业学报（英文）（Aquaculture and Fisheries）	英文学术期刊	16.94	
108	地球与行星物理（英文）（Earth and Planetary Physics）	英文学术期刊	16.93	
109	大地测量与地球动力学（英文版）（Geodesy and Geodynamics）	英文学术期刊	16.69	
110	海洋湖沼学报（英文）（Journal of Oceanology and Limnology）	英文学术期刊	16.07	
111	大气和海洋科学快报（Atmospheric and Oceanic Science Letters）	英文学术期刊	15.30	
112	稀有金属材料与工程（英文版）（Rare Metal Materials and Engineering）	英文学术期刊	15.06	

续表

序号	期刊名称	期刊所属分类	国际传播力指数	是否国际传播力 TOP 期刊
113	植物生态学报（英文版）（Journal of Plant Ecology）	英文学术期刊	14.89	
114	清洁能源（英文）（Clean Energy）	英文学术期刊	14.84	
115	系统科学与信息学报（英文）（Journal of Systems Science and Information）	英文学术期刊	14.30	
116	亚洲两栖爬行动物研究（英文版）（Asian Herpetological Research）	英文学术期刊	14.21	
117	生态系统健康与可持续性（英文）（Ecosystem Health and Sustainability）	英文学术期刊	13.93	
118	古地理学报（英文版）（Journal of Palaeogeography）	英文学术期刊	13.77	
119	中国地理科学（英文版）（Chinese Geographical Science）	英文学术期刊	13.72	
120	寒旱区科学（英文）（Sciences in Cold and Arid Regions）	英文学术期刊	12.74	
121	安全科学与韧性（英文）（Journal of Safety Science and Resilience）	英文学术期刊	10.38	
122	农业信息处理（英文）（Information Processing in Agriculture）	英文学术期刊	8.54	
123	中国科学院院刊（英文版）（Bulletin of the Chinese Academy of Sciences）	英文学术期刊	8.11	
124	一体化安全（英文）（Security and Safety）	英文学术期刊	7.50	

注：本表中按照期刊所属分类进行排序，同类期刊按照传播力指数由大到小排序。

（二）中型出版单位期刊国际传播数据分析

中国出版科技期刊数量达到 10 种以上的中型出版单位共 8 家，共出版科技期刊 151 种，其中国际传播力 TOP 期刊 34 种，有 49 种期刊国际传播力指数高于同组期刊均值。其中，中华医学电子音像出版社有限责任公司参与国际传播力指数计算的期刊最多，为 38 种；《中国科学》杂志社有限责任公司的科技期刊国际传播力指数均值最高，为 22.61；高等教育出版社有限公司的国际传播力 TOP 期刊数量最多，为 10 种。具体见表 1-86。

（三）小型出版单位期刊国际传播数据分析

出版 3 种及以上科技期刊的小型出版单位共 44 家。其中 12 家小型出版单位拥有国际传播力 TOP 期刊。北京卓众出版有限公司、《中国激光》杂志社有限公司及黑龙江农业科技杂志社出版期刊数量较多。《中国激光》杂志社有限公司有 7 种期刊入选为国际传播力 TOP 期刊，在小型出版单位中数量最多。具体见表 1-87。

表1-86　8家中型出版单位期刊国际传播力情况

序号	出版单位名称	参评期刊数量	国际传播力指数均值	国际传播力指数高于同类均值数量	国际传播力TOP期刊数量
1	中华医学电子音像出版社有限责任公司	38	5.07	0	0
2	高等教育出版社有限公司	20	17.28	9	10
3	清华大学出版社有限公司	20	17.09	10	8
4	浙江大学出版社有限责任公司	19	16.85	10	6
5	《中国科学》杂志社有限责任公司	17	22.61	16	9
6	人民卫生电子音像出版社有限公司	13	6.46	0	0
7	《中国铁路》杂志社有限责任公司	12	6.75	0	0
8	北京钢研柏苑出版有限责任公司	12	10.10	4	1

注：按参评期刊数量降序排序。

表1-87　44家小型出版单位期刊国际传播力情况

序号	出版单位名称	参评期刊数量/种	国际传播力TOP期刊数量/种
1	北京卓众出版有限公司	9	0
2	《中国激光》杂志社有限公司	7	7
3	黑龙江农业科技杂志社	7	0
4	四川大学出版社有限责任公司	6	3
5	《中国畜牧兽医杂志》有限公司	6	2
6	北京信通传媒有限责任公司	6	0
7	《中国医学人文》杂志社有限公司	6	0
8	人民军医电子出版社	6	0
9	上海交通大学出版社有限公司	5	1
10	湖南省湘雅医学期刊社有限公司	5	1
11	实用医学杂志社（实用医学音像出版社）	5	0
12	人民卫生出版社有限公司	5	0
13	山西医学期刊社有限公司	5	0
14	江苏苏豪传媒有限公司	5	0
15	《微纳电子与智能制造》杂志社有限公司	5	0
16	中国医药科技出版社	5	0
17	化学工业出版社有限公司	4	3
18	中南大学出版社	4	2
19	《中华护理杂志》社有限责任公司	4	1
20	中国宇航出版社有限责任公司	4	0
21	重庆五九期刊社	4	0

续表

序号	出版单位名称	参评期刊数量/种	国际传播力 TOP 期刊数量/种
22	中国协和医科大学出版社有限公司	4	0
23	北京赛迪出版传媒有限公司	4	0
24	北京中科期刊出版有限公司	4	0
25	山西经济和信息化出版传媒中心	4	0
26	中航出版传媒有限责任公司	4	0
27	《中国药学杂志》社有限公司	3	2
28	《电气技术》杂志社有限公司	3	1
29	测绘出版社有限公司	3	1
30	北京师范大学出版社（集团）有限公司	3	1
31	山西科技期刊出版有限责任公司	3	0
32	山西水利出版传媒中心	3	0
33	交通运输科技传媒（北京）有限公司	3	0
34	精诚口腔医学期刊传媒有限责任公司	3	0
35	皮革科学与工程杂志社	3	0
36	上海建科文化传媒有限公司	3	0
37	中国化工信息中心	3	0
38	北京理工大学出版社有限责任公司	3	0
39	《质量安全与检验检测》杂志社	3	0
40	《中国标准化》杂志社有限公司	3	0
41	《工业建筑》杂志社有限公司	3	0
42	《世界中医药》杂志社	3	0
43	电子工业出版社有限公司	3	0
44	北京赛昇传媒有限公司	3	0

注：按参评期刊数量降序排序。

四、各区域期刊国际传播力分析

（一）各区域科技期刊国际传播力总体分析

表 1-88 统计了 32 个区域各类期刊的国际传播力参评期刊数和 TOP 期刊数。从各区域内国际传播力 TOP 期刊占该区域期刊总数的比例来看，北京的国际影响力 TOP 期刊占比为 12.05%，其次为上海，国际影响力 TOP 期刊占比为 9.84%。

表1-88 各区域科技期刊国际传播力总体情况

序号	区域	英文学术期刊 参评期刊数	英文学术期刊 国际传播力TOP期刊数	中文学术期刊 参评期刊数	中文学术期刊 国际传播力TOP期刊数	参评期刊总数	国际传播力TOP期刊总数
1	北京	237	114	1182	57	1419	171
2	上海	37	23	278	8	315	31
3	江苏	19	6	220	3	239	9
4	湖北	14	7	186	6	200	13
5	四川	20	10	174	1	194	11
6	辽宁	10	7	162	6	172	13
7	广东	5	0	158	2	163	2
8	陕西	7	1	152	3	159	4
9	黑龙江	7	2	139	0	146	2
10	天津	9	6	124	3	133	9
11	山东	8	1	113	1	121	2
12	湖南	5	2	110	4	115	6
13	浙江	18	7	95	0	113	7
14	河南	7	1	93	0	100	1
15	河北	0	0	92	0	92	0
16	吉林	7	3	81	4	88	7
17	安徽	5	3	81	0	86	3
18	山西	3	1	73	0	76	1
19	重庆	6	3	63	1	69	4
20	福建	3	1	61	0	64	1
21	甘肃	2	0	62	1	64	1
22	江西	1	1	61	0	62	1
23	广西	0	0	58	0	58	0
24	云南	3	1	38	0	41	1
25	内蒙古	0	0	38	0	38	0
26	新疆	0	0	32	0	32	0
27	贵州	1	0	30	0	31	0
28	青海	0	0	15	0	15	0
29	海南	0	0	11	0	11	0
30	宁夏	0	0	10	0	10	0
31	新疆生产建设兵团	0	0	7	0	7	0
32	西藏	0	0	5	0	5	0

注：按参评期刊总数降序排序。

（二）各区域科技期刊国际传播者数据分析

表1-89展示了32个区域国际传播者维度下属的A1～A5各三级指标均值（0值不计入统计）。浙江省、上海市和北京市的国际作者总人数指标均值较高，刊均分别为36.31位、33.72位和31.05位，这三个区域的国际作者所属机构数均值也较高，刊均分别为19.10个、17.92个、17.70个。浙江省的刊均国际编委人数较多，为14.06位，其次为江苏省和海南省，分别为11.07位、11.00位。

表1-89 各区域科技期刊国际传播者指标刊均数值

序号	地区	国际作者人数/位	国际作者所属机构数量/个	国际高被引作者占比/%	国际高被引机构占比/%	国际编委人数/位
1	浙江	36.31	19.10	3.22	12.45	14.06
2	上海	33.72	17.92	5.27	14.43	9.00
3	北京	31.05	17.70	12.75	14.72	9.96
4	重庆	29.55	16.23	4.16	28.17	10.92
5	吉林	28.20	15.77	9.80	24.75	7.00
6	辽宁	25.19	12.59	14.76	22.16	8.81
7	四川	18.80	9.63	14.61	18.95	10.96
8	云南	16.43	11.43	1.61	5.24	8.00
9	江苏	14.01	8.64	26.54	21.72	11.07
10	湖北	13.37	8.98	16.74	16.26	8.61
11	黑龙江	11.44	7.31	40.30	6.85	5.90
12	贵州	10.17	6.92	0.00	27.24	6.00
13	湖南	9.40	6.40	43.40	19.80	5.15
14	安徽	8.40	5.63	3.81	29.88	3.62
15	广东	7.77	5.05	39.51	10.96	5.46
16	天津	7.35	4.79	7.97	33.83	10.53
17	山西	6.69	3.92	33.33	11.91	8.50
18	河南	6.33	4.28	42.09	21.94	7.20
19	陕西	5.38	3.80	3.78	40.72	5.41
20	福建	4.53	3.60	10.00	25.90	3.83
21	山东	4.28	3.59	0.00	29.61	5.88
22	江西	4.24	2.94	0.00	12.00	6.50
23	海南	3.75	2.25	0.00	0.00	11.00
24	河北	2.85	2.36	6.25	0.00	2.57

续表

序号	地区	国际作者人数/位	国际作者所属机构数量/个	国际高被引作者占比/%	国际高被引机构占比/%	国际编委人数/位
25	宁夏	2.50	2.50	0.00	0.00	6.00
26	甘肃	2.28	2.00	44.76	11.11	4.10
27	广西	1.95	1.52	0.00	0.00	2.20
28	新疆	1.67	1.67	0.00	0.00	4.90
29	内蒙古	1.57	1.29	100.00	0.00	1.00
30	青海	1.00	1.00	0.00	0.00	8.50
31	新疆生产建设兵团	0.00	0.00	0.00	0.00	0.00
32	西藏	0.00	0.00	0.00	0.00	1.00

注：按刊均国际作者人数降序排序。

（三）各区域科技期刊国际传播内容数据分析

表1-90展示了32个区域国际传播内容维度下属的B1~B3各三级指标均值（0值不计入统计）。在发文规模方面，山西省、重庆市和海南省的刊均文章总量较高，分别为380.91篇、368.06篇、346.45篇。

表1-90 各区域科技期刊国际传播内容指标刊均数值

序号	地区	2022年发表文章总量/篇	刊均文章总量/篇	近3年高使用论文比/%	双语出版期刊数量/种
1	北京	376 169	265.09	1.76	57
2	上海	58 436	185.51	1.56	7
3	广东	47 307	290.23	1.34	8
4	湖北	44 802	224.01	1.61	8
5	黑龙江	42 371	290.21	0.94	3
6	江苏	41 143	172.15	1.28	6
7	陕西	38 426	241.67	1.40	3
8	四川	37 078	191.12	1.65	4
9	辽宁	37 056	215.44	1.48	7
10	山西	28 949	380.91	0.97	1
11	天津	27 864	209.50	1.04	2
12	河北	27 016	293.65	1.27	2
13	重庆	25 396	368.06	1.50	1
14	山东	24 615	203.43	1.11	2

续表

序号	地区	2022年发表文章总量/篇	刊均文章总量/篇	近3年高使用论文比/%	双语出版期刊数量/种
15	湖南	24 471	212.79	1.51	1
16	吉林	23 339	265.22	1.36	3
17	河南	22 364	223.64	1.37	2
18	安徽	21 195	246.45	1.18	2
19	江西	17 831	287.60	0.86	1
20	浙江	17 476	154.65	1.34	1
21	福建	11 410	178.28	1.34	1
22	甘肃	11 347	177.30	1.40	0
23	广西	10 709	184.64	1.27	0
24	内蒙古	7 869	207.08	0.99	2
25	云南	7 578	184.83	0.61	0
26	贵州	6 110	197.10	1.77	0
27	新疆	4 394	137.31	0.69	2
28	海南	3 811	346.45	1.96	2
29	宁夏	2 406	240.60	0.26	0
30	青海	1 259	83.93	4.18	0
31	新疆生产建设兵团	849	121.29	0.64	0
32	西藏	690	138.00	0.66	0

注：按2022年发表文章总量降序排序。

在论文质量方面，青海省、海南省和贵州省的刊均近3年高使用论文比较高，分别为4.18%、1.96%、1.77%。出版双语期刊数量较多的区域有北京市（57种），广东省、湖北省（均为8种）。

（四）各区域科技期刊国际传播渠道数据分析

在国际传播渠道维度，主要分析各区域科技期刊的国际索引型数据库收录和国际图书馆馆藏情况。其中，贵州省、湖南省和吉林省出版的科技期刊被国际索引型数据库收录的数量相对较多，刊均被5.00、3.14和3.13种国际索引型数据库收录。北京市、上海市和江苏省被国际图书馆馆藏较多，刊均被18.06、16.83和15.25个国际图书馆馆藏（表1-91）。

表 1-91 各区域科技期刊国际传播渠道指标刊均数值

序号	地区	国际索引型数据库收录数量/种	国际图书馆馆藏数/个
1	贵州	5.00	6.16
2	湖南	3.14	7.46
3	吉林	3.13	14.57
4	福建	3.00	8.35
5	江西	3.00	4.38
6	湖北	2.94	12.50
7	上海	2.93	16.83
8	浙江	2.89	14.08
9	四川	2.86	8.80
10	安徽	2.86	8.30
11	重庆	2.82	7.31
12	辽宁	2.75	10.28
13	天津	2.75	14.18
14	北京	2.70	18.06
15	云南	2.67	10.39
16	陕西	2.64	8.11
17	山西	2.60	4.89
18	江苏	2.47	15.25
19	山东	2.44	11.51
20	黑龙江	2.43	9.17
21	广东	2.22	11.52
22	河南	2.07	7.27
23	内蒙古	2.00	6.20
24	青海	2.00	8.17
25	海南	2.00	4.25
26	甘肃	1.78	12.71
27	河北	1.71	5.31
28	新疆	1.00	5.63
29	广西	0.00	5.80
30	宁夏	0.00	7.33
31	新疆生产建设兵团	0.00	4.50
32	西藏	0.00	2.00

注：按刊均国际索引型数据库收录数量降序排序。

(五) 各区域科技期刊国际受众数据分析

表 1-92 展示了 32 个区域国际受众维度下属的国际总使用频次指标均值（0 值不计入统计）情况。北京市科技期刊文章的国际总使用频次最高，共 772 901 次，其次是上海市，国际总使用频次为 125 631 次。海南省、北京市、重庆市是刊均国际总使用频次最高的三个区域，刊均国际总使用频次在 600 次以上。

表 1-92 各区域科技期刊国际受众指标刊均数值

序号	地区	国际总使用频次/次	刊均国际总使用频次/次
1	北京	772 901	619.31
2	上海	125 631	423.00
3	辽宁	84 407	511.56
4	湖北	67 960	359.58
5	四川	61 908	336.46
6	江苏	56 889	250.61
7	广东	56 603	360.53
8	陕西	53 374	348.85
9	吉林	49 841	593.35
10	黑龙江	46 941	342.64
11	湖南	41 282	368.59
12	重庆	39 490	617.03
13	天津	38 382	312.05
14	河北	37 770	415.05
15	河南	34 576	356.45
16	安徽	29 694	349.34
17	山西	29 084	398.41
18	山东	27 000	236.84
19	浙江	26 838	260.56
20	江西	18 876	309.44
21	福建	16 774	270.55
22	广西	13 030	232.68
23	甘肃	12 129	195.63
24	内蒙古	10 750	316.18
25	云南	10 529	269.97
26	海南	7 942	722.00

续表

序号	地区	国际总使用频次/次	刊均国际总使用频次/次
27	贵州	7 850	261.67
28	新疆	3 252	120.44
29	宁夏	2 048	204.80
30	青海	1 731	115.40
31	西藏	1 005	251.25
32	新疆生产建设兵团	650	108.33

注：按国际总使用频次降序排序。

（六）各区域科技期刊国际传播效果数据分析

表1-93展示了32个区域国际传播效果维度下属的E1、E3、E4指标均值（0值不计入统计）情况，由于论文转化为国际科技新闻数量（E2）指标涉及期刊数量较少，不进行刊均情况分析。

表1-93　各区域科技期刊国际传播效果指标刊均数值

序号	地区	国际总被引频次/次	刊均国际总被引频次/次	国际新闻及政策文件提及数量/次	刊均国际新闻及政策文件提及数量/次	国际社交媒体渠道提及数量/次	刊均国际社交媒体渠道提及数量/次
1	北京	1 068 251	825.54	5 109	51.61	34 310	241.62
2	上海	209 379	700.26	762	47.63	17 292	665.08
3	辽宁	94 505	583.36	111	37.00	294	49.00
4	江苏	83 962	361.91	191	27.29	2 115	192.27
5	四川	79 962	423.08	587	58.70	31 180	2 398.46
6	湖北	72 079	377.38	34	11.33	2 437	406.17
7	吉林	46 223	556.90	658	329.00	3 372	843.00
8	湖南	42 773	385.34	5	2.50	679	135.80
9	陕西	40 630	269.07	207	103.50	418	83.60
10	浙江	34 465	325.14	17	3.40	690	98.57
11	重庆	31 829	482.26	36	9.00	323	46.14
12	广东	29 219	188.51	3	3.00	453	113.25
13	天津	28 533	224.67	4	1.33	244	40.67
14	黑龙江	26 066	190.26	15	15.00	323	323.00
15	山东	21 211	181.29	0	0.00	91	91.00
16	河南	16 817	171.60	21	10.50	207	103.50
17	甘肃	16 535	280.25	0	0.00	0	0.00

续表

序号	地区	国际总被引频次/次	刊均国际总被引频次/次	国际新闻及政策文件提及数量/次	刊均国际新闻及政策文件提及数量/次	国际社交媒体渠道提及数量/次	刊均国际社交媒体渠道提及数量/次
18	安徽	13 852	162.96	0	0.00	21	7.00
19	河北	10 862	122.04	0	0.00	0	0.00
20	山西	9 191	127.65	0	0.00	0	0.00
21	云南	7 191	189.24	9	9.00	311	311.00
22	福建	5 592	93.20	0	0.00	0	0.00
23	贵州	5 335	177.83	0	0.00	0	0.00
24	广西	4 579	81.77	0	0.00	0	0.00
25	江西	3 922	65.37	0	0.00	0	0.00
26	新疆	3 850	142.59	0	0.00	0	0.00
27	内蒙古	3 779	111.15	0	0.00	0	0.00
28	海南	2 283	207.55	0	0.00	0	0.00
29	青海	1 053	75.21	0	0.00	0	0.00
30	宁夏	414	41.40	0	0.00	0	0.00
31	新疆生产建设兵团	179	29.83	0	0.00	0	0.00
32	西藏	80	20.00	0	0.00	0	0.00

注：按国际总被引频次降序排序。

由统计结果可见，北京市、上海市和辽宁省科技期刊的国际总被引频次和刊均国际总被引频次均较多，国际总被引频次分别为1 068 251次、209 379次和94 505次，刊均国际总被引频次分别为825.54次、700.26次和583.36次。在被国际新闻及政策文件提及方面，北京市、上海市和吉林省科技期刊文章被提及的总次数较多，分别为5109次、762次和658次；吉林省、陕西省和四川省科技期刊刊均被提及的次数较多，分别为329.00次、103.50次和58.70次。在被国际社交媒体渠道提及方面，北京市、四川省和上海市科技期刊文章被提及总次数较多，均在10 000次以上；四川省、吉林省和上海市的刊均被提及数量较多，分别为2398.46次、843.00次和665.08次。

致谢

翟巧灵、周小媛。

第二章　科技期刊国际传播环境和传播新趋势[①]

全球开放科学背景下，科技期刊的传播主体、传播内容、传播渠道、传播受众与传播效果更具有时代特色。开放基础设施打造全方位多层次的科研成果管理、检索及获取渠道，科技期刊主动或被动地推出了传播的新模式与新服务。2023年被定义为"开放科学年"，已建立或拟建立牢固科研合作关系的国家/地区在进一步加强相互之间的学术交流强度，反观政策外的国家/地区则可能会出现合作紧密度降低的情况，进而逐渐远离主流学术圈层。多主体多渠道的传播行为，推动了多元评价指标的出现，如替代计量指标、科技期刊世界影响力指数等。另外，不受约束的商业掠夺行为——掠夺性期刊和会议的出现已经引起全球学术界与出版界的热切关注与强烈抵制。

科技期刊的国际传播渠道更加丰富，具有数智社交属性的传播网络正在形成。以数字出版平台为主要传播渠道，通过资源整合和内容重构，发展为自动化、多终端、一站式信息获取和知识服务的全流程数字出版平台；以检索平台聚类引流，从专业的文献检索数据库扩展到公共检索平台，使得成果检索更便捷智能；社交网络平台促进成果的圈层内传播与交流，各种新媒体平台层出不穷，成为传播交流的重要平台；科学新闻平台提升了科技期刊的大众辨识度；文献整合和辅助写作工具、精准推荐工具、论文推广工具等多元辅助工具/平台为传播提供有益助力，促进学术交流并增强传播效果。

[①] 第二章执笔：肖宏、翁彦琴、檀博、唐果媛、薛德军、赵一方。

传媒行业以内容创作及传播为核心业务，这恰是近两年迅速崛起的人工智能大模型技术最为擅长的任务。作为传媒行业的一部分，科技期刊传播也在人工智能大模型深度影响甚至颠覆的范围之内。因此，深刻理解和把握技术驱动下科技期刊新的发展趋势对于我国建设世界一流科技期刊具有十分重要的理论和现实意义。由模型驱动的研究范式转变能够从根本上改变学术交流的需求和实现方式：在内容传播环节，大模型也将带来全新的服务模式，基于自然语言的问答与指令交互将补足传播到服务的最后一公里，帮助用户实现对专业内容的快速有效获取和运用，从而塑造科技期刊传播的新模式。对期刊出版环节，由于大模型彻底改变了人机交互和软件开发的模式，可以预见大模型将全面加速和提升出版运营的效率和质量，也会大幅抹平出版商之间业务流方面的软件鸿沟，为后发力量提供颠覆性技术机遇。

而大模型的出现提出了全新的传播课题，主要集中在科研诚信方面的规范和检测技术的革新两个方面。AIGC（生成式人工智能）技术的滥用可能使之成为"学术造假"的工具，产生诸如著作权归属、学术不端、算法黑箱、数据和隐私保护、内容虚假等科技伦理问题。这些问题值得科技期刊出版界审慎对待。

第一节　科技期刊国际传播环境概述

随着信息技术革新、科学范式演变，以开放获取（Open Access，OA）、开放数据、开放评价、开放科研为核心的开放科学运动[1]兴起，极大地提升了科学知识传播和扩散的效率。2021年11月，联合国教科文组织（UNESCO）发布了《开放科学建议书》[2]，标志着全球开放科学发展进入了新的阶段。中国、美国、英国、欧盟、法国、德国、意大利、西班牙、韩国、日本等国家/地区通过政策布局，推动开放科学发展，依托信息技术创新，进一步促进学术交流、加大科技成果传播力度。

本节基于对中国、美国、英国、欧盟、日本、韩国等国家/地区①具有科技发展和学术传播相关职能的机构/组织，如主管科技的政府部门、国家科学基金会以及各类学会发布的政策、意见或声明进行调研（政策内容汇总见表2-1），基于政策文件梳理科技期刊国际传播环境及其对传播产生影响。

一、推动科研合作共享，促进成果开放传播

近年来，各国家/地区在联合国准则性文本[2]的指导下，进一步完善开放科学路线图制定政策或指南。我国于2022年1月正式施行的《中华人民共和国科学技术进步法》明确提出"推动开放科学的发展，促进科学技术交流和传播"。美国白宫科学和技术政策办公室（OSTP）于2023年1月宣布了将进一步推动促进开放和公平研究的新行动，并将2023年定义为"开放科学年"，倡导各国共同促进国际科技合作，让科学更包容、更透明、更可及。

表2-1　主要论文产出国家/地区相关政策内容

类别	发布时间	发布国家/地区	发布机构	政策标题/主题	相关内容及影响
科研合作及共享	2023年	英国	科学、创新与技术部（DSIT）	UK&US commit in principle to a data bridge	英国组织面向美国、韩国、日本等国组织的数据跨境传输将不再必须进行传输风险评估等。利用国际条约与协定、法律法规、行业规范等顶层设计消除国家间、区域间的数据自由流动障碍壁垒，以数据自由流动促进经济、科技、文化交流
	2022年			UK - Republic of Korea data bridge: supporting documents	
	2022年			UK-Japan Digital Partnership	
	2023年			Joint statement between UK and Canada on cooperation in quantum science and technologies	英国与加拿大加强在量子科学和技术方面的合作，促进成果共享及传播
	2021年			UK-South Africa Tech Hub's Digital Enablement Programme	英国向南非、印度尼西亚等国家/地区提供数据基础设施建设帮助和科研扶持，促进成果共享与传播
	2021年			UK-Indonesia Tech Hub's HERfuture	
	2022年	美国	科学和技术政策办公室（OSTP）	OSTP Issues Guidance to Make Federally Funded Research Freely Available Without Delay	指导意见要求联邦部门和机构更新开放获取政策，使由纳税人资助的出版物和研究对公众可访问，无需等待期或缴纳费用，并督促各机构在2025年12月31日之前全面实施新政策

---

① 选取全球主要发文国家/地区作为调研对象，包括中国、美国、英国、欧盟、法国、德国、意大利、西班牙、韩国、日本等。

续表

类别	发布时间	发布国家/地区	发布机构	政策标题/主题	相关内容及影响
	2023年	欧盟	委员会	The EUA Open Science Agenda 2025	理事会呼吁欧盟委员会和欧盟成员国，支持由公共资金资助的出版部门的科学研究成果，应立即且不受限制地被获取
	2023年	德国	科学基金理事会（DFG）	Stellungnahme der Deutschen Forschungsgemeinschaft (DFG) zu EU-Ratsschlussfolgerungen zum "High-quality, transparent, open, trustworthy and equitable scholarly publishing"	DFG支持其中对科学出版系统提出的指导性建议。它特别强调以下声明：科学和学术出版机构①应继续以高质量的方式发展，成为推动开放获取、可持续资助的数字化研究基础设施；②其组织方式应保护科学自由的原则，促进科学诚信和质量，并最大限度保证科学和学术成果的可获取性和可重用性；③对出版物的质量保证、流程的可信度以及内容的可靠性和可复制性执行最高标准；④应更好地利用数字出版的创新可能性
科研合作及共享	2013年起	意大利	意大利大学校长联合会（CRUI），意大利国家研究理事会（CNR），意大利国家新技术、能源与环境委员会（ENEA），意大利国家核物理研究院（INFN）等	"Position statement" on Open Access to research outputs in Italy	意大利主要研究机构共同推动研究成果开放获取，促进成果传播
	2021年起	法国	国家科研署（ANR）生态转型局（ADEME），国家科研署（ANR），国家食品、环境和职业健康与安全局（ANSES），国家癌症研究所（INCa）等	Second French Plan for Open Science Science ouverte: point d'étape sur la politique commune du réseau des agences de financement françaises	法国主要研究机构实施了一项共同政策："促进科研资助项目产生的科学出版物的开放获取"，并支持将科学出版物存放在国家开放档案馆（HAL）档案中或当地机构档案馆，同时建议科研人员优先考虑将项目成果发表在开放获取的期刊或以开放获取图书形式发表
	2011年	西班牙	政府	Ley 14/2011, de 1 de junio, de la Ciencia, la Tecnología y la Innovación.	在相关法律中规定了研究成果发布及存储规范以促进研究成果开放及传播：①西班牙科学、技术和创新体系的公共机构将促进开发可共享科研人员学术出版物的存储库，并使之能够与其他国家/组织的相关存储库互联。②研究活动主要由国家总预算资助的研究人员应尽快公布已发表在连续出版物上成果的数字版本，应不迟于正式出版日期后的十二个月。③数字版本应在所开展研究的知识领域认可的机构开放获取资料库中公开。④科学和创新部应促进对存储库的集中访问并建立与其他国家或组织的联系

续表

类别	发布时间	发布国家/地区	发布机构	政策标题/主题	相关内容及影响
科研合作及共享	2023年			Tecnología e Innovación 2021-2027	战略规划指出自2023年至2027年，西班牙政府每年提供2380万欧元的资金以支持得到公共资助的研究在发表成果后立即提供免费访问。根据该战略规划，开放获取将成为西班牙所有由公共资金直接或间接资助的研究的默认出版模式
	2017年	中国	国家自然科学基金委员会	《国家自然科学基金资助项目研究成果管理办法》	规定"建立资助项目论文开放获取机构知识库，促进资助项目论文开放获取和项目成果的传播、推广。以论文形式发表成果的，论文作者应当按自然科学基金要求及时将论文提交开放获取机构知识库"，促进资助项目科研成果的传播
	2021年		全国人民代表大会	《中华人民共和国科学技术进步法》	"国家加强学术期刊建设，完善科研论文和科学技术信息交流机制，推动开放科学的发展，促进科学技术交流和传播"，将期刊发展与传播以立法的形式作要求
	2017年	日本	科学技术振兴机构（JST）	JST研究出版物和研究数据管理开放获取政策	促进资助项目产生的出版物开放获取。特别要求同行评审的研究论文（包括评议论文和在会议论文集中被接受发表的会议论文）应在发表后12个月内公开提供
	2022年			关于研究出版物和研究数据管理的开放获取政策	
开放基础设施	2020年	欧盟	委员会	Open Research Europe	欧洲开放获取基础设施研究项目（OpenAIRE）与F1000 Research合作开发了开放研究欧洲（ORE）出版平台，该平台由欧盟委员会资助
	2019年	中国	中国科协、中宣部、教育部、科技部	《关于深化改革 培育世界一流科技期刊的意见》	两个文件中具体指导了期刊扩大传播、提升国际影响力的渠道和方向
	2021年		中宣部、教育部、科技部	《关于推动学术期刊繁荣发展的意见》	
	2021年		全国人大	《中华人民共和国国民经济和社会发展第十四个五年规划和2035年远景目标纲要》	将"构建国家科研论文和科技信息高端交流平台"作为"十四五"发展规划中的重点要求
	1998年起	日本	科学技术振兴机构（JST）	J-STAGE、CiNii两大机构平台建设相关政策	要求科研过程中的每个阶段均要加入全球化共享，为此构建了J-STAGE、CiNii两大平台提供本国科研成果的摘要或论文全文，大大提升了日本期刊国际化传播的速度与效果
	2013年起	法国	法国国家科学研究中心（CNRS）	开放期刊平台——Episciences相关政策	法国推出涵盖所有学科的用于编辑和出版全流程的开放期刊平台——Episciences，存储传播已发表或未发表的科学研究论文，旨在长期保存法国的研究成果，并通过免费获取的方式传播这些成果

续表

类别	发布时间	发布国家/地区	发布机构	政策标题/主题	相关内容及影响
开放基础设施	2020年起	中国	中国科学技术信息研究所、《中国学术期刊（光盘版）》电子杂志社有限公司、清华大学图书馆、万方数据有限公司、中国高校科技期刊研究会、中国科学技术期刊编辑学会等	《科技期刊世界影响力指数（WJCI）报告》	该报告发布的评价指标——"科技期刊世界影响力指数（WJCI）"是基于影响因子、总被引频次、网络浏览和下载、新媒体关注量等数据的综合评价指标，注重网络传播方式对于期刊影响力的作用
	2007年起	韩国	韩国研究财团	韩国引文索引KCI相关政策	韩国研究财团构建了韩国引文索引（KCI），并于2011年开始利用该平台对韩国学术期刊进行评价，在2013年将其纳入了"国家研究开发标准成果指数"。KCI实施"宽进严管"的管理原则，主要指普通学术期刊参评时不需论文影响因子，但对于纳入评价的各级别核心期刊实行以定性为主、定量为辅的评价体系
	2021年	意大利	大学与教研部	Tavolo di lavoro per l'implementazione del Programma Nazionale per Scienza Aperta 2021—2027	全面践行开放科学理念，提升公共科研产出的再利用效率，促进科研成果传播
开放出版风险	2022年	全球	国际科学院组织（IAP）	Combatting Predatory Academic Journals and Conferences	通过明确掠夺性期刊相关情况和恶劣影响，出台相关工具和办法坚决打击，以营造健康的开放环境，助力期刊传播"绿色"生态
			联合国教科文组织	Identifying predatory academic journals and conferences	
	2018年	德国	科学组织联盟（ASOG）	Stellungnahme von neun Partnern der Allianz der Wissenschaftsorganisationen zur Qualitätssicherung von wissenschaftlichen Veröffentlichungen	指出为了应对诸如掠夺性出版等现象，首要任务是加强高质量和可靠的实践，并加强对学术不端行为的管理，以确保产出满足最高内容质量要求的科学出版物
	2021年	加拿大	创新、科学和经济发展部（ISED）	Research Security Policy Statement	鼓励研究人员、研究机构、联邦拨款机构和加拿大政府共同承担安全责任并采取措施，识别影响国家安全的潜在因素，保护其研究、知识产权和知识开发的安全。对于科研成果传播进行一定限制
	2023年			National Security Guidelines for Research Partnerships	

在科研合作方面，国家层面多通过立法和颁布相关意见、声明等方式推动国家、科研团体间进行科研项目合作、科研数据共享。一些国家，如英国、美国、日本和韩国等较重视科研数据共享，以促进科研成果快速产出及高效传播。英国科学、创新与技术部（DSIT）于2022年和2023年发布了与美国[3]、韩国[4]及日本[5]等国建立"数据桥"合作或建立"数字伙伴"关系的文件，并在一些研究方向与特定国家/地区建立合作关系，如在2023年6月发布《英加量子科学和技术合作：联合声明》与加拿

大加强在量子科学和技术方面的合作[6]；同时向南非[7]、印度尼西亚[8]等国家/地区提供数据基础设施建设帮助和科研扶持，增强英国科技成果的传播及影响力。已建立合作关系的国家/地区将进一步加强学术交流强度，而政策外的国家/地区则可能会引发合作紧密度降低，如科睿唯安于2022年3月声明停止在俄罗斯的所有商业活动。

在成果共享方面，多数国家，如中国[9]、美国[10]、意大利[11]、法国[12]、西班牙[13]、日本[14]等针对国家、地区、科研机构等各层次科研项目支持情况制定相关成果的开放状态要求，以推动科研共享，扩大成果传播范围。2023年5月，欧盟委员会通过了瑞典理事会主席提交的理事会决议——"高质量、透明、开放、值得信赖和公平的学术出版"。理事会呼吁欧盟委员会和欧盟成员国，支持由公共资金资助的出版部门的科学研究成果应及时并不受限制地进行开放；2017年我国国家自然科学基金委员会发布的《国家自然科学基金资助项目研究成果管理办法》中规定"建立资助项目论文开放获取机构知识库，促进资助项目论文开放获取和项目成果的传播、推广。以论文形式发表成果的，论文作者应当按自然科学基金委要求及时将论文提交开放获取机构知识库"等。

在国家层面的政策引导下，出版机构也在积极推进国际合作及成果共享，中国瞄准全球主要创新大国和关键小国，结合各类创新需求，精准选择合作领域，开辟多元化科技合作渠道；结合"一带一路"倡议，推动中国科技创新"走出去"，共同打造系列国际科技合作传播产品等，如中国知网积极布局"一带一路"上的"中国知识畅达计划"。英国剑桥大学出版社于2021年与美国机构签订了129项新的开放获取出版协议[15]，优化"阅读和出版"的交易扩展；并免除100多个国家的开放接入费用[16]，以支持低收入国家的同行及科研人员免费发布科研成果内容，促进科研交流；美国牛津大学出版社于2020年5月和中国科研机构开启"阅读和出版"协议，为中国作者提供更多机会。

二、建设开放基础设施，丰富成果传播渠道

开放基础设施是支持开放科学和满足不同体系需求所需的共享研究（虚拟或物理）的设施[2]，主要包括面向开放科学环节，如开放获取、开放数据、开放可重复

研究、开放科学评估等[17]的平台、存储库和虚拟环境等。完善的基础设施体系可支撑科技期刊获取、关联、分析和集成与出版物内容相关的数据、文献、源代码等,从而有效丰富传播信息源及内容。

在互联网发展的推动下,以预印本为基础设施的学术交流模式的传播速度越来越快,传播范围越来越广。预印本和期刊优势互补从而共生发展,前者的出版效率能够弥补期刊出版效率稍低的不足,加速期刊成果的传播与共享渠道。自第一个预印本平台 arXiv 于 1991 年诞生以来,国际上接连涌现出如 bioRxiv、ChemRxiv、medRxiv、PrePubMed、Peer J Preprints、F1000 Research、Social Science Research Network(SSRN)等诸多知名预印本平台。我国推出的平台包括:国家科技图书文献中心"中国预印本服务系统"、教育部科技发展中心"中国科技论文在线"和中国科学院科技论文预发布平台 ChinaXiv 等。

部分国家/地区从国家层面构建开放数据、开放获取平台,如中国 PubScholar 公益学术平台[18]和 ScienceDB[19]、美国 Science.gov[20]、欧洲开放科学云(EOSC)[21]、日本 J-STAGE 平台[22]、法国 Episciences[23]、巴西 SciELO 平台[24]、韩国 KOAR 平台[25]等。欧盟地区相关基础设施规划及建设较系统全面,在开放获取方面,欧盟委员会在 2009 年即开启了对开放获取基础设施研究项目的相关资助,如 OpenAIRE(Open Access Infrastructure Research for Europe)项目,该项目于 2020 年与预印本平台 F1000 Research 建立新的合作,共同开发了开放研究欧洲出版平台(Open Research Europe,ORE),该平台面向所有"地平线 2020"和"地平线欧洲"的相关方开放,并根据开放科学的核心原则,以公开透明的方式管理从预印本到公开同行评审和出版后整理的整个出版流程。平台支持对欧盟委员会资助的所有研究的全面开放,还提供公开、透明的同行评审程序,并通过制定公平的数据管理规定,以确保能够全面、方便地获取用于产生所发表成果的研究数据。ORE 发布的文章纳入门户网站 www.openaire.eu,以提高其网络可见度。

三、关注期刊公共传播,引入网络传播指标

在传统的订阅模式之外,开放科学运动推动的预印本、自出版等新模式对科技

期刊发展、传播产生了一定影响，公共领域网络传播表现包括文献检索、传播、讨论和共享等行为已成为现在学术交流中不可或缺的内容。替代计量指标（Altmetrics）等网络传播指标的探索与制定是推动科技期刊良性发展以及量化评价科研绩效和成果的重要方法，博客、新闻、政策文件、视频、问答平台等各类不同渠道的传播效果及影响力均已产生计量指标。从新媒体的互动类型来看，阅读、下载、收藏、分享、提及、评论、再利用等不同互动行为也已被考量在内，将对期刊传播模式及渠道有较大影响。

由中国科学技术信息研究所、《中国学术期刊（光盘版）》电子杂志社有限公司、清华大学图书馆、万方数据有限公司、中国高校科技期刊研究会、中国科学技术期刊编辑学会等单位联合研制并每年推出的《科技期刊世界影响力指数（WJCI）报告》研制并推出了评估科技期刊世界影响力的综合指标——WJCI。该指标是基于影响因子、总被引频次、网络浏览和下载、新媒体关注量等数据的综合评价指标，由基于引证数据的代表期刊学术影响力的评价指标 WAJCI（世界学术影响力指数）和基于网络使用数据的代表期刊社会影响力的评价指标 WI（网络影响力指数）共同构成。其中 WI 指标的基础数据为 Altmetric 中期刊的总提及（Total Mentions）数据；CNKI-Scholar 中国内外期刊的浏览数据；中国知网、万方数据、中华医学期刊全文数据库、中国光学期刊网所收录期刊的浏览和下载数据等，是全球首个在期刊评价中引入社会影响力数据的评价指标。

部分国家还将对开放科学的贡献与多样性出版形式和成果等纳入到对于科研人员的评价体系中，如意大利《开放科学计划 2021—2027》[26]干预领域和干预计划中提出对科研评价系统进行改进，其中一项原则要求降低文献计量指标（如期刊影响因子和候选人的 h 指数）的权重，将社会服务（"第三次使命"）和对开放科学的贡献纳入其中；德国科学基金理事会（DFG）呼吁改变研究绩效评估的文化并积极参与到推进研究评估联盟（CoARA）[27]中，在其开放科学定位的基础上，倡导科学地设计开放出版。自 2023 年 3 月以来，DFG 在科学评估中补充考虑了个人背景和职业道路以及出版形式和成果的多样性，这些变化和导向也将在一定程度上影响科技期刊在面向科研工作者制定传播内容、传播渠道时的规划。

四、识别开放出版风险，维护良好传播环境

开放的出版环境可促进全球科技创新共同发展，但无节制的开放可能会给出版传播带来灾难性后果，国际组织及各国政府也在密切关注出版环境的治理问题。在推动合作共享的同时，科研成果开放的潜在威胁也需提前识别和管控，如加拿大于2021年起陆续发布《研究安全政策声明》《研究合作伙伴关系的国家安全准则》等文件，针对加拿大的研究及其开放和协作的研究环境进行严格审核，对科研成果的出版及传播进行把控。

2022年3月，国际科学院组织（IAP）发布了《打击掠夺性期刊和会议》的研究报告，阐述了掠夺性期刊的总体概况。据报告，全球掠夺性期刊保守估计已超过15 500种，且正在快速增长。同年底，在世界科学论坛上联合国教科文组织发布了开放科学工具包，其中包括"识别掠夺性学术期刊和会议"文件[28]，主要指向掠夺性期刊和会议；实验数据的伪造；"掠夺性论文"、虚假证书、虚假奖励、虚假价格等虚值或夸大的职称或资格归属；以及掠夺性预印本服务器。德国科学组织联盟（ASOG）于2018年发布《科学组织联盟九个合作伙伴关于科学出版物质量保证的声明》[29]，指出为了应对诸如掠夺性出版等现象，首要任务是保证科学出版物的高标准和高质量，并加强与学术不端行为的分界。科学出版物的出版流程必须具备自我净化的能力，以确保产出满足最高内容质量要求的出版物。德国科学基金理事会（DFG）在回应联盟理事会关于"高质量、透明、开放、可信和公平的学术出版"结论的声明中指出将加强同行评议方面的工作，支持出版单位的评议活动，以避免出现不道德的出版行为，保护期刊出版及传播良好环境。

除掠夺性期刊及会议问题外，参与学术出版及传播的相关人员也意识到"论文加工厂"（paper mill）给学术记录完整性带来的威胁，以及出版过程中关于如何界定提供和使用附加服务合理性的相关问题。各出版单位及研究团体陆续发布报告梳理相关问题并提出监管及解决方案，如出版道德委员会（COPE）与国际科学、技术与医学出版商协会（STM）于2022年6月发布《论文工厂：COPE和STM的研究报告》、中国科学技术信息研究所与Springer Nature联合撰写了《学术出版第三

方服务的边界蓝皮书（2020年版）》。

伴随着技术智能化发展，2023年人工智能技术给出版及传播流程带来了较大的冲击。面对潜在的威胁和挑战，中国科学技术信息研究所和 Springer Nature、Elsevier、Wiley 共同完成并发布了《学术出版中 AIGC 使用边界指南》，详细阐述了学术出版中 AIGC 的使用原则，为作者、研究机构、学术期刊出版单位等相关主体明确了在学术出版研究开展和论文撰写、投稿、论文发表/出版后全流程中符合诚信原则的行为框架或实践指导。

健康的出版环境是期刊国际传播的基础，在联合国教科文组织牵头下，全球出版业相关方均重点识别并抵制消极"掠夺行为"，以推动全球期刊传播推广的"绿色"出版生态。

第二节　科技期刊国际学术交流与传播渠道

推动学术交流是科技期刊的重要使命之一。随着科研开放共享趋势凸显，科技期刊越来越重视传播力建设，期望通过布局多元化的传播渠道将科学研究成果传播给更广泛的人群，以提升期刊的影响力。科技期刊开展国际学术交流和传播主要通过四种方式和渠道：①通过数字出版平台出版，平台功能愈加丰富，且重视与多类型传播渠道的对接；②检索类平台收录，以单向的检索平台为代表的传统渠道，从文摘型专业检索平台扩展到现在的公共检索平台，呈现出专业化、智能化的发展趋势；③以网络社交平台为代表的新兴渠道，极大地拓宽了科技期刊的传播范围及功能，呈现出社交化、融媒体的发展趋势；④在数字平台与社媒传播中，出现了各类辅助科技期刊开展学术交流与传播的平台和工具，如科学新闻平台和多元化传播服务工具。

一、数字出版平台为传播主渠道

国际科技期刊出版集团利用先进的数字技术持续深入开发数字出版平台，这类平台充分利用新兴出版技术与先进的互联网技术，进行资源整合和内容重构，从最初仅支持内容展示的平台进化为支持自动化、多终端、一站式信息获取的全流程数字出版平台，为多元化出版和精准化推荐服务提供了有力的技术和平台支撑。国际科技期刊出版集团多将数字传播平台作为重点战略项目，构建出融合高效的数字化、智慧化服务平台及工具，形成了影响学术交流全生命周期的数字出版平台体系[30]，代表性的国际科技期刊出版集团包括：Elsevier、Springer Nature、Wiley、Oxford Academic、Science 等。这些国际科技期刊出版集团在数字出版平台上提供的国际学术交流和传播的功能主要有 5 种。①从期刊层面提供推送和宣传功能，一般有 2 种方式：一种是在出版平台的主页或搜索页面中展示期刊名称、图片并提供跳转链接，链接到期刊主页中；另一种是在期刊的主页中对其他期刊进行展示和链接。②从论文层面提供分类浏览功能，可促进成果快速发现和传播，如 Elsevier 提供的分类体系较为丰富，有学科、产品种类、用户类别、首字母顺序、作者、出版日期等，Wiley 提供了用户类别和学科两种分类。③从用户层面提供 RSS 订阅和邮件提醒功能，一方面可以让用户及时获取到自己感兴趣的成果，另一方面平台可对自身产品进行宣传推广，Wiley 将研究成果按照学科分类进行 RSS 订阅。④专栏信息推送，如 Science 的新闻工作人员和自由撰稿人每天在数字出版平台上推送来自科学研究和科学政策领域的头条新闻。⑤提供定制化服务，如 Elsevier 的产品"Digital Commons"的设计团队通过与期刊编辑合作来提升期刊品牌形象，以最大限度提升期刊的全球知名度及其在谷歌学术、必应学术等搜索引擎中的排名。

我国已具备了自主搭建科技期刊全流程数字出版平台的能力，目前已经发展比较完善的出版平台有中国知网平台、万方平台和维普平台等。以定位全领域的数字出版平台——中国知网平台为例，在资源服务方面，中国知网平台深度整合海量的中外文文献，并提供中英文统一主题检索功能，资源覆盖近 80 个国家/地区 900 余家国际出版社的期刊资源 8 万余种；在新型出版模式方面，中国知网平台积极探索基于国内中文学术期刊发展实情的国际传播路径——双语出版，以全新的数字出版与传播模式，实现学术成果在国内外范围内及时报道、双语解读，截至 2023 年 9 月，已经遴选和翻译了 300 余种中国优秀学术期刊的文章，5 万余篇论文实现中英文对照上线出版；在知识服务方面，中国知网平台创新多维度内容分析和展示的知识矩阵，通过多维分组、组内权威排序、分组项细化实现中英文文献的精准发现、权威推荐，新增个性化推荐系统。从学术交流过程来看，中国知网平台以学术内容传播作为切入口，不仅加大了资源服务和知识服务，还向学术传播产业链的内容生产上端（审稿、编辑、排版等）进行了延伸，同时继续在学术交流的下端——内容传播进行深入挖掘，开辟了如二次加工、学术评价、知识服务等服务领域，打造学术社交平台。

除综合型平台外，以出版社为主体搭建的专业型学术期刊出版传播平台陆续发布。这些平台贯通论文投审、内容结构化生产、数据仓储、国际化推广、全媒体发布、集群门户等期刊出版全流程，其宗旨是团结和聚集某一学科领域的优质期刊，把领域期刊各自出版的论文数据全部汇聚到统一的数字出版平台上，重点提升该领域期刊的生产力、传播力、公信力和影响力，为该领域的科研人员提供学术交流的平台。例如，科学出版社的 SciEngine 学术期刊全流程数字出版与知识服务平台[31]、清华大学出版社的 SciOpen 平台[32]、中国激光杂志社的中国光学期刊网数字出版平台[33]、中华医学会杂志社的中华医学期刊网、农林期刊集群平台 Maximum Academic Press（MAP）等。以清华大学出版社的 SciOpen 平台为例，其通过与全球出版标准化组织、检索数据库、第三方科技推广平台、国际科技传媒与社交媒体、搜索引擎等合作对接，构建起强大的国际化传播服务体系，推进科技期刊融入全球学术传播网络。

二、各类检索平台为传播引流

（一）文献检索数据库

文献检索数据库是科技期刊开展国际学术交流和传播的重要阵地，同时也为全文数字出版平台引流。覆盖全领域、大规模期刊的综合型文献检索数据库与覆盖单个学科领域部分期刊的专业型文献检索数据库从不同方向共同助力读者发现所需的文献。

覆盖全领域、大规模期刊的文献检索数据库以科睿唯安旗下的 Web of Science

(WoS）这类文摘型、引文类数据库为代表，突出优势是通过严格的筛选机制收录了全球 13 000 多种权威的、高影响力学术期刊，全面覆盖各个学科领域，在学术交流生态中的受众非常广泛。WoS 数据库依据其深厚的数据优势，开展了数据分析等知识服务，推出《期刊引证报告》并持续更新[34]。

覆盖单个学科领域的文献检索数据库主要是各学科领域建立起来的专业领域文摘数据库，通常仅覆盖专业领域内的相关文献，突出专业特色并提供个性化服务，以专注医学领域的 PubMed 数据库为代表。PubMed 汇集了全球范围内发表的医学和生命科学相关的学术期刊文章、综述、会议论文和其他文献，提供 MeSH（Medical Subject Headings）词表帮助用户更精确地定位相关文献。在文献全文获取和链接方面，PubMed 数据库部分文献可直接提供全文，而其他文献可能只有摘要或摘要加链接至原始出处。为此，PubMed 提供了各种可用的链接选项，如期刊网站、研究机构的在线存档或专门的数据库链接。

（二）公共检索平台

在近年来发展得如火如荼的开放获取运动背景下，研究人员可以在线获取到大量的学术资源，这种趋势一方面可以极大地促进科研人员之间的学术交流，另一方面也显著降低了科研人员的研究成本。因此，在面对海量涌现的学术资源和 OA 运动的潮流趋势下，方便且智能的公共检索平台成为科研人员便捷使用的学术检索工具。目前公共检索平台逐步智能化，基本能满足科研人员快速检索到高质量的专业文献的需求。公共检索平台以谷歌学术和百度学术为代表。

谷歌学术（Google Scholar）资料来源非常丰富，不仅包括经同行评审（peer reviewed）的论文、预印本、图书和摘要，还包括世界上绝大部分出版的学术期刊，其中也包括中文学术文献。与文献检索数据库 WoS 相比，谷歌学术不仅检索是免费的，而且覆盖范围远大于 WoS 数据库。谷歌学术于 2016 年开始涉足评价领域，发布了 2016 版学术指标（Google Scholar Metric），这个时机恰逢汤森路透公司将旗下 SCI 和 JCR 等学术产品的知识产权和科学业务打包出售，更名为"Clarivate Analytics"，引起了学术界对谷歌学术指标和期刊影响因子孰优孰劣的讨论热潮，如"谷歌推出学术指标,影响因子面临颠覆?"[35],也进一步引发了学者对学术评价体系科学性、权威性的思考[36]。谷歌学术有广告位展示功能,在搜索界面的搜索栏下方展示期刊名字和跳转链接,链接打开是该期刊征稿页面。此外,现在部分科技期刊通过购买谷歌的服务,让期刊论文更容易在该平台上检索到,对期刊的国际传播产生影响。

百度学术搜索本质上是学术服务网站,涵盖了各类学术期刊、学位论文、会议论文等资源,其将资源检索技术和大数据挖掘分析能力贡献于学术研究,优化学术资源生态,引导学术价值创新,为国内外学者提供了较好的科研体验。百度学术的特点是:一是拥有大数据计算能力,对海量信息资源实现了实时更新和统计;二是具备较为成熟的用户行为分析技术,百度学术借助百度搜索引擎,根据用户偏好来为研究人员推荐与其研究兴趣相关的热点和知识图谱,并且通过日志实时处理分析用户的行为,来进一步深入挖掘用户对科研的需求[37]。与谷歌学术相比,百度学术学科建设全面性有待加强。相比谷歌学术拥有277个学科,百度学术仅有77个二级学科,在学科分类细化方面仍有较大的改进空间,以适应用户对学科检索全面化和精细化的需求。

三、网络社交平台为传播交流重要平台

网络社交平台是建立在Web2.0技术基础上的创作,分享,交流意见、观点及经验的虚拟社区,用户能享有更多的选择权和编辑能力,可以依据兴趣或热点自行集结成某种社群。科研人员现在越来越偏向在网络社交平台上开展学术交流,基于科研人员需求的改变,科技期刊着手在网络社交平台上布局,为科研人员搭建起学术交流的平台。根据交流内容的专业性,网络社交平台可以分为学术社交平台和大众社交平台,学术社交平台参与主体主要是具有一定专业水平的人员,大众社交平台参与主体更加广泛。

(一)学科特色的学术社交平台

网络社交平台的学术文献交流是一种非正式科学交流活动,不仅包含了科学家

之间的学术交流活动，也包含了科学家面向社会公众的科学传播活动，所以网络社交平台的学术文献交流为"非正式科学交流"="非正式学术交流"+"非正式科学传播"[38]。2008年左右，将学术研究和社交媒体融合在一起的科研型社交网站逐渐兴起[39]。面对移动阅读、社交阅读的发展趋势，学术期刊应当与学术社交平台开展深入合作[40]：争取制度扶持，坚持内容为王；高效匹配作者与期刊，缩短学术成果发表时间；引入评分机制，及时反映学术成果的价值；以知识服务为核心，促进学术与社会的结合。学术期刊与学术社交平台的融合发展是对学术传播产业链的优化与整合。学术期刊通过与学术社交平台的合作，既能保持其品牌和编辑队伍的优势，又能实现集约化经营，提升学术内容的质量和出版效率。

主流的学术社交平台有 ResearchGate。ResearchGate 平台是全球最大、最成功的综合性学术社交平台[41]，可以促进研究人员之间的学术研究和协作，目前该平台用户遍布全球而且用户的学术水平比较高，用户群体中包括了近 70 位诺贝尔奖获得者。ResearchGate 功能定位在学术社交，不仅可以通过作者直接获取论文，还能寻找有相同研究兴趣的科研人员并进行互动交流；在推荐方面，ResearchGate 会根据用户的浏览偏好和个人信息向用户精准推荐论文；在引用方面，用户可以在 ResearchGate 上查看自己的论文被哪些学者引用了，并提供新引用的提醒功能。

（二）广泛参与的大众社交平台

伴随新媒体技术的蓬勃发展，利用新媒体平台传播速度快的优势来宣传和推广成为科技期刊提升影响力的重要途径。科技期刊采取的主要方式是与大众社交平台进行融合来提升科技期刊的影响力。与其他平台相比，大众社交平台成本较低且传播速度快，能够快速建立科技期刊的品牌影响力。像国内的微信公众号、微博、B站和国外的 Twitter、Facebook、Youtube 和 LinkedIn 等社交平台都拥有自己的用户分析系统，能够精准识别宣传对象，并给出全面的数据分析，为优化宣传方向提供数据支持。社交平台的这些优势与科技期刊的推广需求十分契合。也有部分科研机构发布相关政策肯定学术文章在大众社交平台上所产生的影响力，如浙江大学在其发布的《浙江大学优秀网络文化成果认定实施办法（试行）》中规定[42]，如果学术文章在"两微一端"（官方微博、官方微信、官方移动客户端）获得了巨大的影响力，即可认定为在一级学术期刊刊发。因此，使用大众社交平台对提升科技期刊的国内影响力和国际影响力都有着显著的促进作用。

根据发布内容类型的侧重点，大众社交平台可以分为 3 类：第 1 类是以图文为主的大众社交平台，以国外的 Facebook、Twitter 和 LinkedIn 为代表；第 2 类是以短视频为主的大众社交平台，以国内的 B 站和国外的 YouTube 为代表；第 3 类是包括图文和短视频的综合性大众社交平台，以国内的微信公众号、微博和小红书为代表。

1. 以图文为主的大众社交平台

以图文为主的大众社交平台是兴起较早的一类社交平台，国外的这类社交平台发展历程更长也更具有代表性，如 Facebook、Twitter 和 LinkedIn。由于这几种社交平台对推文的字数和发布的图片数量都有严格的限制，所以科技期刊在这几种国外的平台上发布的内容具有短小、精悍的特点。针对该类社交平台，期刊采取了不同的运营策略，有的期刊在各个平台都设立账号以增加受众的覆盖面，也有期刊在同一个平台上设立多个账号向纵深发展增加用户黏性。

有些期刊在各个平台都设立了官方账号，以《柳叶刀》（*The Lancet*）为例，该刊在 Facebook、Twitter、LinkedIn 3 个平台上都较早布局设立了官方账号。《柳叶刀》依据平台特点，主要采用了"短文+图片（短图、长图、GIF 动画）""短文+汇集文章要素的音视频""短文+原文网站链接"3 种形式，对其出版的优秀论文、综述、病例报告等进行宣传推广。短文通常是对文章主要结果和结论的简要总结，符合社交平台浅阅读的特点，也能满足用户追求时效性的心理，并利用其迅速即时、覆盖面广的优势实现研究成果的网式传播。以图文为主的大众社交平台还提供了标签功能，以展示热点话题，并且方便与他人的同一话题内容形成合集，同时在平台上建设相关专题，把热门话题列为一组，提高信息关联度，便于用户深入探知更多相关信息。

有些期刊在同一个社交平台上设立了多个官方账号，以 *Nature* 为例，该刊在

Twitter 上布局了"Nature""Nature Portfolio""Nature News & Comment",这样可使得内容在不同账号主体上多次复现,形成爆炸式传播,提高了其内容的传播广度。此外,这 3 个账号的定位有一定的差异性。账号 Nature 注重社群化运营,以满足知识经济时代人们日益增长的知识和能力提升需求,该账号的推送内容总体来看较为正式,如文章导读、话题讨论、新闻及观点和一周热点集锦。这种定位既保证了学术期刊官方账号的权威性,又能促进学术期刊与受众的互动。账号 Nature 在 Twitter 上会采取主动设置主题帖的策略,集中讨论某一个话题,或紧跟热点推出热点话题,同时推出多篇推文来介绍该话题的实时讨论情况,并带上相关话题的标签。而账号 Nature News & Comment 的内容充实有趣、简单易懂,主要包括新闻导读和每日简报,这种差异化定位可以弥补官方账号 Nature 趣味性不足的问题。此外,该账号的推送频率较高,形式多变。同时,所有推文下都有《自然》每日简报(the free daily Nature Briefing)的网站链接,账号便捷化程度高[43]。

2. 以短视频为主的大众社交平台

在全媒体时代,内容呈现更加多元化,并能提供视听享受,渠道从单一变为涵盖所有平台。2020 年 11 月,人民日报发布《中国视频社会化趋势报告(2020)》,将 2020 年定义为中国视频社会化元年,并提出,在"视频社会化时代",视频制造者、传播者与受众之间传统的单链条关系被重构,视频技术、视频内容、视频平台都处于深远而广泛的社会化进程。短视频的显著特点是制作过程简单、成本低、传播范围广,可以借助人工智能算法在短时间内将包含学术成果的信息推送给目标受众,提升科技期刊的影响力[44]。国内的短视频社交平台以 B 站和抖音为代表,国外的短视频社交平台以 YouTube 为代表。《柳叶刀》在社交平台 YouTube 上丰富多彩的视频内容非常具有代表性,如论文视频摘要、研究录像、动画视频、新闻报道式视频、会议视频、访谈视频等[43]。

短视频传播的本质是社交,视频内容和用户的评论、点赞与转发等则是创作者与观看者之间的对话方式,Nature 于 2020 年 10 月 29 日在 B 站发布的《血腥中诞生的救命药:华法林的故事》短视频,介绍了最早的抗凝血药物华法林是如何从毒药变为救命药的过程,几个月内观看量突破 23 万次,点赞数高达 1.7 万次,引发了"丁香园""梅斯医学"等医疗学术交流平台的关注和相关科研人员的讨论[46]。Nature 还在 B 站上开展科研直播等活动，拓宽宣传推广形式，更大范围内覆盖受众[47]。

3.综合性大众社交平台

国内的微信公众号、微博和小红书等是集图文和短视频于一体的综合性大众社交平台，在国内的影响力比较突出，有较大的用户基础，是国内科技期刊主要使用的社交平台。微信公众号和微博在最初推出的时候均是以图文为主的大众社交平台，在短视频逐渐兴起以后，将触角伸向了短视频，推出了视频号以丰富自己的短视频内容和生态，弥补原平台的不足。截至 2023 年 9 月 30 日，微信及 WeChat 的合并月活跃账户数超 13.36 亿，其中视频号总播放量同比增长超过 50%，原创内容播放量增长强劲[48]。截至 2023 年第三季度末，微博月活跃用户达到 6.05 亿[49]，其中，在微博的新生代创作者中，视频已经成为了内容的主要输出形式之一，视频博主数量、内容占比都在日渐扩大，已经与微博传统的图文形式分庭抗礼。对微信和微博来说，视频号降低了创作门槛，同时鼓励用户分享生活内容。小红书的出发点是"找到国外的好东西"，专注于提升用户的生活品质，目前已成为一个全品类综合性内容平台。对于科技期刊来说，小红书可以帮助科技期刊的服务产品成功"种草"。例如，Elsevier 在小红书上开通账号"Elsevier 爱思唯尔科研服务"，通过发布系列视频来推广宣传其 Scival 科研数据分析平台。

Science 利用官方微信公众号发布 Science 系列期刊的最新科学新闻、学术成果和职业发展等相关内容，并实现了绝大多数资源的在线版与移动端的同步，拓展了新的传播渠道；同时，配合学会、出版商宣传大量活动，实现期刊参与和互动[50]。Science 还将一个视频号嵌入多个微信公众号上，通过相应链接都可以直接进入同一个视频号，实现了视频内容的多账号分发。

科技期刊短视频传播的内容既包括在期刊上发表的研究成果，还包括新闻热点、生活日常、带有科普性质的科学内容等。科技期刊在社交平台上传播不同类型的短视频，目的是吸引到更多用户的关注。因为，能够引起用户兴趣的短视频具有将一般用户转化成科技期刊忠实用户的潜质。在新冠疫情出现之际，Nature 的微博账号"Nature 自然科研"发布了科普短视频"了解新型冠状病毒",该视频通过文字、动画和实景影像等多种形式将大众比较关心的有关新型冠状病毒的一系列问题浅显易懂地呈现出来,在让大众了解的基础上帮助大众树立了信心,消除恐慌心理。

四、科学新闻平台为传播辅通道

科学新闻平台对研究成果的报道不仅对论文作者和机构有益,还对发表论文的期刊提升影响力非常有帮助。自然指数创始人戴维·斯温班克斯(David Swinbanks)的研究结果表明:当论文被《纽约时报》报道后,论文的被引量会提高 70%[51]。国际上比较有代表性的科学新闻平台有 EurekAlert!、Science X、AlphaGalileo、AZO Network 等。

EurekAlert!是由美国科学促进会(AAAS)运营的独立编辑、非营利的新闻发布平台,为公众提供来自世界顶尖科研机构和高校的前沿研究及重要科学新闻,而且为了重点报道中国的优秀研究成果,美国科学促进会特别推出了 EurekAlert!中文版。《细胞》(*Cell*)、《科学》(*Science*)、《中国科学》、《科学通报(英文版)》(*Chinese Science Bulletin*)等中外知名期刊与 EurekAlert!合作,在其平台发布科学新闻稿件。期刊将还未出版的同行评审论文提前供稿给 EurekAlert!,由平台上符合资格的记者和自由撰稿人进行查阅,从而让新闻记者有时间对论文进行深入研究,编写准确的新闻文章。新闻记者和自由撰稿人要遵守禁止提前报道的规定,即在某一日期之前禁止提前报道信息。在研究成果刊出的第一时间,相关的新闻报道就可以在 EurekAlert!平台上出现,辅助研究成果的传播。EurekAlert!每周通过邮件给平台的注册记者和公众发送本周平台上的所有新闻,公众可以在 EurekAlert!上获取几乎所有栏目的文章,但是不包括禁止提前报道的新闻栏目和专家数据库。EurekAlert!可以为用户提供新闻点击率和媒体关注度报告,使用 EurekAlert!平台后,研究成果的国际被关注度将显著提高[52]。

五、多元辅助工具/平台为传播助推器

科技期刊在开展国际学术交流和传播过程中还会借助一些传播服务工具/平

台，以促进学术交流、增强传播效果，主要有文献整合和辅助写作工具、精准推荐工具、论文推广工具。

（一）文献整合和辅助写作工具

文献整合管理工具以 ReadCube 和知网研学平台为代表。ReadCube 作为一种整合和管理学术文献的工具，集成了 PubMed 和谷歌学术两大平台上的资源，因此该工具适合拥有上述两个平台资源访问权限的用户使用，用户可以在 ReadCube 程序界面直接开始搜索这两个平台的资源。ReadCube 针对不同类别的用户提供差异化的服务，如分别对研究者、机构、读者及出版社提供对应服务。在学术交流方面，ReadCube 一方面可为研究者提供个性化的最新文献推荐，另一方面允许研究人员在共享的团队成员之间开启协作评论功能，便于成员之间的讨论；ReadCube 还通过与学术期刊出版社建立合作关系，使出版社出版的期刊论文加入到 ReadCube 的索引库中，可大大提高学术论文的显示度。

中国知网推出的知网研学平台采用多端数据云同步的模式，基于传统文献服务（文献检索、阅读等），向研究人员提供集文献检索、管理、阅读和笔记整理、写作辅助、知识管理等多种功能为一体的个人探究式学习工具。知网研学平台可以辅助用户深度阅读和整理笔记，其基于 XML 碎片化内容的增强出版，构建出动态、交互和知识有机关联的新型阅读模式，辅助用户对内容进行批判性阅读和思考。知网研学平台另一大特色是辅助用户进行创作投稿，平台提供了新建创作、上传模板、在线创作、智能排版、投稿分析和学术规范知识库等功能。

（二）精准推荐工具

精准推荐工具以 TrendMD、AMiner 和科睿唯安的期刊国际影响力提升服务为代表。TrendMD 公司主打"跨平台相关文章精准智能服务"，特点是"跨平台"和"精准智能"。TrendMD 的"跨平台"特点主要体现在合作了众多国际期刊，包括 Elsevier、Taylor & Francis 等国际出版社旗下的众多国际顶尖期刊。在国内，TrendMD 还与中国激光杂志社、清华大学出版社期刊中心、浙江大学出版社学术期刊中心和中华医学会杂志社等出版机构合作，覆盖了这些出版机构旗下的优秀期刊。TrendMD 的"精准智能"特点是通过在期刊网站后台安装插件实现的，具体说来，即索引期刊论文的 URL、论文标题、作者信息、摘要、出版时间等元数据，通过运行一个嵌入众多网页的、含有指向相关内容链接的用户界面，来展示本平台和第三方平台的相关文章信息，并且对文章进行精准推荐，为作者提供更丰富的学术资源。

AMiner 属于新一代科技情报分析与挖掘平台。AMiner 提供学者画像功能，从论文发表情况分析学者研究兴趣的发展变化，通过对该学者在不同年份发表论文的关键词进行统计，用时间轴图形表示出该学者研究领域的动态变化。借助学者画像功能，AMiner 可以给科技期刊提供精准推送服务，把论文推送到最合适的作者受众。

科睿唯安依托旗下的 Web of Science 高质量数据，提供期刊国际影响力提升服务，以助力学术出版精准推广。Web of Science 核心合集内容经过层层遴选，拥有大量高水平学者及多种相关指标数据，能有效助力期刊将内容送达最合适的目标读者。目前科睿唯安的 Web of Science 数据包含了 254 个学科，覆盖超 400 万的专业领域学者，可以帮助期刊在全球范围内进行推广宣传，精准定位作者、向潜在读者定向推送。同时，期刊可以查看发出的电子邮件接收和阅读的详细情况，以及相关网址链接的点击量，及时查看推广效果。

（三）论文推广工具

论文推广工具以 Kudos 为代表。作为一个为全球科研人员提供科研影响力提升服务的平台，Kudos 的优点是免费开放，且对科研人员已发表论文进行简要概述和推广宣传，进一步分享与论文相关的辅助材料，如实验数据、视频、图像等，帮助研究者、科研机构以及基金扩大自身知名度以及已发表文章及研究的影响力，促进科学传播与学术交流。Kudos 平台有以下功能：①通过整合构建来搜索和过滤信息；②通过信息分享来提高曝光；③检测活动效果。根据 Kudos 的监测数据发现，Kudos 平台对论文的下载量有显著提升作用。例如，作者通过 Kudos 平台对学术论文进行推广传播后，论文的下载量平均可提高 23%。Kudos 自 2014 年成立至今，已累积有超过20万用户，同时还与美国科学促进会、Taylor & Francis、Wiley、清华大学出版社期刊中心、多学科预印本发行平台Research Square等多家知名出版商及预印本平台建立了合作关系。

本节主要调研了科技期刊开展国际学术交流与传播的五大类渠道：数字出版平台、检索平台、社交网络平台、科学新闻平台和多元辅助工具/平台，覆盖了科技期刊出版、学术评价、传播交流和知识服务的全流程。国内外科技期刊出版集团已打造出数字出版平台服务学术交流全生命周期，各学科领域的数字出版平台建设也在如火如荼地开展；文献检索平台在开放科学背景下功能越来越丰富和完善；社交网络平台已成为科技期刊重要的学术交流平台，不仅覆盖研究人员，还面向普通大众；与新闻平台合作开展国际传播是科技期刊扩展出的重要渠道；多元化的传播服务工具协助科技期刊开展传播工作，促进学术交流、增强传播效果。可见，在当前学术成果不断涌现的背景下，科研人员获取学术成果的传播渠道也日益丰富和多样。总体而言，如果科技期刊出版的学术论文没有得到良好传播，那么学术成果就容易被埋没，无法发挥出应有的学术价值。

第三节 技术驱动下的全球科技期刊传播新趋势

历史上，技术特别是信息技术对于科技期刊传播的发展繁荣具有根本性的驱动作用。蒸汽革命与电气革命带来了对科学知识的巨大需求，纸质出版物制造分发等环节速度大幅提升，推动科技期刊实现了最好的科学成果以周刊的形式进行全球传播。随后而来的第三次工业革命中计算机与互联网引发的数字出版浪潮推动科技期刊走向繁荣。市场规模方面，包括期刊销售、基于期刊数据的信息与解决方案在内的整个行业的全球产值推升到了年度超过1300亿元人民币的规模[53]。出版传播与学术影响力方面，全球范围内论文数量的巨大增长孕育了爱思唯尔等大型跨国科技出版公司和《自然》《科学》《细胞》这样的全球学术传播品牌，更重要的是互联网带来的大数据赋予了科技期刊传播数据辅助学术评价和科研决策等功能，相关的产品包括期刊影响因子、Essential Science Indicators（ESI）、Highly Cited Researchers、

H-Index、Nature Index、Altmetric 等[54~57]。因此，深刻理解和把握技术驱动下科技期刊新的发展趋势对于我国建设世界一流科技期刊具有十分重要的理论和现实意义。

当前，科技期刊和传媒行业正在经历诞生以来的第四次工业革命，一场由人工智能驱动的科技革命和产业变革。2018 年习近平总书记就深刻地指出，人工智能是引领这一轮科技革命和产业变革的战略性技术，具有溢出带动性很强的"头雁"效应。在移动互联网、大数据、超级计算、传感网、脑科学等新理论新技术的驱动下，人工智能加速发展，呈现出深度学习、跨界融合、人机协同、群智开放、自主操控等新特征，正在对经济发展、社会进步、国际政治经济格局等方面产生重大而深远的影响。

2023 年，人工智能的发展进入到了新的阶段，智能程度比肩人类水平的 GPT-4 的推出直接确立了以人工智能大模型为代表的通用人工智能在新一轮人工智能科技革命和产业变革中的核心驱动地位。传媒行业以内容创作及传播为核心业务，这恰是大模型技术最为擅长的任务，由此传媒业也成为受到影响最显著的行业之一。作为传媒行业的一部分，科技期刊传播也在人工智能大模型深度影响甚至颠覆的范围之内。一方面，大模型能够深刻改变传播上游科学研究的范式，由模型驱动的研究范式转变能够从根本上改变学术交流的需求和实现方式。例如，人工智能驱动下的化学自动化合成平台可能会大幅减少科学界对于实验试错（trial and error）型论文的阅读兴趣，但对于数据论文的需求可能会大幅提升[58~60]。在内容传播环节，大模型也将带来全新的服务模式，基于自然语言的问答与指令交互将补足传播到服务的最后一公里，帮助用户能够跨越自身的理解认知水平实现对于专业内容的快速有效的获取和运用，从而塑造科技期刊传播的新模式。对期刊出版环节，由于大模型彻底改变了人机交互和软件开发的模式，可以预见大模型将全面加速和提升出版运营的效率和质量，也会大幅抹平出版商之间业务流方面的软件鸿沟，为后发力量提供颠覆性技术机遇。下面我们将更深入地讨论技术驱动下全球科技期刊传播的新趋势问题，主要包括人工智能大模型的简要介绍，技术突破带来的传播新模式，传播上游视角下科研范式变革的影响、新课题和新机遇等新趋势分析内容。

一、人工智能大模型崛起变革千行百业

人工智能大模型是一种在强大算力支撑下基于大规模数据训练学习数据内在规律和表达层次,并经人类反馈强化学习后在连续问答、多语种翻译或逻辑推理等系列复杂下游任务中,以自然语言对话交互模式体现能够接近甚至超越人类水平的机器智能,是超大规模算力、海量数据和先进神经网络算法深度融合的产物。2023年,以美国 OpenAI 公司产品 ChatGPT、GPT-4 为代表的 Transformer 架构人工智能大模型,因其强大的内容生成及多轮对话能力,展现出通往通用人工智能的可行路径,引发了新一轮的人工智能技术创新浪潮。盖茨评论 ChatGPT 问世的意义不亚于 PC 或互联网诞生[61]。更广泛的共识认为,人工智能大模型是第四次工业革命,将深刻改变人类社会的生产生活方式。

人工智能大模型主要基于 Transformer 的基础架构。2017 年,谷歌团队在论文"Attention is All You Need"[62]中提出了 Transformer 架构,引入了自注意力(self-attention)机制来解决早期语言模型(如长短时记忆网络[63])中存在的长距离依赖问题。2023 年 3 月,OpenAI 首席科学家 Sutskever 在接受采访时表示,Transformer 架构一出来,OpenAI 就采用了并不断优化它的效果,最终打造出了 ChatGPT 和 GPT-4。目前,人工智能领域几乎所有的 SOTA(state-of-the-art)大型语言模型都是基于 Transformer 架构演化而来[64]。基于 Transformer 架构,大模型采用了"下一个词生成"(next-token generation)的无监督式预训练方法,从而获得了连续生成文本的能力。模型在输入序列中随机掩盖(mask)一部分词汇,然后根据上下文信息,通过使用交叉熵损失函数计算模型预测和真实目标之间的差异,尝试预测这些被掩盖的词汇。掩码语言模型(masked language model,MLM)要求模型在预测时同时考虑上下文的信息,使其能够学到更丰富、更具语境感的表示,有助于更好地捕捉词汇之间的关系。在推理阶段,给定已有的上文作为模型的输入,大模型能够根据预测的概率分布选择最有可能的下一个字符。这个过程一直持续,直到生成的序列达到所需长度或满足某个停止条件。该技术原理能够充分利用数据的任务特征,在大规模预训练和微调基础上不仅在传统的文本分类、摘要生成、对

话系统、多语言翻译自然语言任务方面表现优异，同时在法律、医疗、金融、数理、编程等知识密集、逻辑要求高的问答或生成式任务上有稳定出色的专业性、泛化性、迁移性表现，极大地突破了传统机器学习应用场景有限、容易过拟合、泛化能力差的局限，从而为人工智能大模型革命性应用于千行百业铺平了道路。人工智能大模型的原理及应用示意见图 2-1。

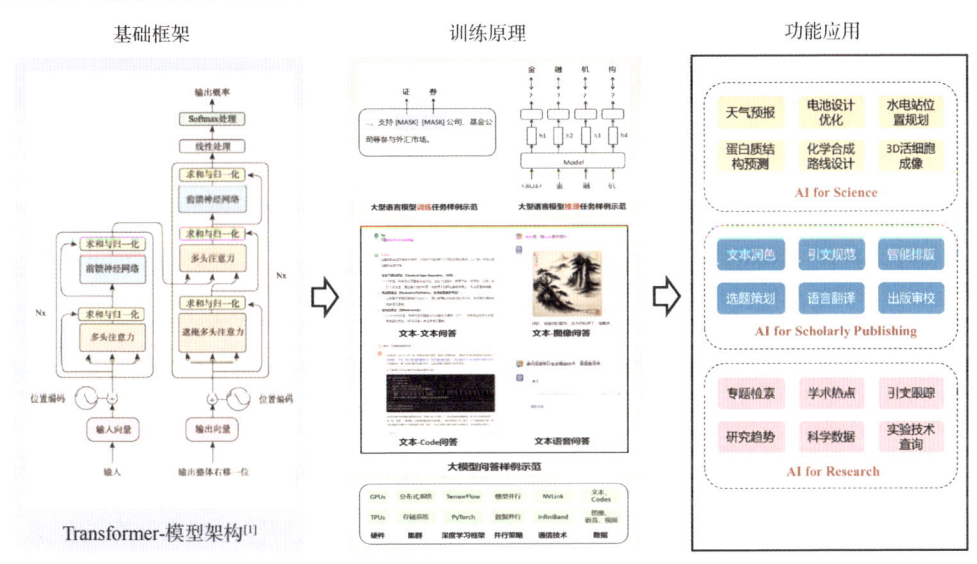

图 2-1 人工智能大模型原理与应用示意

人工智能大模型对于行业的影响是广泛而深入的。对于信息技术行业，是不断突破的技术边界和迅速泛在化的数字智能。模型上下文窗口从年初的千字高中生作文水平提升至年末的二十万汉字专著水平，下游任务的复杂度从简单的问答模型扩展至多模态条件下能够自主规划和反馈迭代的智能体，甚至可以达到扮演产品经理、架构师、项目经理和工程师等角色，内部监督代码生成并提高最终输出代码的质量的智能水平。基于自然语言的交互模式极大地推动了数字智能的泛在化，从而能在行业层面深度释放人工智能的技术能力。自 GPT-4 发布后，微软在不到半年的时间内将 OpenAI 的大模型技术深度整合进入了搜索引擎 Bing、文字处理 Word、表格处理 Excel 等软件以及系统级的 Windows 11 平台，全面覆盖生产力场景，在微软产品生态中初步实现了智能泛在的技术图景。同时 OpenAI 通过即插即用的 API 和定制微调的方式，迅速建立了以大模型为中心的应用生态，GPT Store 发布后不到一个月已经超过 300 万的定制化模型上线，以内容生成的方式服务于千行百业。国内的百度、阿里巴巴、字节跳动和腾讯等，也在半年内完成了各自大模型产品与亿级用户体量的文档和协作产品的有机整合，产品线包括百度文库、阿里钉钉、腾讯文档和字节飞书等。

在科学研究领域，大模型能够根据任务描述自主完成从检索学术文献、阅读分析文献、设计合成路线到实施实验操作的复杂科学研究任务[65]。教育领域，ChatGPT 不仅能够以良好的成绩通过各类专业考试，而且德国汉堡大学尝试使用生成式人工智能技术辅助博士生考试命题。该技术根据考试大纲和题目类型生成新的试题，为教授提供更多的选择[66]。出版领域，斯坦福大学等机构的研究者发布论文称，GPT-4 对于自然会议（Nature Conferences）、国际学习表征会议（International Conference on Learning Representations，ICLR）等国际顶级会议的近 5000 篇论文给出的审稿意见与人类审稿人的意见有超过 50% 的相似性，且超过 82.4% 的作者表示，GPT-4 给出的意见相当有帮助[67]。金融领域，摩根士丹利宣布采用 GPT-4 来管理其庞大的内部知识库（涵盖投资策略、市场研究以及分析师见解的海量知识），财富管理人员可以通过聊天机器人在知识库中执行全面搜索，高效便捷地获取储存的信息，释放其积累的知识[68]。法律领域，全球法律服务巨头律商联讯基于自身庞大的数据推出了类 ChatGPT 助手 Lexis+AI，通过自然语言提问为用户提供生成合同、总结法律内容和法律内容搜索等服务[69]。全球最大律师事务所之一的大成（Dentons）与微软合作推出了一个名为"fleetAI"的生成式 AI 机器人，可以提供法律文献查询、自动生成法律内容、识别法律论据等功能，以提升法律业务效率和节省时间[70]。

二、大模型带来新的知识传播和服务模式

大模型技术对于用户通过检索推荐阅读论文从而获得知识的模式具有颠覆性冲击，一方面大模型正在依托检索增强技术构建基于语义的问答式知识获取模式，通过强大的文本理解和生成能力，能够以实时问答的方式在海量的数据库检索、浏览、理解、总结论文内容，并以逻辑清晰或结构化的方式进行呈现，极大地提升了用户知识获取的效率，同时新技术企业也在发起对于传统格局的冲击。

第二章 科技期刊国际传播环境和传播新趋势

传统上作为知识的直接载体，论文的检索和浏览过程中的推荐共同构成了数据库中学术知识线索的主要发现途径。在线索的提示下，用户需要全面仔细地阅读论文才能完成知识的获取。但随着科技论文的爆炸式增长，关键词带来的数万检索结果不仅让"全面仔细阅读"成为了研究人员巨大的知识发现负担，更重要的是即便是 Scifinder 或 Reaxys 等先进的数据库也无法直接响应"石墨烯有多少种合成方法"这样的自然语言问题。基于大模型的检索增强生成（retrieval-augmented generation，RAG）技术则彻底突破了基于检索阅读的知识获取方式[71~73]。

RAG 是一种使用来自外部数据源的信息来辅助大模型进行文本生成的技术，通常包括两个阶段：第一个阶段是对用户指令/问题执行语义检索；第二个阶段是将语义检索结果与用户指令/问题一并输入模型进行推理生成。换句话说，RAG 是将通过检索算法找到的信息作为上下文，帮助大模型回答用户问询。在 ChatGPT 的基础上，RAG 技术催生了大量的明星应用，包括 Consensus、Elicit Perplexity 和中国的 AMiner 等，图 2-2 给出了技术原理示意和代表性产品 Consensus 的演示效果。

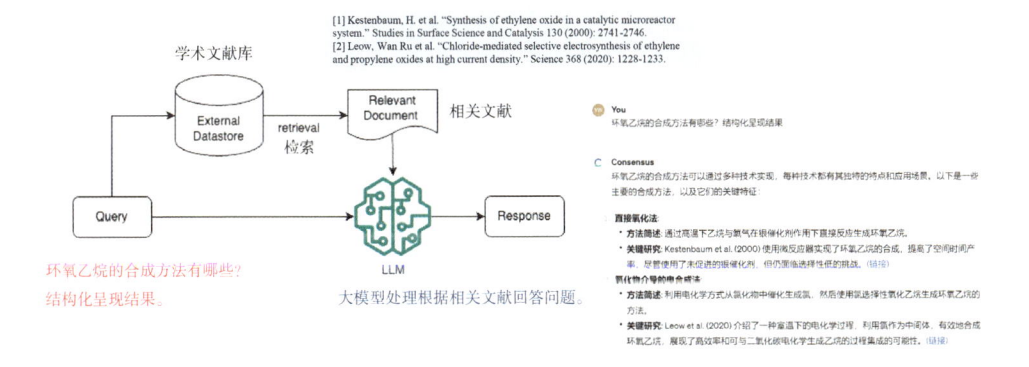

图 2-2 检索增强原理与应用示意

RAG 技术一方面规避了大模型容易出现的幻觉问题，同时几乎能够与现有的内容检索系统无缝链接，因此，2023 年下半年国内外主流厂商相继推出了基于 RAG 技术的产品，以期打造大模型条件下的新型传播模式。国际上以爱思唯尔的 Scopus AI 为代表，于 2023 年中推出测试版[74]。Scopus AI 是一款由生成式人工智能（GenAI）驱动的直观智能搜索工具，它将从爱思唯尔提供的引文数据库 Scopus 的元数据和摘要中查找科研论文，并在几秒内将数十年的研究成果提炼成清晰易懂的摘要。爱思唯尔强调，Scopus AI 的先进技术加上世界上最大的科学文献编辑数据库，可以很大程度上降低人工智能生成虚假信息的风险，将有助于加快对新研究课题的理解，提供更深入的研究见解，识别特定领域的相关研究和专家，这些将会精确轻松地推动学术进步和影响。中国知网也推出了自主研发的大模型产品 AI 学术研究助手，与仅从文献摘要中获取信息的 Scopus AI 不同，AI 学术研究助手基于知网的全文数据库构建其向量数据库，这一数据库汇聚了超过 6000 万篇包括学术期刊论文在内的各类高度碎片化、结构化的学术资源。这种庞大而深入的资源库使得 AI 学术研究助手能够在学术问答领域提供更加丰富和深刻的内容，有效服务于中国科技工作者科研效率的提升。

三、科研范式变革提出新的传播发展需求

科研范式是科技工作者科研方法论的集合，它规范了研究路径和评价体系，反映了科学家对于科学问题的认知过程、解决方法和实践结果，同时直接影响科研产出的评价、传播与认同[75]。例如，基础研究与技术科学的科研范式差异就直接导致了基础研究的各类成果通过等级化的期刊体系进行传播，而技术科学特别是计算机科学的主要传播交流平台正在向扁平化、开放化、公益化的预印本平台加速迁移。

因此，科研范式从根本上决定科技期刊传播发展趋势。当前，大模型正在加速推动由 AlphaFold2 引发的人工智能驱动科研（AI for science）范式变革，从过去的人类绝对主导的理论演绎、实验观察和计算模拟范式向人机协同的数据与模型驱动的范式转移[76-78]。最具代表性的例子当属预测蛋白质结构的 AlphaFold 2 算法和大型语言模型 ChatGPT 及应用两项。前者利用深度学习技术，通过学习和分析大量已知结构的蛋白质序列和结构数据，捕捉高维数据背后的科学规律，得到了实现高精度预测蛋白质三维结构的蛋白质结构预测模型，彻底改变蛋白质结构领域的实验主导的研究范式。后者强大的文献内容理解、实验方案设计、代码生成等能力，结合无人实验系统和各类科学数据库，引发了学科研究智能工具的发展浪潮，加速了以人机协同的数据与模型为驱动科研新范式的形成。下面我们将围绕新范式中数据驱动和人机协同两个方面分析新的传播需求。

科学数据在新范式中位于核心地位，数据和大型数据集的高效传播成为了新范式亟需解决的重要问题，主要的解决办法一般是在开放共享理念下围绕数据仓储平台建设开展[79]。姜璐璐等的研究显示[80]，截至2022年11月全球已有超过3000个科学数据仓储平台服务科学数据的全球传播，代表性的有通用平台 Harvard Dataverse、figshare、zenodo、Dryad 等和学科平台基因组数据 GenBank、剑桥结构数据库 CSD（The Cambridge Structural Database）等。为了更好地满足新范式下的传播需求，通用数据仓储平台正在采取多种措施加强自身建设。这些措施包括：提供数据文件的可视化服务，整合第三方资源，更紧密地融入科研活动过程中，实施数据防篡改机制，以及发展科学数据的评价和计量追踪系统。与此同时，学科特定的平台也在积极探索，通过精细化的数据分类、深入的数据治理与加工，以及加强领域特定服务能力，激发数据的传播与再利用机制。值得重点关注的是，figshare 是仓储平台中为数不多的由出版传媒集团（Springer Nature 母公司旗下的 Digital Science 公司）主导建设的平台。随着新范式的兴起，figshare 逐步从早期的学术论文附件存储平台转变为通用型科学数据仓储平台，体现了国际科技期刊产业对于新范式下新传播需求的捕捉和响应。

人机协同是新范式中的核心内涵。随着人工智能领域的巨大突破，人机协同科研新范式正在进入向多个领域的实验室落地阶段渗透，《自然》的一篇综述论文提出了人机协同的具体内涵，包括 AI 辅助的科研数据收集与整理、基于 AI 的科学假设生成、AI 驱动的实验和模拟，图 2-3 展示了人机协同的具体场景[65]。典型的如卡内基梅隆大学的研究团队在《自然》上报道的基于 GPT-4 的 Coscientist，用一个简单的语言提示就可以执行整个实验过程，能够自主设计、规划和执行复杂的科学实验等[81]。

人机协同新范式对于传播的需求主要是对人机协同过程的有效披露。有效披露涵盖科研过程和内容撰写等多个方面。当前侧重点集中在内容撰写，如施普林格·自然允许在准备稿件时使用这些工具，只要在稿件中披露了全部细节（方法或部分）[82]。而爱思唯尔指南则允许使用人工智能工具来提升稿件的语言表达，但不允许进行诸如解释数据或得出结论等关键部分[83]。有效披露也涉及审稿人的评审意见，尽管技术社区长期以来在持续开发自动生成审稿意见的各类模型[84]，但《自然》在 2023 年 10 月刊文指出，审稿人需要披露在撰写评审意见的过程中对于 AI 工具的使用情况[85]。暂时仅有少数期刊关注科研过程中人机协同的使用情况披露，如《自然》要求作者在方法和致谢部分披露对于模型的使用情况，NEJM AI 要求作者采用与其他数据、动物模型、软件同样的标准披露对 LLM 的使用方式[86, 87]。

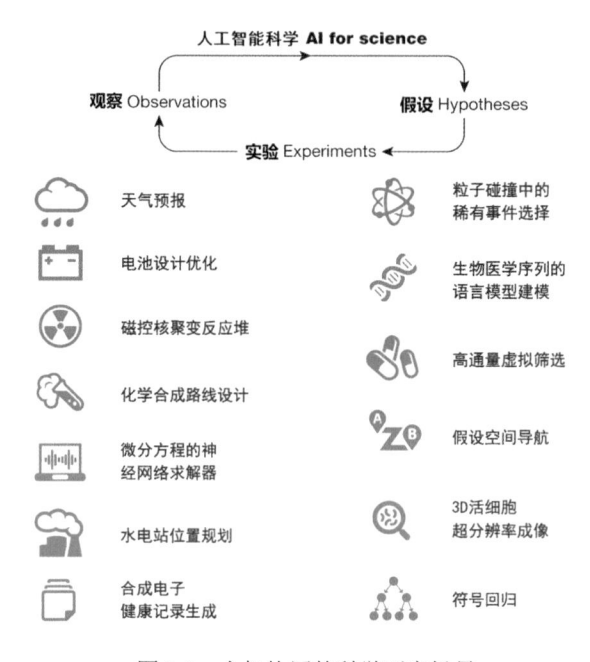

图 2-3　人机协同的科学研究场景

总体来说，科技期刊对于人机协同新范式传播的准备尚未进入到确定性的阶段，仍有相当多的问题有待解决，如新范式下科研诚信的规范、人机交互的适用范围、模型信息披露的尺度、披露内容的具体要求等。

四、机器生成内容提出新的出版传播课题

学术出版是科研成果传播的重要途径，而科研诚信则是保障学术出版品质和权威性的重要基础。大模型问世之前，论文抄袭是科技期刊传播领域科研诚信方面的主要问题，有相对成熟的认定办法和检测技术。基于大模型的人工智能生成内容（artificial intelligence generated content，AIGC）的出现提出了全新的传播课题，主

要集中在科研诚信方面的规范和检测技术的革新两个方面。

首先是科研诚信方面的规范问题。AIGC技术的滥用可能引发更为严重的科研失信行为。AIGC技术可以通过排列组织预训练数据生成文本、图像、数据、代码、视频等，这些内容可能会形成论文或项目申请书，存在观点剽窃等隐患，也极易引发新形式的论文代写、抄袭剽窃、洗稿等学术不端行为。根据Retraction Watch的数据统计，自2021年至2023年7月6日共有914篇因"Randomly Generated Content"（随机生成的内容）原因被撤稿，约占近三年来撤稿论文总数的8.34%[88]。

其次，针对大模型可能会被滥用或成为"学术造假"的工具，产生诸如著作权归属、学术不端、算法黑箱、数据和隐私保护、内容虚假等科技伦理问题。针对人工智能生成内容，国家自然科学基金委员会在2023年发布的《科研诚信规范手册》中的成果撰写与引文注释部分中明确指出了以下两点。①使用生成式人工智能处理文字、数据、图像、音频、视频等，应在研究方法或附录等适当部分披露使用生成式人工智能的方式和主要细节。②使用生成式人工智能生成的内容，应明确标注并说明其生成过程；不应含有侵犯他人知识产权的内容；不得将其他作者已标注为人工智能生成的内容作为原始文献引用，确需引用的应加以说明；不得将生成式人工智能列为成果共同完成人。

同时在科技部科技监督与诚信建设司的指导和支持下，中信所牵头联合爱思唯尔、施普林格·自然、约翰威立国际出版集团，共同编制《学术出版中AIGC使用边界指南》（以下简称《指南》），明晰了相关利益主体在学术期刊论文准备、写作、投稿、评审、出版、传播各环节应该履行的最佳行为实践，提供规范的AIGC使用指导[89]。《指南》建议，研究人员使用AIGC直接生成的稿件文字等资料必须提供明确的披露和声明，否则将构成学术不端行为。例如，从AIGC中提取新生成的文本作为稿件内容而未注明的，将被视为抄袭。此外，《指南》对学术出版流程中不可使用AIGC的情况进行了说明。但考虑到我们面临的依然是一个快速变化的态势，施普林格·自然科研总裁Steven Inchcoombe也表示，鉴于生成式人工智能技术的迭代特性，《指南》也是迭代的，将随着该技术本身的发展，包括与之相关的挑战和益处，而持续发展。事实上，美国心理学协会和现代语言协会为作者引用

ChatGPT 及生成式人工智能工具生成内容的 APA 格式和 MLA 格式提供了引用规范，可以预见围绕大模型引发的科研诚信规范问题还是会持续一段时间。

尽管科技期刊对于能用多少大模型生成的内容以及如何披露存在不同观点，但对于完全由机器生成的内容必然会采取零容忍的发表政策。在应对 AIGC 技术对科研诚信建设带来的挑战时，目前主要有两种解决思路：一种比较简单的方法，是给 AI 内容加水印；另外一种是难度较大的基于机器生成内容的规律，训练特定的生成模型用于 AIGC 内容检测。美国斯坦福大学、普林斯顿大学、Turnitin、中国知网等机构均在 2023 年推出了针对机器生成内容的检测工具或商业产品。据知网介绍，其检测系统以知网结构化、碎片化和知识元化的高质量文献大数据资源为基础，按照预训练大语言模型的算法逻辑，首次提出"知识增强 AIGC 检测技术"和若干检测算法，从语言模式和语义逻辑两条链路，用 AI 对抗 AIGC，最终实现了识别学术文本中的 AI 生成内容[90]。

五、技术重大进步赋予传播产业发展新机遇

在 20 世纪中叶，年轻的加菲尔德离开美国国家医学图书馆（National Library of Medicine，NLM）的计算机索引项目后，创办了科学信息研究所（Institute for Scientific Information，ISI）。1963 年，研究所推出了著名的《科学引文索引》（science citation index，SCI），随后的几十年它在商业和学术影响力两个方面都取得了巨大的成功。在第三次工业革命的数字浪潮中，同样涌现出来的包括索引服务 PubMed、EI，数字集成服务 Clinical Key、ProQuest、EBSCO、CNKI，技术服务商 Atypon、Turnitin 等，它们共同构成了一项百亿美元规模的科技期刊数字传播产业。同时数字平台天然的扩张性与资本并购也重塑了科技期刊出版产业格局，并正在推动以期刊品牌为代表的产业上游资源和生态向少数厂商的新平台进一步集中。三十多年来，基本形成了以四大厂商主导的产业生态一体化格局，发展演变历程见图 2-4。这既是数字革命下的产业发展历程，也是中国科技期刊发展面临的形势。

第二章　科技期刊国际传播环境和传播新趋势

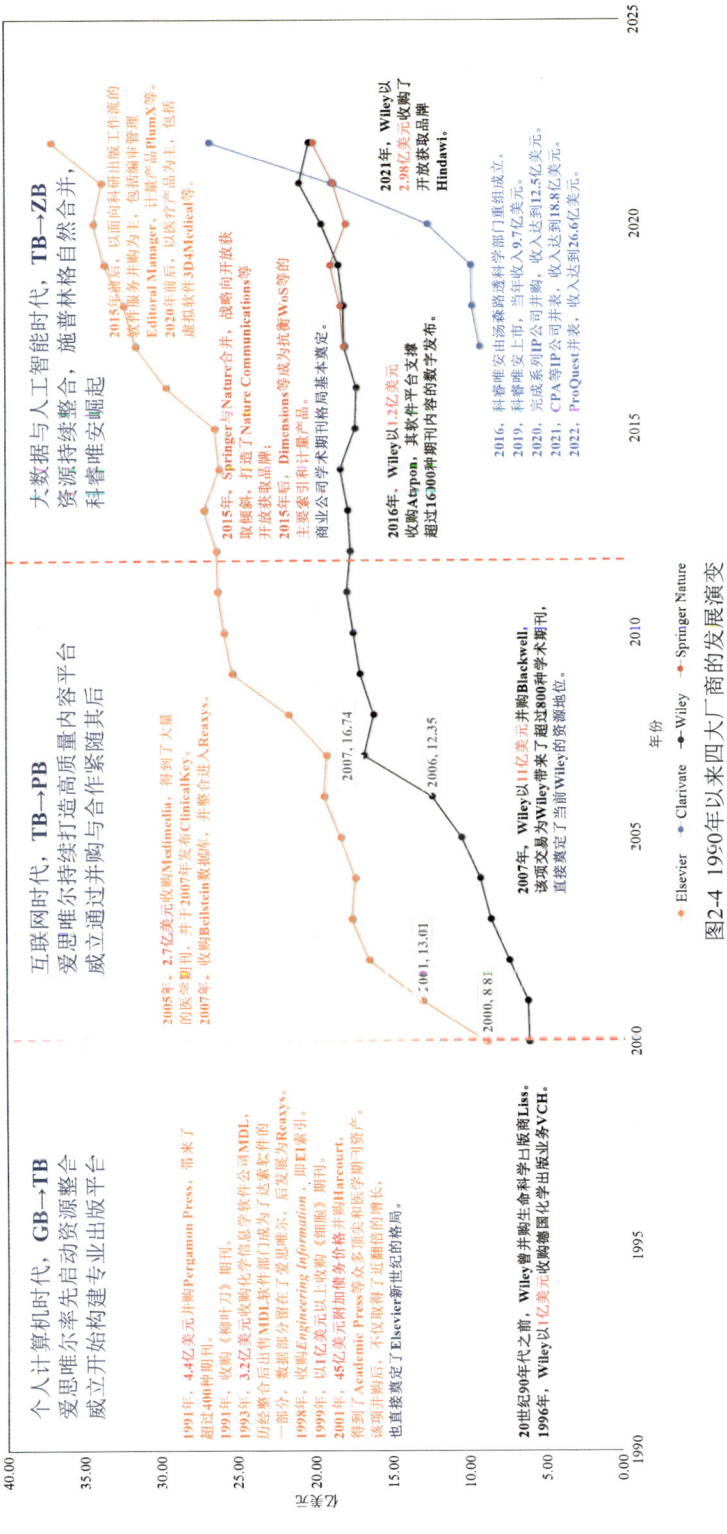

个人计算机时代，GB→TB
爱思唯尔率先启动资源整合
威立开始构建专业出版平台

1991年，4.4亿美元并购Pergamon Press，邮刊超过400种期刊。
1991年，收购《柳叶刀》期刊。
1993年，3.2亿美元收购化学信息软件公司MDL，历经整合后出售MDL软件部门成为爱思唯尔的一部分。数据库大部门爱思唯尔，后发展为Reaxys。
1998年，收购Engineering Information，即Ei索引。
1999年，1亿美元以上收购《细胞》期刊。
2001年，45亿美元加码做多价格大和医学期刊资产，得到了Academic Press众多价格大和医学期刊引资产，该项并购后，不仅取得了Elsevier新世纪的格局，也直接奠定了Elsevier新世纪的翻倍的增长。

20世纪90年代之前，Wiley并购生命科学出版商Liss。
1996年，Wiley以1亿美元收购德国化学出版业务VCH。

互联网时代，TB→PB
爱思唯尔持续打造高质量内容平台
威立通过并购与合作紧随其后

2005年，2.7亿美元收购Medinmedia，得到了大量的医学期刊，并于2007年发布数据库。
2007年，收购Beilstein数据库，并整合进入Reaxys。

2007年，Wiley以11亿美元并购Blackwell，该交易交易为Wiley带来了超过800种科学术期刊，直接奠定了当前Wiley的资源地位。

大数据与人工智能时代，TB→ZB
资源持续整合，施普林格自然合并
科睿唯安崛起

2015年之后，以面向科研出版工作流的软件服务并购为主，包括编辑审查的Editorial Manager、计量产品PlumX等，2020年前后，以医疗产品为主，包括虚拟软件3D4Medical等。

2015年，Springer与Nature合并，战略向开放获取倾斜了，打造了Nature Communications等开放获取品牌。
2015年后，Dimensions等成为抗衡WoS等的主要索引和计量产品，商业公司学术期刊格局基本奠定。

2016年，Wiley以1.2亿美元收购Atypon，其软件平台支撑超过16 000种期刊内容的数字发布。

2021年，Wiley以2.98亿美元收购了开放获取品牌Hindawi。

2016，科睿唯安出汤森路透科学部门重组成立。
2019，科睿唯安上市，当年收入9.7亿美元。
2020，完成系列IP公司并购，收入达到12.5亿美元。
2021，CPA等IP公司发表，收入达到18.8亿美元。
2022，ProQuest并表，收入达到26.6亿美元。

图2-4 1990年以来四大厂商的发展演变

近年来，随着人工智能技术的蓬勃发展和应用的不断深入，我们首先在机器学习领域捕捉到了科研成果的传播发展前瞻性的趋势，主要呈现为成果的图文描述发布于 arxiv.org 供搜索引擎发现线索，Huggingface 原始数据和模型搭载于 huggingface.co 上供用户直接体验研究成果，算法代码存储于 GitHub 上供专业人员进一步深入研究并启发新的研究实现研究反馈，形成了传播意义上的闭环。值得关注的是，这个传播循环完全脱离了传统的科技期刊厂商，尽管四大厂商也在着重发力建设新型数字传播基础设施，但始终未能赢得前沿领域研究人员的广泛认可，甚至自然出版集团的新刊 Nature Machine Intelligence 还受到了众多学者与工业界人士联名抵制[91]。技术革命正在引导科研成果的传播途径从传统渠道向开放、互动的新模式转变，同时也预示着科研领域的传播格局即将发生根本性变革。

从出版上游来看，我国在人工智能、机器学习和大模型等前沿领域拥有发表规模的巨大优势[92]，但也存在"两头在外"的问题，甚至是一种普遍现状。在《求是》文章《加强基础研究 实现高水平科技自立自强》中，习近平总书记指出，过去很长一段时间，我国基础研究存在题目从国外学术期刊上找、仪器设备从国外进口、取得成果后再花钱到国外期刊和平台上发表的"两头在外"问题。针对这一问题，习近平总书记要求要加快培育世界一流科技期刊，建设具有国际影响力的科技文献和数据平台，发起高水平国际学术会议，鼓励重大基础研究成果率先在我国期刊、平台上发表和开发利用。这就为我国前沿学科的出版优势转化为传播优势指明了发展方向。

从出版服务来看，大模型从技术上降低了中国发展智能出版服务的技术差距，尤其是能够解决科技人力资源充足而高水平编辑传播人才匮乏的难题，大模型能够大幅提升出版编辑的工作效率，能为高水平科研人员在学术研究和出版之间提供游刃有余的技术赋能，引导更多的优质稿件回流，从技术上破解"两头在外"的难题。这也是 2023 年科技期刊出版界大量研究的共识[93~96]。

新型数字传播服务和平台建设方面，中国科技期刊产业正在联合前沿技术厂商抢抓新的产业机遇，代表性的进展包括知网与华为联合打造了华知大模型，中国科学院文献情报中心联合科大讯飞共同打造的科技文献大模型等。这些模型基于专业语料库构建，学习海量科技文献，能对科技文献进行高效的信息提取和智能化处理，保障文献处理的深度和广度，提升知识获取效率，实现信息抽取、论文润色、论文阅读理解、学术翻译等突破传统数字传播方式的新功能。尤其是大模型带来的基于自然语言的交互模式和多语言翻译能力，将充分激活中文科技期刊向海外传播的巨大潜能，这将与不断回流的英文稿件汇合形成中国科技期刊传播全球化发展的新动能，从而切实把握技术重大进步赋予传播产业的新机遇。

致谢

感谢乔艳华、刘嘉、师庆辉、章艾嫒对第二章第三节内容提供的写作支持。

参考文献

[1] 中国科学技术协会. 中国科技期刊发展蓝皮书（2021）[M]. 北京：科学出版社, 2021: 290-293.

[2] 联合国教科文组织. 开放科学建议书[EB/OL]. (2021-11-30) [2024-05-23]. https://unesdoc.unesco.org/ark:/48223/pf0000379949_chi.

[3] GOV.UK. UK and US reach commitment in principle over 'data bridge' [EB/OL]. (2023-06-08) [2024-01-23]. https://www.gov.uk/government/news/uk-and-us-reach-commitment-in-principle-over-data-bridge.

[4] GOV.UK. UK-Republic of Korea data bridge: supporting documents [EB/OL]. (2022-11-22) [2024-03-15]. https://www.gov.uk/government/publications/uk-data-adequacy-for-the-republic-of-korea-supporting-documents.

[5] GOV.UK. UK-Japan Digital Partnership [EB/OL]. (2022-12-07) [2024-05-22]. https://www.gov.uk/government/publications/uk-japan-digital-partnership.

[6] GOV.UK. UK-Canada cooperation in quantum science and technologies: joint statement [EB/OL]. (2023-06-09) [2024-05-22]. https://www.gov.uk/government/publications/uk-canada-cooperation-in-quantum-science-and-technologies-joint-statement.

[7] GOV.UK. UK-South Africa Tech Hub's Digital Enablement Programme [EB/OL]. (2021-06-18) [2024-03-12]. https://www.gov.uk/government/case-studies/uk-south-africa-tech-hubs-digital-enablement-programme.

[8] GOV.UK. UK-Indonesia Tech Hub's HERfuture [EB/OL]. (2021-06-18) [2024-04-13]. https://www.gov.uk/government/case-studies/herfuture.

[9] 国家自然科学基金委员会科学传播与成果转化中心. 国家自然科学基金资助项目研究成果

管理办法[EB/OL]. (2017-11-10) [2024-03-23]. https://www.nsfc.gov.cn/csc/20313/20318/20327/20592/index.html.

[10] The White House. OSTP Issues Guidance to Make Federally Funded Research Freely Available Without Delay[EB/OL]. (2022-08-25) [2024-04-12]. https://www.whitehouse.gov/ostp/news-updates/2022/08/25/ostp-issues-guidance-to-make-federally-funded-research-freely-available-without-delay/.

[11] The National Research Council. 'Position statement' on Open Access to research outputs in Italy[EB/OL]. (2021-07-13) [2024-05-18]. https://www.cnr.it/en/position-statement.

[12] Science Business. Science ouverte: point d'étape sur la politique commune du réseau des agences de financement françaises[EB/OL]. (2022-11-03) [2024-05-23]. https://anr.fr/en/latest-news/read/news/science-ouverte-point-detape-sur-la-politique-commune-du-reseau-des-agences-de-financement-franca/.

[13] Spain adopts national Open Access strategy [EB/OL]. (2023-05-04) [2024-05-22]. https://sciencebusiness.net/news/open-science/spain-adopts-national-open-access-strategy.

[14] Japan Science and Technology Agency. JST Policy on Open Access to Research Publications and Research Data Management [EB/OL]. (2022-04-01) [2024-03-23]. https://www.jst.go.jp/EN/about/openscience/policy_openscience_en_r4.pdf.

[15] Cambridge Open logo. Cambridge University Press announces 129 new Open Access publishing agreements with US institutions [EB/OL]. (2021-04-06) [2024-05-22]. https://www.cambridge.org/news-and-insights/news/Cambridge-University-Press-announces-129-new-Open-Access-publishing-agreements-with-US-institutions.

[16] Cambridge Open Equity Initiative. Cambridge Open Access fees waived for over 100 countries [EB/OL]. (2023-04-11) [2024-05-22]. https://www.cambridge.org/news-and-insights/news/Cambridge-open-access-fees-waived-for-over-100-countries.

[17] 赵展一, 黄金霞. 开放科学基础设施的信息资源建设模式分析[J]. 图书馆建设, 2021(3): 46-55.

[18] 中国科学院文献情报中心. 公益学术平台[EB/OL]. (2023-11-01) [2024-03-21]. https://pubscholar.cn/.

[19] 中国科学院. 科学数据银行[EB/OL]. (2021-01-30) [2024-04-22]. https://www.scidb.cn/.

[20] Science.gov[EB/OL]. (2002-01-30) [2024-02-21]. https://www.science.gov/.

[21] The European Open Science Cloud[EB/OL]. (2018-11-23) [2024-03-05]. https://eosc-portal.eu/.

[22] J-STAGE[EB/OL]. (1998-01-01) [2024-02-23]. https://www.jstage.jst.go.jp/.

[23] Episciences[EB/OL]. (2013-01-01) [2024-02-23]. https://www.episciences.org/.

[24] SciELO[EB/OL]. (1997-01-01) [2024-05-22]. https://scielo.org/.

[25] KOAJ[EB/OL]. (2020-03-25) [2024-05-22]. https://www.kci.go.kr/kciportal/landing/index.kci.

[26] Ciriminna R, Pagliaro M. Open Science in Italy: Lessons Learned En Route to Opening Scholarship. European Review, 2023, 31(6): 647-661.

[27] Deutsche Forschungsgemeinschaft. What is DFG's position towards Open Access with regard to

research policy?[EB/OL]. (2024-05-17) [2024-05-22]. https://www.dfg.de/foerderung/programme/infrastruktur/lis/open_access/position_der_dfg/index.html.

[28] 联合国教科文组织, InterAcademy Partnership. Identifying predatory academic journals and conferences [EB/OL]. (2022-08-02) [2024-05-22]. https://unesdoc.unesco.org/ark:/48223/pf0000383324.

[29] Stellungnahme. Stellungnahme von neun Partnern der Allianz der Wissenschaftsorganisationen zur Qualitätssicherung von wissenschaftlichen Veröffentlichungen (2018) [EB/OL]. (2018-07-25) [2024-05-22]. https://www.allianz-der-wissenschaftsorganisationen.de/wp-content/uploads/2022/06/2018-07-25_Qualitaetssicherung.pdf.

[30] 李侗桐, 步一, 任延刚. 科技期刊编辑对出版传播平台的知晓、使用及需求分析初探[J]. 科技与出版, 2023(7): 101-108.

[31] 袁舒婕. SciEngine 学术期刊全流程数字出版与知识服务平台: 致力于实现我国科技出版"造船出海"[N]. 中国新闻出版广电报, 2022-10-10(008).

[32] 张莉, 曾洁, 赵廓, 等. 国产科技期刊出版与传播平台 SciOpen 运营实践及思考[J]. 编辑学报, 2023, 35(1): 12-16.

[33] 杨蕾. 树立四个目标, 争创三个一流——中国激光杂志社的办刊实践[J]. 中国科技期刊研究, 2023, 34(1): 112-117.

[34] 温景骁, 宁笔. 期刊引证报告和影响因子的系列变化及其影响简析[J]. 出版发行研究, 2023(3): 57-61.

[35] 图书馆员. 谷歌推出学术指标, 影响因子面临颠覆？[EB/OL]. (2016-05-20) [2023-10-04]. http://lib.notefirst.com/techlibrary/19454/default.aspx.

[36] 许广奎, 涂志芳. 两类学术评价指标比较研究——以影响因子和谷歌学术指标期刊评价为观察视角[J]. 图书情报工作, 2017, 61(3): 109-117.

[37] 虞为, 翟雅楠, 陈俊鹏. 百度学术用户体验信息内容研究[J]. 情报杂志, 2020, 39(2): 134-139+168.

[38] 张立伟. SNS 平台学术文献交流特征及影响因素分析[D]. 辽宁: 大连理工大学, 2019.

[39] 徐丽芳, 刘通菡. 学术内容分享与出版转型: 2015 海外科技期刊出版动态研究[J]. 科技与出版, 2016(2): 9-13.

[40] 沈丹, 张福颖. 学术期刊与学术社交平台的融合发展——以学术传播产业链优化整合为视角[J]. 科技与出版, 2018(5): 6.

[41] 许志敏. 提高我国学术社交网络的国际传播能力——基于 ResearchGate 与"科研之友"等的比较研究[J]. 科技与出版, 2018(7): 7.

[42] 人民网. 浙大新规: 优秀网络文化成果最高可认定国内权威学术期刊刊发[EB/OL]. (2017-09-16) [2017-09-18]. http://edu.people.com.cn/n1/2017/0916/c1006-29539740.html.

[43] 徐婷婷, 柴玥. 基于 6 种中外生科类期刊对比的新媒体化传播研究[J]. 中国科技期刊究, 2020, 31(2): 159-165.

[44] 穆刚. 人工智能视阈下学术期刊短视频传播的实践路径[J]. 传媒论坛, 2021, 4(24): 47-48.

[45] 魏佩芳, 包靖玲, 沈锡宾, 等. 国外顶级医学期刊的数字化及新媒体平台发展现状——以《柳叶刀》系列期刊为例[J]. 中国科技期刊研究, 2020, 31(2): 166-172.

[46] 周华清, 李来斌, 郑骋. 国际顶级科技期刊学术短视频运营模式分析及启示[J]. 中国科技期刊研究, 2022, 33(1): 76-83.

[47] 丛挺, 赵婷婷. 基于微信公众号的学术期刊移动化传播研究——以"Nature 自然科研"为例[J]. 科技与出版, 2019(7): 80-85.

[48] 腾讯. 腾讯公布二零二三年第三季业绩[EB/OL]. (2023-11-15) [2024-01-18]. https://static.www.tencent.com/uploads/2023/11/15/e2d2db9b5d85f9904e51082f5e69e7c7.pdf.

[49] 新浪财经. 垂直领域流量显增！微博三季度营收 32.07 亿元[EB/OL]. (2023-11-10) [2024-01-18]. https://baijiahao.baidu.com/s?id=1782077041713373382&wfr=spider&for=pc.

[50] 翁彦琴, 胡俊平, 肖玥, 等. 科技期刊视域下的创新成果公众传播[J]. 中国科技期刊研究, 2022, 33(3): 328-337.

[51] 科学新闻传播的风向标：EurekAlert 网站[EB/OL]. [2023-12-17]. http://www.360doc.com/content/20/0827/11/71281349_932451813.shtml.

[52] "2012, 第二届国际神经再生高峰论坛"启动项目: SCIENCE 新闻平台介绍[J]. 中国组织工程研究, 2012, 16(20): 3734.

[53] STM Global Brief 2021-Economics & Market Size[EB/OL]. [2024-03-17]. https://www.stm-assoc.org/2022_08_24_STM_White_Report_a4_v15.pdf.

[54] Clarivate 网站[EB/OL]. [2024-03-17]. https://www.clarivate.com/.

[55] Hirsch J E. An index to quantify an individual's scientific research output[J]. Proc Natl Acad Sci U S A, 2005, 102(46): 16569-16572.

[56] nature 网站[EB/OL]. [2024-03-17]. https://www.nature.com/nature-index/.

[57] Altmetric 网站[EB/OL]. [2024-03-17]. https://www.altmetric.com/.

[58] Segler M, Preuss M, Waller M. Planning chemical syntheses with deep neural networks and symbolic AI[J]. Nature, 2018, 555: 604-610.

[59] Coley C W, Thomas D A 3rd, Lummiss J A M, et al. A robotic platform for flow synthesis of organic compounds informed by AI planning[J]. Science, 2019, 365(6453): eaax1566.

[60] Burger B, Maffettone P M, Gusev V V, et al. A mobile robotic chemist[J]. Nature, 2020, 583: 237-241.

[61] 每日经济新闻. 最新！比尔·盖茨再谈 ChatGPT: 重要性不亚于互联网的发明, 将改变我们的世界[EB/OL]. (2023-02-11) [2024-03-17]. https://baijiahao.baidu.com/s?id=1757516621271845208&wfr=spider&for=pc.

[62] Ashish Vaswani, Noam Shazeer, Niki Parmar, et al. Attention is all you need[R]. In Proceedings of 31st International Conference on Neural Information Processing Systems, 2017, 1: 6000-6010.

[63] Hochreiter S, Schmidhuber J. Long short-term memory[J]. Neural Comput, 1997, 9: 1735-1780.

[64] 赵朝阳, 朱贵波, 王金桥. ChatGPT 给语言大模型带来的启示和多模态大模型新的发展思路[EB/OL]. (2023-03-24) [2024-03-18]. https://roll.sohu.com/a/658410831_121124569.

[65] Wang H, Fu T, Du Y, et al. Scientific discovery in the age of artificial intelligence[J]. Nature, 2023, 620: 47-60.

[66] 北京市科学技术委员会, 中关村科技园区管理委员会. 北京市人工智能行业大模型创新应用白皮书（2023 年）[M]. 2023.

[67] Liang W, Zhang Y, Cao H, et al. Can large language models provide useful feedback on research papers? A large-scale empirical analysis[J]. ArXiv, 2023, abs/2310.01783.

[68] Morgan Stanley. Morgan Stanley Wealth Management Announces Key Milestone in Innovation Journey with OpenAI[EB/OL]. (2023-05-14) [2024-03-18]. https://www.morganstanley.com/press-releases/key-milestone-in-innovation-journey-with-openai.

[69] LexisNexis. LexisNexis Announces Launch of Lexis+ AI Commercial Preview in the UK and Canada, Most Comprehensive Global Legal Generative AI Solution[EB/OL]. (2024-01-11) [2024-03-18]. https://www.lexisnexis.com/community/pressroom/b/news/posts/lexisnexis-announces-launch-of-lexis-ai-commercial-preview-in-the-uk-and-canada-most-comprehensive-global-legal-generative-ai-solution.

[70] DENTONS. Dentons to launch client secure version of ChatGPT[EB/OL]. (2023-08-01) [2024-03-18]. https://www.dentons.com/en/about-dentons/news-events-and-awards/news/2023/august/dentons-to-launch-client-secure-version-of-chatgpt.

[71] Lewis P, Perez E, Piktus A, et al. Retrieval-Augmented Generation for Knowledge-Intensive NLP Tasks[J]. ArXiv, 2020, abs/2005.11401.

[72] Nvidia. What Is Retrieval-Augmented Generation, aka RAG?[EB/OL]. (2023-11-15) [2024-03-18]. https://blogs.nvidia.com/blog/what-is-retrieval-augmented-generation/.

[73] IBM. What is retrieval-augmented generation?[EB/OL]. (2023-08-22) [2024-03-18]. https://research.ibm.com/blog/retrieval-augmented-generation-RAG.

[74] Elsevier. Elsevier takes Scopus to the next level with generative AI[EB/OL]. (2023-08-01) [2024-03-18]. https://www.elsevier.com/en-gb/about/press-releases/elsevier-takes-scopus-to-the-next-level-with-generative-ai.

[75] 杨金龙, 江俊. 拥抱科研新范式——人工智能带来的科研革命[J]. 科学与社会, 2023, 13(03): 11-22.

[76] 吴文峻, 马宇晴, 高雅君, 等. 人工智能驱动科学研究新范式综述——模型、应用与案例[J]. 人工智能, 2023(3): 1-17.

[77] 王飞跃, 缪青海. 人工智能驱动的科学研究新范式: 从 AI4S 到智能科学[J]. 中国科学院院刊, 2023, 38(4): 536-540.

[78] 李鑫, 于汉超. 人工智能驱动的生命科学研究新范式[J]. 中国科学院院刊, 2024, 39(1): 50-58.

[79] 郭华东, 陈和生, 闫冬梅, 等. 加强开放数据基础设施建设, 推动开放科学发展[J]. 中国科学院院刊, 2023, 38(6): 806-817.

[80] 姜璐璐, 张泽钰, 李宗闻, 等. 全球科学数据仓储平台的建设实践现状与展望[J]. 中国科学数据(中英文网络版), 2023, 8(1): 175-195.

[81] Boiko D A, MacKnight R, Kline B, et al. Autonomous chemical research with large language models[J]. Nature, 2023, 624: 570-578.

[82] Springer Nature. Springer Nature publishing and editorial policies [EB/OL]. [2024-03-17]. https://www.springernature.com/gp/policies.

[83] Elsevier. The use of generative AI and AI-assisted technologies in writing for Elsevier[EB/OL]. (2023-08-18) [2024-03-18]. https://www.elsevier.com/en-gb/about/policies-and-standards/the-use-of-generative-ai-and-ai-assisted-technologies-in-writing-for-elsevier.

[84] Liu R, Shah N B. ReviewerGPT? An Exploratory Study on Using Large Language Models for Paper Reviewing[J]. ArXiv, 2023, abs/2306.00622.

[85] Bockting C L, van Dis E A M, van Rooij R, et al. Living guidelines for generative AI - why scientists must oversee its use[J]. Nature, 2023, 622(7984): 693-696.

[86] nature portfolio. Artificial Intelligence (AI) [EB/OL]. [2024-03-18]. https://www.nature.com/nature-portfolio/editorial-policies/ai.

[87] NEJM AI. NEJM AI Editorial Office & Editorial Policies[EB/OL]. [2024-03-18]. https://ai.nejm.org/about/editorial-policies.

[88] 深圳特区报. 人工智能技术对科研诚信建设提出新挑战[EB/OL]. (2023-7-25) [2024-03-18]. http://www.cecc.org.cn/m/202307/572026.html.

[89] 科研与诚信. 学术出版中 AIGC 使用边界指南 [EB/OL]. (2023-10-13) [2024-03-18]. https://cx.wanfangdata.com.cn/cnris/zmt/20231013/897510198023815168.html.

[90] 汪淼. 用 AI 对抗 AI 代写论文, 知网推出"AIGC 检测服务系统"[EB/OL]. (2023-09-13) [2024-03-18]. https://www.ithome.com/0/718/925.htm.

[91] 李泽南. 抵制 Nature 机器智能期刊, 维护学界开放: 百名学者签署联合声明[EB/OL]. (2018-04-29) [2024-03-18]. https://www.jiqizhixin.com/articles/statement-on-nature-machine-intelligence.

[92] HAI. Artificial Intelligence Index Report 2023[EB/OL]. [2024-03-18]. https://aiindex.stanford.edu/report/.

[93] 董文杰, 李苑. 人工智能在科技期刊中的应用及启示[J]. 中国科技期刊研究, 2023, 34(11): 1399-1408.

[94] 王露. 人工智能在科技期刊编辑工作中的应用研究[J]. 中国传媒科技, 2023(6): 95-98+153.

[95] 沈锡宾, 王立磊, 刘红霞. 人工智能生成内容时代学术期刊出版的机遇与挑战[J]. 数字出版研究, 2023, 2(2): 27-33.

[96] 张济明, 吴领叶, 丁译. 机遇与挑战并存: ChatGPT 对期刊出版的影响的几点思考[J]. 传播与版权, 2023(24): 12-15.

第三章 国内外科技期刊国际传播典型案例对比分析[①]

  本章采用文献资料收集、实地访谈等方式，选取了15个在国际出版传播、国际作者与读者服务、国际社交媒体建设等方面表现突出的国内外科技期刊及科技期刊集群作为国际传播典型案例进行深入剖析，案例的选取考虑了期刊不同运营主体和模式、不同语种以及国内外出版机构之间的对比性，具有一定的代表性。其中，国际科技期刊案例3种：*eLife*（生物医学领域网络期刊）、PNAS（综合类顶级期刊）、*Le Nouveau Praticien Vétérinaire*（法语兽医学期刊）；国内科技期刊案例3种：*Light: Science & Applications*（科研院所办刊）、*Horticulture Research*（高校办刊）、《中国中药杂志》（学协会办刊）；国际科技期刊集群案例4家：德古意特出版社（Walter De Gruyter，商业出版社）、英国医学杂志出版集团（BMJ Group，顶级期刊及其系列集群）、牛津大学出版社（Oxford University Press，大学出版社期刊集群）、英国工程技术学会期刊（IET，学协会期刊群）；国内科技期刊集群案例5家：《中华医学杂志》社有限责任公司（以下简称中华医学会杂志社）、《中国科学》杂志社有限责任公司（以下简称中国科学杂志社）、清华大学出版社期刊中心、高等教育出版社期刊中心、中国激光杂志社Researching平台。

  第一节介绍3种国际科技期刊的传播实践情况，概括为以下几点。①建设期刊数字化平台，开辟多元传播渠道。3种期刊都有稳定、高效运行的网站和平台，为每一篇文章及需要的学术元素分配DOI号，进行XML

[①] 第三章执笔：张铁明、刘丽英、丁佐奇、栾嘉、张广萌。

结构化解析，以 HTML、PDF 等多种模式出版传播，做好传播的底层支撑。在此基础上，进一步拓展传播渠道，eLife 每篇文章都有一个文摘来解释这项成果及其研究背景，PNAS 在主流媒体、美国国家科学院官网、EurekAlert!、播客等各种渠道对期刊最新研究成果进行传播，Le Nouveau Praticien Vétérinaire 积极在国际会议上传播推广期刊等。②实行开放获取出版，增强内容可及性。eLife 是完全开放获取期刊，它引入了 eLife assessment 新模式，即所有经过同行评审的论文都在网站上发布为"已评审预印本"，解决了传统评审模式出版周期长、评审透明度低、学术传播交流速度慢等问题；PNAS 所有论文在发表 6 个月后开放获取。③优化审稿流程，实现快速出版高效传播。eLife 由审稿编辑和推荐人线上磋商快速决定审稿结果，论文通过后会迅速处理；PNAS 从月刊到周刊，不断缩短出版周期；Le Nouveau Praticien Vétérinaire 让内容及时快速出版，保证发表时效性。④组建高质量办刊团队，提升期刊传播的学术声誉。eLife 的高级编辑团队都是相关领域的知名学者，PNAS 采用科学家办刊模式保证期刊质量以增强传播影响力。

第二节介绍国内 Light: Science & Applications（以下简称 Light）、Horticulture Research 和《中国中药杂志》3 种期刊国际化传播的内容与形式。第一，精选高质量传播内容，推动成果高效传播。例如，Light 针对我国崔铁军院士用数字编码表征超材料研究在国际顶级期刊发表受阻，为该成果提供了快速发表通道并进行持续重点国际传播报道，引发巨大关注并被国际顶刊跟踪报道。第二，打造传播平台，加速成果传播。一是依托国际会议，树立期刊品牌，提高期刊国际传播力，如 Horticulture Research "国际园艺研究大会"、Light 打造的国际权威 Light Conferences 品牌；二是搭建期刊网络传播平台，"Light 在线"网络直播品牌受众及总观看次数可观，《中国中药杂志》利用"跨平台推送文章"服务对论文进行国外精准推送；三是创新微信公众号等新媒体传播渠道，"中国光学"微信公众号每年发表内容 500 余篇，粉丝超过 10 万人，篇均阅读超

3000 人；四是依托学术社区，构建学者交流服务平台，*Horticulture Research* 微信公众号粉丝破 5 万人，微信作者交流群总数超过 50 个，成员超 2.1 万人，其 X（Twitter）账号拥有关注者超 2200 人，发布推文 1600 余条，Facebook 主页关注人数达 3800 多人（数据统计时点为 2023 年 12 月）；五是加强与媒体合作，对外传播中国声音，*Light* 与《中国科学报》、《人民日报》、《科技日报》、新华社以及 EurekAlert！等国内外媒介合作传播科研成果、讲好中国故事；六是设立海外办公室，拓展期刊国际传播力，如 *Light* 通过海外办公室聚焦组织专刊与顶尖稿源、开展国际学术会议与学术交流活动、打开吸引国际人才的窗口、开拓创新国际合作机制、帮助运营 Twitter/Facebook/Instagram 等国际社交媒体，传播 *Light* 国际影响力、传播主办单位吸纳顶尖人才的触角、传播创新合作机制。第三，中文刊加强与国内外机构合作，开展多种模式国际化传播。《中国中药杂志》实施中英文双语出版，对入选 F5000 的论文进行国际化传播，加入 MEDLINE、Scopus 等国际一流数据库，扩大国际影响力。

第三节介绍德古意特、BMJ、牛津大学出版社、IET 期刊 4 家国际出版机构的国际传播策略。它们均在全球设立分支机构、开展学术活动，不断开拓国际市场；提供语言润色、编辑出版以及知识信息服务等多元产品和服务；依托各自的机构资源实现规模化发展并形成品牌效应；积极推进开放获取政策；灵活运用多种社交媒体，使各自出版集群平台上的内容得以广泛而深入地传播并强化品牌效应。它们的传播模式虽然大同小异，但传播的实践做法各具特色，各有侧重。例如，IET 的行业会议及 Inspec 数据库、牛津大学出版社 Oxford Academic 学术研究平台及盈利反哺学术界模式、BMJ 的临床证据数据库和最佳临床实践、德古意特的"订阅-开放"（subscribe to open，S2O）模式等。

第四节介绍国内 5 家典型科技期刊集群的国际传播情况。一是找准定位，以刊群整体目标导向打造国际传播阵营。5 家刊群都根据内部中文、英文期刊在学科领域的目标定位，有各自清晰的国际传播方略。二是造船出海，以自主出版平台建设推动国际传播发展。中华医学会杂志社打造了 MedNexus 平台，清华大学出版社期刊中心建设了 SciOpen 平台，中国科学杂志社有 SciEngine 平台支撑，高等教育出版社期刊中心有 Frontiers Journals 平台，中国激光杂志社研发了 Researching 平台，这 5 家平台都是从生产到出版传播的全流程平台。三是聚集资源，以多元渠道协同运作提升国际传播效能，如进入 SCIE、Dimensions、Scopus、MEDLINE 等国际重要数据库，与 TrendMD、Kudos、EurekAlert!、Clarivate、Digital Commons、科学网、AMiner、Twitter、Facebook、ResearchGate 等第三方平台进行国际传播合作，进行论文邮件精准推送等。四是探索创新，以企业管理机制推陈奠定国际传播根基。5 家刊群内部都有专门的传播推广部门和人员，通过细化分工实现专业化，提升传播效率。

第五节对国内外科技期刊国际传播特征进行了对比分析。在构建全球化、立体化、多元化传播网络方面，国际出版机构积极拓展全球市场，构建线下全球传播格局，通过技术赋能，打造线上多元化传播矩阵；国内出版机构尝试探索建立海外分支机构，通过自建国际化出版传播平台，从"借船出海"向"造船出海"发展，多渠道开展协同，提升国际传播效能。在精准市场宣传方面，国际出版机构依托第三方平台精准推送，通过学术会议实现编者、作者、读者多向交流、推广；国内出版机构同样建设英文网站，依托第三方平台精准推送，借助国际编委、审稿人、作者等办刊力量扩大传播。在内容新闻化和科普化传播方面，国际出版机构普遍重视且机制成熟，国内出版机构也有少量的探索实践，但形式与效果还有差距。在国际传播人才建设方面，国际出版机构有专业的传播团队，分工明确；国内出版机构则需要加强传播及新媒体人才队伍建设。

学术出版的基本职能之一就是传播科技成果。当前，开放科学新范式、网络数字化与媒体融合的新业态使学术内容快速、有效传播成为学术出版行业的重要关注点，科研成果的传播广度与深度也成为体现研究影响力的主要指标点之一。在科技文献国际传播过程中，出版平台或期刊的品牌、传播内容的质量、传播的媒介与方式、运营理念与传播效率、传播的语言、被重要的检索数据库收录、传播团队等多种因素综合协同，共同决定了传播的效果。因此，国内外期刊出版单位都高度重视宣传推广工作，在品牌价值塑造上不遗余力，在内容的国际化传播上深化布局、各显神通，目的就是通过提高国际显示度来进一步彰显学术凝聚力和影响力。本章选取部分国际、国内的期刊出版集群平台以及单刊作为典型案例进行深入挖掘，通过提炼和对比分析，剖析它们在国际传播上的有效做法与经验，为我国科技期刊的国际传播提供借鉴与参考。

第一节　国际期刊传播典型案例

本节对国际科技期刊的个刊传播情况进行介绍，选择 *eLife*（生物医学领域网络期刊）、PNAS（综合类顶级期刊）、*Le Nouveau Praticien Vétérinaire*（法语兽医学期刊）作为案例，对他们所采取的国际化传播策略进行归纳分析。整体来看，科技期刊国际传播过程中质量是关键、方式是重点、语言是基础。高质量的文章本身可以吸引关注度，极大助力期刊的国际传播。在此基础上，可以采取一系列措施辅助推进国际传播进程：有国际影响力的编委团队可以利用自身资源为期刊吸引高质量稿件，也可以增强同行学者对于期刊的认可度，积极运用出版领域新技术，紧跟国际学术出版大趋势，如数字化出版、OA 出版，整合并充分利用传统媒体、新媒体、机构资源，都将极大推进期刊的国际化传播进程。非英语科技期刊的国际化传播相对更加困难，既要突出自身特色差异化发展，又要面向国际宣传推广发表的成果，需要更多的探索和创新。

一、建设数字化平台，开辟多元化传播渠道

科技期刊的本质是信息交流，在质量确定的条件下，国与国之间、期刊与期刊之间的竞争主要是传播力与影响力的竞争。近几百年的学术交流系统中，宣传和传

播学术作品一直是出版商核心功能[1]。从案例期刊来看，所选的3种期刊均采取各式各样的措施对自身内容进行宣传推广，其中就包括传播渠道的扩展以及传播形式和内容的更新。

eLife 以 HTML 和 PDF 两种格式出版，每篇文章都有一篇 *eLife* 文摘，向普通读者解释这项工作及其背景，部分文章还附有一篇由该领域专家（有时是审稿编辑或其中一位审稿人）撰写的 Insight 文章，以提高传播效果。在研究文章的 PDF 版本中，采用了单栏格式，这种格式使文章更易于在屏幕上阅读，尤其是在便携式设备上。文章中的每个元素（包括摘要、图片、表格等）都有自己的数字对象标识符（DOI），这样就可以直接引用（或链接）这些元素，并帮助读者搜索文章中的特定信息。如果作者同意，HTML 版本还可以附带最初的稿件决定信和作者对决定信的回复，让传播的内容更全面、公开、透明。

PNAS 开辟各种渠道对期刊最新研究成果进行传播，除了期刊自身设立专栏外（如 Front Matter、News），其他新闻媒体也会为 PNAS 设立专栏，《纽约时报》《洛杉矶时报》《今日美国》等西方主流媒体设有"PNAS in the News"专栏。此外，美国国家科学院官方网站中同样为 PNAS 设立专门频道。PNAS 的媒体推广策略侧重已有媒体的利用和贴合科学家的内容开发，它鼓励记者播报其成果，聘用专门的新闻人员辅助作者在所在单位或数据库、预印本平台等渠道发布研究成果，在 EurekAlert! 设立专属频道预报新闻和发布成果。PNAS 的播客（Podcasts）栏目是面向公众传播的典型栏目，在选题和内容上与科学发展息息相关，贴近民众，完成了科学成果向科学新闻的转化，发挥了科技期刊的科普作用。读者通过该栏目可以了解 PNAS 上发表论文的幕后工作故事，以及关于影响周围世界的科学新闻。相关内容可以通过期刊官方网站、iTunes 等多个渠道获取[2]。PNAS 鼓励媒体与作者自由讨论，期刊新闻办公室为媒体与作者提供政策支持。除了充分使用社交媒体传播外，PNAS 还开展多项文章推广活动：每年都会遴选出 10 篇对公众理解和探索科学产生巨大影响的文章，还会组织特刊发表每年精选文章；每年发表在 PNAS 上的 6 篇优秀文章会被颁发著名的 Cozzarelli Prize。其他还包括期刊"Front Matter"栏目深入探讨科学故事；"News Features"深入报道研究趋势，观点文章推动科学和科学政策话题的讨论；"Inner Workings"探讨最前沿的方法。

Le Nouveau Praticien Vétérinaire 是一本非英文期刊，一方面它努力保持法语的语言特性，另一方面也与国际学术标准接轨。非英文期刊如果能被国际数据库收录，也将极大提升期刊自身的传播力和影响力。因此，期刊在纸质版和电子版中引入文章的英文标题、摘要和关键词，使文章更容易在谷歌学术、Yandex 或百度等搜索引擎中被发现。除此之外，该刊还提供翻译服务，鼓励国际作者以英文形式投稿，编辑部负责将稿件翻译为法文发表。对于读者来说，依靠人工智能在专业领域的高效翻译，世界上任何人都能便捷地将法语翻译成其他语言，这也将对期刊的国际传播产生积极意义。该刊还经历了数字化出版转型，过去很长时间，该刊仅以纸质印刷方式出版，印刷后投递到读者的信箱，作者以法国人为主。为跟上网络数字出版的新业态，提高期刊的知名度，该刊改变了传播策略，为刊物建立专门的网站，同时为每篇文章分配 DOI，方便读者在网站上直接阅读其出版的文章，提升传播使用的便捷性。此外，期刊还与欧洲及其他地区的同行期刊建立伙伴关系，拓宽传播渠道；与其他法语出版物合作，建立一个替代纯英语出版物的平台；在欧洲的一些国际会议上传播推荐期刊发表的成果，宣传法国兽医在各个领域的卓越成就，为世界各地的兽医学研究与实践提供参考。

二、开放获取（OA）出版助力传播，增强内容可及性

在全球范围内，开放科学是当前的发展方向，科技期刊从传统出版走向开放出版，是大势所趋。OA 出版有利于提高期刊的可见度，使得期刊内容得到更广泛的传播。全方位开放是 *eLife* 的主要特点之一。目前，*eLife* 在积极探索新的出版模式，在新模式下 *eLife* 只提供对稿件的同行评审，所有经过同行评审的论文都将在 *eLife* 网站上发布为"已评审预印本"，并附有 *eLife* 评估和公众评论，作者还可以对评估和公众评论进行回应；这一阶段过后，论文无论是修改或重新提交，还是将其作为最终版本，完全由作者决定。这一模式被官方取名为 *eLife* assessment[2]。*eLife* assessment 颠覆了传统的论文评审制度，先发表再评审且透明化评审过程的模式在一定程度上解决了传统评审模式存在的出版周期长、评审透明度低、学术传播交流

速度慢等问题。开放评审的模式实现了对论文质量的及时评价，而且这个过程可交互持续进行[3]。该出版模式为论文质量评估、期刊评价乃至学术评价提供了全新的思路和方法，也推动其内容在更深、更广的维度进行传播。在 PNAS、*Nature*、*Science* 三种世界顶级期刊中，PNAS 是唯一的开放获取期刊，其所有论文在发表 6 个月后开放获取[3]，这对 PNAS 内容的更好传播无疑提供了巨大助力。

三、优化审稿流程，快速出版高效传播

提升审稿、出版和传播效率对于期刊的国际推广有着积极的推动作用。*eLife* 由编委会的一名成员担任审稿编辑，并另外选择一至两名推荐人，审稿编辑和推荐人进行线上磋商，快速决定审稿结果[4-5]，通过简化审稿流程，让科学家参与到审稿和编辑流程的各个环节，尽可能缩短做出最终决定所需的时间。论文一旦被接受，就会被迅速处理，并以 HTML 和 PDF 两种格式出版。PNAS 出版前沿研究报告、述评、综述、前瞻、学术讨论会论文等。该刊覆盖生物学、物理学、数学和社会科学。其载文量随时间推移不断增加，同时刊期不断缩短。1982 年从月刊变为半月刊，1995 年改为双周刊，2004 年后改为周刊。PNAS 接受直接投稿和院士署名投稿两种方式的稿件，其中直接投稿的比例占 75%。不同于 *Nature* 和 *Science*，其发表的论文以学术类为主，研究论文和综述数量占到总数的 90% 以上[6]。2021 年 PNAS 的发文量为 4148 篇，分别是 *Nature* 和 *Science* 2021 年总发文量的 1.40 倍和 1.59 倍[3]。最初 PNAS 作为美国国家科学院院刊，美国国家科学院院士每年可推荐有配额限制的稿件，为鼓励自由来稿，增加出版吸引力，后续这种推荐投稿模式被取消，减少了学者对期刊质量的质疑[7]。

四、组建高质量办刊团队，提升期刊传播过程的学术声誉

期刊发展需要专业化团队来引领和助推，其中办刊团队的整体学术声誉和影响力会赋予期刊较高的学术声誉。

eLife 的创刊主编是诺贝尔奖得主 Randy Schekman，此外期刊拥有一支 20 人的高

级编辑团队，以及分布于各个学科领域的 199 位审稿编辑团队。这些编辑都是生命科学和生物医学领域的知名学者，包括国际杰出的专家教授、学科带头人和院士等。

PNAS 采用科学家办刊模式，强调保证期刊质量以增强传播力和影响力，其编委会均为美国国家科学院院士，学科覆盖面广。PNAS 在提高期刊学术影响力方面通过关注热点话题，开展多种方式的组稿、约稿，争取高影响力稿件，并努力维护和维持其编委会成员制定的严格审稿标准，确保期刊高学术水平。此外，PNAS 还设立客座编辑，客座编辑是非美国国家科学院的活跃科学家，是相关领域的专家。客座编辑负责管理新兴和跨学科领域的同行评审流程，以弥补 PNAS 成员对这些领域认知不足的缺陷。在编委会的监督下，客座编辑可以决定成果是否适合 PNAS。美国国家科学院外籍院士也参与到编委工作中，纳入不同学科领域、不同地域的顶尖科学家为 PNAS 服务，这为其国际传播提供了广泛助力。PNAS 没有借助商业出版社或学协会出版机构合作的平台出版传播，反而是单刊运行模式、独立运营，其高效的出版传播依赖于其强大的品牌效应和全面的传播策略。

第二节　国内个刊国际传播典型案例

基于国外科技期刊的发展经验，从办刊规模、特点以及传播者指数等多方面择优而定，本节精选了 3 个国内的英文期刊——*Light: Science & Applications*（以下简称 *Light*）、*Horticulture Research* 以及中文期刊《中国中药杂志》作为典型的国内个刊案例。其中，卓越计划领军期刊 *Light* 是由中国科学院长春光学精密机械与物理研究所和中国光学学会主办的英文开放获取期刊，旨在报道光学领域在理论、工程与应用方面的重大突破成果。创刊以来，连续 9 年影响因子位于 SCIE 光学期刊榜前三位，2022 年最新影响因子为 19.4；获得第五届中国出版政府奖期刊奖，两次获得中国百强报刊，入选"砥砺奋进的五年"大型成就展、"庆祝中华人民共和国成立 70 周年精品期刊展"，是联合国"国际光日"金牌合作方。*Horticulture Research* 是教育部主管、南京农业大学主办的英文学术期刊，主要刊载园艺作物的基础和理论研究。2014 年创刊，2017 年被 SCIE 数据库收录，2018 年入选中国科技期刊国际影响力提升计划 D 类项目，2019 年入选中国科技期刊卓越行动计划领军类期刊项目。科睿唯安 2022 年 JCR 报告显示其影响因子为 8.7，已连续 4 年蝉联园艺学领域世界第一。作为中文期刊，《中国中药杂志》具有较高的国际影响力指标，始终保持在中国最具国际影响力学术期刊 TOP5%行列，在 2022 年发布的国际影响力指数（CI 值）排名 TOP 5%的 175 种科技类学术期刊中总排名第 112 位，在中文期刊中排名第 8 位。据中国知网统计，在全球 240 本"药理学"期刊中，WJCI 指数排名第 36 位，进入 Q1 区；在全球 46 本"中医学与中药学、结合与补充医学"期刊中，WJCI 指数排名第 2 位，中国期刊首位。据 2023 年版《中国学术期刊国际引证年报》：2022 年国际他引总被引频次为 6414 次，国际他引影响因子为 0.808，国际影响力指数 CI 为 145.402。Scopus 数据库 2022 CiteScore 值为 1.3。

本节聚焦传播的内容、渠道、受众和效果等，对典型案例的国际传播进行深入分析。其中，Light 为实现重大突破成果的快速传播，将"发掘我国原始创新成果、助力其抢占首发权并持续传播"作为工作重点，积极打造国际学术传播平台，使得"期刊-人才-研究成果"相映生辉；同时，积极引领科学传播普及，更好地激发青年人才活力，并将对外表达中国声音、讲好中国科学故事作为国际传播的重点，提升了期刊国际传播力和影响力。Horticulture Research 依托学术社区，充分利用海外媒体平台，搭建起了学者交流服务的桥梁；将举办国际会议作为树立期刊品牌、扩大期刊国际影响力的重要举措，既宣传推广了期刊，也通过品牌的打造强化了高质量稿件的约稿。《中国中药杂志》作为一本中文期刊，充分依托我国中医药优势特色学科优势，加强与国内外多家机构合作，开展了多种模式的国际化推广传播，实现了期刊学术影响力和传播力的提升。

一、精选传播内容，推动成果传播

对发表内容的深耕为国际传播提供了良好的传播基础。例如，Light 慧眼发掘我国原始创新，多管齐下推动成果传播。Light 长期将"发掘我国原始创新成果、助力其抢占首发权并持续传播"作为工作重点，响应习近平总书记"把论文写在祖国大地上"的号召。通过"编委、编辑跟进我国重要科研团队""为我国重要科研工作开通快速处理通道""绿色发表、持续传播及强力推广"等创新措施，为我国原始创新内容占领国际高地作出了重要贡献。例如，我国科学家、中国科学院院士、东南大学崔铁军教授用数字编码表征超材料，由于这一崭新的表征方式打破了超材料固有概念，成果在国际顶级期刊发表受阻。Light 独具慧眼，关注到这一工作对于突破传统等效媒质超材料的局限性、连通物理世界-数字世界-人工智能的可能性，为这一工作的发表提供了快速通道，引发了巨大的国际关注[8]。Light 随后持续跟进，进行深度采访，力荐科技媒体报道，选拔该论文为期刊年度优秀论文，推荐该文至中国科协的优秀论文遴选；随后连续选题刊发该工作的后续报道 10 余篇，发布 Light 创刊后该方向的首个专题。由于研究创新性与有力的国际化传播，该文章发表 3 年后产生了爆发式的影响力并持续至今，总被引超过 2300 次（谷歌学术，2023 年 12 月），成为崔铁军院士迄今学术生涯最高引的成果，也是近 10 年来 SCIE 收录的 46 万余篇原创光学论文中被引的 Top10，引发了国际顶刊的跟踪报道。此外，Light 还为清华大学戴琼海院士和杰青教授方璐、香港大学讲席教授张霜等我国顶尖学者的原创工作开辟绿色发表通道，通过新闻报道、封面聚焦和专题报告等形式持续推广他们的研究工作。Light 长期坚持"发掘中国原始创新内容"的策略，坚信真正的期刊国际化应具备高屋建瓴的学术视野、发掘国内外最顶尖的研究成果，通过期刊的平台影响力建设与多元化创新宣传手段，助力成果的国际传播，使顶尖成果与期刊相互成就。

二、打造传播矩阵，加速成果传播

（一）依托国际会议，树立期刊品牌，提高期刊国际传播力

Horticulture Research 利用每年举办的会议品牌——国际园艺研究大会，宣传推广期刊。国际园艺研究大会自 2014 年以来每年举办，至 2023 年已在中国、美国、英国、意大利等地成功举办了 9 届。通过会议，促使期刊进一步被海外举办地和共同主办单位相关科研人员所了解熟悉。同时，带领来自全球各地的参会者在园艺领

域内知名学府或科研机构访问，了解当地产业，从而收获了来自全球科研人员对期刊的关注，树立起了良好的期刊品牌形象，展示出强大的期刊实力和学术引领传播能力。会议期间，主编还会与参会的业内知名学者当面进行学术探讨，掌握其最新研究方向，进行高质量稿件的约稿，提高高水平专家接受约稿的概率。

Light 则通过 13 年的努力，打造了国际权威的 Light Conferences 品牌，目前已举办了 12 届，吸引了来自中、美、英、德、法、澳、意、日、新、韩、俄等 33 个国家的近 6000 名参会者，被列入联合国教科文组织"国际光日"的聚焦会议以及中国科协的《重要学术会议指南（2023）》。通过邀请国际顶尖科学家担任大会报告人、遴选中青年科学家担任分会报告人等方式提高国际会议的学术影响力，并在此基础上持续创新，通过举办全国光学与光学工程博士生学术联赛总决赛、"Seed of Light Scholarship"星光奖学金计划、光华之星、顶刊编委会、王大珩光学奖颁奖典礼、中国光学十大社会影响力事件颁奖典礼等光学盛事，让行业权威协会、顶级科学家、中青年科学家、产业翘楚、优秀博士及本科生等学术圈层与 *Light* 刊群深度融合。进一步地，借助 *Light* 建立的高影响力国际学术传播平台，接洽主办方中国科学院长春光学精密机械与物理研究所和牛津大学、罗彻斯特大学、柏林工业大学等达成合作，建立了多个中外联合实验室，实现由人才-期刊合作到实质科研合作的飞跃式提升。

（二）搭建网络传播平台，提升期刊传播力

Light 在网络直播方面创新探索，创建了"Light 在线"网络直播品牌，举办多场线上学术直播活动，邀请了来自麻省理工学院、杜克大学、以色列理工学院、清华大学、北京大学等一流机构的顶级科学家进行线上报告，截至 2023 年观看人次总计超过 100 万，进一步提升了 *Light* 国际学术传播平台的影响力。

为进一步促进 *Light* 在青年学者中的传播与公信力，*Light* 先后设立"Light 青年科学家奖""Light 全球未来之星奖"等，在世界范围内产生了广泛影响；2020 年起，*Light* 将"Light 全球未来之星奖"的评选搬到线上，以网络直播结合虚拟现实的方式向全球推出，至 2023 年累计观看人次也已超过 80 万。自 2021 年起，*Light*

联合国际顶尖学术传播平台 iCANX 发起了全国光学与光学工程博士生学术联赛,已连续举办了 3 届,吸引了 2000 余名光学博士生报名,至 2023 年累计观看人次近 100 万,赛事已被多所"双一流"高校列为国家级赛事。

(三)创新微信科普内容创作,拓展内容传播方式

通过微信公众号加强科普内容的创作和推送,可以进一步拓展期刊传播力和影响力。例如,"中国光学"微信公众号,长期对光学知识、顶级期刊内容和产业科技进展进行图文科普解读,每年发表内容 500 余篇,原创内容 300 余篇,2023 年"中国光学"微信公众号已有粉丝 10 万+人,文章篇均阅读超 3000 人,公众号多次获评学术公众号"年度中国期刊公众号",已跻身光机电领域新媒体的头部品牌。"中国光学"微信公众号创新不断,持续打造"Light 人物"访谈、"Light10"评选、"Light 科普坊"等特色活动。其中,"Light 人物"邀请了诺奖级顶尖科学家进行系列访谈,对基础知识与关键科学问题进行解读和展望,引导和传播科学研究。而"Light10"中国光学十大社会影响力事件评选活动通过与科学网等合作,评选年度最具社会影响力的中国光学事件,从发起至 2023 年,4 年评选活动总阅读人数 50 万+,对科学传播普及具有重要影响力。值得一提的是,第三届"Light10"评选活动的提名奖获得者、中国科学院金属研究所孙东明研究员在第十四届全国人民代表大会第一次会议的"代表通道"采访活动中,提及其成果入选"Light10"评选,第二届"Light10"评选活动的获奖者、南京大学谭海仁教授在获此殊荣后,其引领的叠层钙钛矿创新研究及其组件量产成果受到了大量关注,2023 年谭海仁教授关于叠层钙钛矿组件量产的初创公司获得了数亿元 Pre-A 轮融资,体现了"Light10"的前瞻性与传播力度。"Light 科普坊"栏目多篇文章获得科普中国、环球科学、把科学带回家、中科院物理所等顶级科普公众号转发,2023 年全网阅读突破 60 万。同时,Light 还发起了"Seed of Light Scholarship"星光奖学金计划,助力普通家族第一代大学生成长发光,报考光学专业、投身光学事业。

(四)依托学术社区,构建学者交流服务平台

国内期刊利用已有的国内外主流社交媒体平台,如微信、X(Twitter)、Facebook

等,建立期刊账号,搭建期刊主导的学术社区,与期刊读者、作者、出版商、相关科研机构等产生各种互动,扩大了期刊刊发论文的显示度,提升了期刊的传播力。例如,《园艺研究》微信公众号2023年共计发布推文441篇,年阅读量超136万,推文平均阅读量超过3500次,微信常读比例23%,粉丝关注破5万。通过举办在线作者分享会、在线专刊发布会、在线小型学术研讨会、参加或主办大型学术会议等活动,2023年微信作者交流群新增4000多人,作者交流群总数超过50个,群内成员超2.1万人,相当于覆盖了近5年园艺领域SCI中国作者数量的52%。X账号目前拥有关注者超2200人,发布推文1600余条;Facebook主页关注人数达3800多人。账号主页发布期刊发表的论文信息、主办的各类活动和会议,同时转发各类读者可能感兴趣的内容,如高水平文章资讯、各类招聘招生信息、领域内重要学术会议信息等。期刊还注重优质论文的新闻宣传,与相关机构、作者沟通后,将英文论文转写为研究内容的英文新闻,并在EurekAlert!等海外新闻平台发布,有效提升期刊的曝光度。

《中国中药杂志》与川德爱迪(北京)信息技术有限公司合作,借助其"跨平台推送文章"服务,利用TrendMD技术和资源,对期刊论文(包括双语版本)进行国外精准推送,提升国际传播力和显示度。

(五)加强与媒体合作,对外传播中国声音

期刊与各类媒体加强合作,充分展现并讲好中国故事。例如,*Light* 通过《中国科学报》头版专题报道,《人民日报》、《半月谈》、《科技日报》、《传媒》、新华社、日本科技振兴机构网报道等,讲述 *Light* 如何汇聚中国力量,建设期刊中国梦;通过EurekAlert!、Phys.org、Nature Highlight、科学网、微信公众号等科技社交媒体对 *Light* 科研成果进行传播;通过邮件、大数据关联等手段对文章精准推送;参加了200多个展会和学术会议对 *Light* 及其学术成果进行报告、海报、展位宣传。

(六)设立海外办公室,拓展期刊国际传播力

国内期刊在设立海外办公室、拓展期刊国际传播力方面已经有所突破。例如,

Light 探索设立海外办公室，战略思路在于立足国际一流光学机构，深入科学家一线，以点带面，从而提升 *Light* 国际影响力，成为吸引国际人才的窗口，开拓创新国际合作的机制。海外办公室聚焦组织专刊与顶尖稿源、开展国际学术会议与学术交流活动、打开吸引国际人才的窗口、开拓创新国际合作机制、帮助运营 Twitter/Facebook/Instagram 等国际社交媒体的期刊账号，传播 *Light*，作为主办单位吸纳顶尖人才的触角，构建创新合作机制。

三、中文刊加强与国内外机构合作，开展多种模式国际化传播

中文刊充分利用学科优势，与国内外多家机构合作开展国际化传播实践。

（1）在提升国际传播能力方面与中国知网开展项目合作，重点实施中英文双语出版等模式。例如，《中国中药杂志》针对国外读者优选期刊的代表性论文，利用 CNKI 国际化传播平台和中国科协项目，面向全球推出中英文双语出版，并逐渐增加双语出版论文的数量。2015～2022 年，共有 1150 篇文章被翻译成英文并出版，已上线 1114 篇，至 2022 年底已浏览 2 万余次，下载 4000 余次。

（2）宣传期刊优秀学术成果，起到引领和示范的作用。中国科学技术信息研究所在中国精品科技期刊中遴选优秀学术论文，建设了"领跑者 5000——中国精品科技期刊顶尖学术论文平台（F5000）"，集中对外展示和交流我国的优秀学术论文。《中国中药杂志》自 2012 年起，每年评选出 22 篇优秀论文，丰富文章摘要、图、表等信息后，在 F5000 平台中展示；此外，近年来还积极参与中图科信和中国知网所承担的英文长摘要的推广项目。

（3）加入国际一流专业数据库，扩大国际影响力。《中国中药杂志》发表的文章都提供英文长摘要，方便国外读者能够更全面地掌握全文信息。截至 2023 年，期刊已被 MEDLINE、Scopus、美国生物学文摘（预评）（BP）、美国国际药学文摘（IPA）、日本科学技术振兴机构数据库（JST）等收录。

本节梳理分析了国内个刊国际传播的成功经验。总结起来其特点体现在：在内容上精选原创性内容成果，推动成果传播；在平台方面依托国际会议、搭建网络传播平台、创新微信公众号渠道传播、依托学术社区、加强与媒体合作、设立海外办

公室加速成果传播；中文刊则通过加强与国内外机构合作，开展了多种模式的国际化传播。

第三节　国际出版机构国际传播典型案例

本节通过文献调研法介绍 BMJ 集团、牛津大学出版社、IET 期刊、德古意特（De Gruyter）出版社 4 个有代表性的国际出版机构在国际传播中的做法[9~12]，以期为我国出版机构开展国际传播、提升国际影响力提供参照。整体来看，开拓海外市场是出版机构进行国际传播、提升国际影响的策略之一，出版机构在本土发展到一定规模后会选择向海外进一步扩张市场，BMJ 集团、牛津大学出版社、IET 期刊、德古意特出版社均陆续在全球各地投资建立海外分支机构，成为跨国出版机构。对于学术出版而言，通过整合全球范围内的优秀学术资源，增强国际传播的吸引力，增进学术交流，推动资源共享，更有利于促进学术出版和学科专业领域融合发展，实现学术出版社会效益和经济效益的双赢。国际出版机构还会提供多元产品与服务，学术出版往往只是其业务的一部分，其可能会基于自身大量学术资源对产品和服务进行延伸，从而形成多元化的产品，并结合地区特点提供特色服务，包括编辑服务、知识数据服务、培训教育和学术交流等，为其国际化传播战略加持。国际出版机构还会依托其资源规模化发展，形成品牌效应。出版机构在学术出版过程中往往离不开所依托的学术组织的支持，两者间相互协同发展。BMJ 集团属于英国医学会全资附属机构，牛津大学出版社背靠牛津大学，而 IET 期刊隶属的英国工程技术学会是工程技术领域全球领先的专业组织。这些出版机构旗下旗舰期刊和其他期刊形成集群，为其品牌化、国际化传播奠定基础。国际出版机构积极推进开放获取政策，充分利用社交媒体广泛传播。4 个出版机构均很早就采取一系列措施和政策支持开放获取，拓宽国际传播的范围；还通过使用社交媒体丰富传播手段，扩大传播影响力。例如，设立公众号，将有价值的研究成果通过推文发布；邀请专家讲解前沿成果，并通过多种形式呈现。

一、积极开拓海外市场，助力海外传播

开拓海外市场是出版机构提升其国际影响力的重要策略之一，它们在本土发展到一定规模后会选择向海外进一步扩张自己的市场，BMJ 集团、牛津大学出版社、IET 均陆续在全球各地投资建立海外分支机构，成为跨国经营实体。

BMJ 官网信息显示，进入 21 世纪，BMJ 在产品设计时越来越注重对全球各地临床工作者的适用性，公司的利润也主要来自英国以外的地区。BMJ 集团的编辑、销售和支持团队遍布数十个国家和地区，其在美国、印度以及中国都设立了商务和编辑中心。BMJ 还与海外学术机构、政府机构、院校、医院紧密合作，积极与当地业态环境相适应。以 BMJ 中国为例，其提供中文官网界面。进入 BMJ 期刊出版平台，可以看到汉化后的作者指南，还推出主编中国行栏目，介绍了 BMJ 旗下期刊主编来访中国展开的一系列活动。其在内容精选和新闻板块也会发布已发表的研究成果，并进行解读，有的还会转化为中文科技新闻。此外，还有中国专家栏目，介绍 BMJ 期刊中的中国编辑与编委以及发表在这些期刊的中国作者。BMJ 与世界诸多知名的医学机构和学协会合作出版期刊，不仅保障出版内容的学术权威性，也保证为学协会成员和全世界读者提供高品质服务。2023 年 6 月 28 日，科睿唯安发布了最新的 2023 年《期刊引证报告》，BMJ 与中国医学机构合作的期刊表现亮眼，在其他评价标准下也优势显著，影响力再攀新高。其与中华医学会还合作推出《英国医学杂志》中文版，2004~2014 年每年出版，自 2015 年起每年出版 12 期。

德古意特出版社是一家总部位于柏林的家族企业，在波士顿、巴塞尔、北京、慕尼黑、维也纳和华沙设立了办事机构。其与上海交通大学共同设立上海交通大学-德古意特出版社联合实验室（SJTU-De Gruyter Joint Lab）开放基金，旨在开放科学及相关出版领域中为科技管理人员、研究人员、公众和科学专业传播者提供学术发展平台和交流机会。

IET 自 2005 年开始在中国开展业务。IET 北京为外商独资企业，是英国 IET Services Ltd 的子公司，获准在中国从事学术、出版相关活动。在中国，IET 一直结合当前的热点话题组织工程技术领域的国际国内学术会议、技术研讨会等各种形式

的交流活动。除IET自己主办的各种会议活动以外，IET还积极支持高校、国内学协会、学术期刊出版单位举办的会议活动，通过IET的渠道进行宣传推广并合作出版会议论文集。目前已通过IET审核标准的会议论文集都进入了IET全文数据库（IDL）、文摘数据库Inspec，提交IEEE Xplore与EI Compendex检索。

牛津大学出版社同样在全球各地设立了众多分支机构，业务遍及50多个国家，在全球拥有数百万客户，其分支机构遍布在全球51个国家，在14个国家设有出版中心。这些分支机构基于当地读者和作者，结合当地文化特点，寻找优质的出版资源，同时实施差异化策略推销自身产品。在海外，牛津大学出版社还会与当地机构合作，共同开发图书版权。牛津大学出版社在开拓海外市场的同时，树立国际品牌，获得了更大的市场和更丰富的内容来源。尤其是对于学术出版而言，通过整合全球范围内的优秀学术资源，增进学术交流，推动资源共享，更有利于促进学术出版产业和学科专业领域发展，实现学术出版社会效益和经济效益的双赢[11]。

二、提供多元产品与服务，丰富传播内容

对于这些国际出版机构来说，学术出版往往只是其业务的一部分，它们掌握了大量的学术资源，基于自身学术资源对产品和服务不断进行延伸，从而形成多元化产品体系，并结合地区特点提供特色服务。

（一）编辑相关服务

这些国际出版机构都提供丰富的编辑服务。例如，不同国家间存在语言文化差异，出版机构往往会提供包括语言润色、翻译与编辑服务等在内的相关服务，这可以增加非英语母语国家学者的投稿积极性，也有利于内容传播。德古意特认为提供流畅的出版流程是吸引和留住作者的关键，其目标是提供用户友好且个性化的服务，在作者需要的地方提供支持。它会定期对作者进行调研，收集作者反馈的意见，倾听作者群体的声音，并制定满足作者需求的服务和倡议。

（二）知识数据服务

国际出版机构会整合自身学术资源、提供数字化服务，在提供知识服务的同时

扩大自身影响力。BMJ 集团在 1999 年创办 BMJ 临床证据数据库（BMJ Clinical Evidence）、2009 年发布 BMJ 最佳临床实践（BMJ Best Practice），BMJ 最佳临床实践和临床证据数据库一样都建立在系统性综述提供的信息之上，同时增加了最新的研究和指南，以提供简明的决策支持。2016 年 BMJ 最佳临床实践被评选为全球最佳临床决策支持系统之一。牛津大学出版社通过数字化的产品运营，如学术著作与期刊的数字化、在线数字出版平台、在线学术检索平台等，逐渐构建了一整套数字化学术出版产业链，并以此打开全球市场。Oxford Academic 是牛津大学出版社推出的学术研究平台，其上索引了超过 500 本学术期刊和超过 6000 种图书，还有多种媒体资源，这些资源被划分到了 1500 余种不同的主题当中。Oxford Academic 充分考虑了内容的可及性，包括那些有视觉、听力、认知或运动障碍的用户。随着时间推移，Oxford Academic 功能不断优化，2022 年 2 月更新的"获取访问权限"链接让使用者可以轻松确定是否拥有某篇文章或其他内容的全文访问权限，并提供身份验证、访问和购买体验；同年 5 月，在内容页面中添加了 Dimensions 平台指标可视化图，通过引用数据和 Altmetrics 提供更多有关研究影响力的信息。Oxford Scholarship Online（OSO）是牛津大学出版社研发的功能强大的数字图书馆，专门收录牛津大学出版社最优秀的学术专著图书，数量达到数万部，几乎涵盖了学术界各个学科领域。平台提供以章节为单位的 PDF 下载，供离线阅读或便携阅览；平台还会以月为单位添加新书籍。目前，牛津大学出版社继续将重点放在向数字出版过渡上，相比之下其数字出版收入逐步增长，而印刷收入逐渐下降，数字出版业务已占其营业额的大部分。

（三）培训教育和学术交流

学术出版掌握着前沿科技信息，国际出版机构所提供的知识数据服务、掌握的人才资源，都为其开展培训教育服务和学术交流活动奠定基础。

BMJ 集团于 2004 年发布 BMJ 在线学习（BMJ Learning），旨在为临床医生和医疗工作者提供高质量、可信的医学继续教育学习模块，现已拥有超过 1000 个学习模块，适用于 10 种语言。IET 每年在全球举办超过 1200 个会议，包括国际会议、专题研讨会、专家讲座、技术参观、培训和网络会议（Webcasts）。

除此之外，这些国际出版机构旗下期刊还会围绕自身专业不断拓展领域。例如，BMJ 的内容除了与临床工作密切相关的信息与知识外，还涉及与医学相关的政治、经济、社会、教育、伦理、公共卫生等诸多方面，因其与众不同的报道角度和人文情愫，受到世界很多国家读者的欢迎；IET 举办的会议涵盖了全球各地工程师和技术人员关注和讨论的热点话题，涉及能源电力、交通运输、信息与通信、设计与制造、建筑环境五大行业 40 多个专业领域，会议的内容、专业范围以及质量（行业的见解和洞察）对全球工程技术领域都颇有影响力。

三、依托机构资源规模化发展，形成品牌效应

国际出版机构在学术出版过程中离不开其所依托的学术组织的支持，两者间相互协同发展。这些出版机构旗下旗舰期刊和大量其他期刊形成集群，为其提供多元产品与服务提供支撑。国际出版机构还会利用自身资源形成品牌，再反过来运用品牌效应扩展自身业务。

以 BMJ 集团为例，BMJ 最初以 BMJ 出版集团出现在公众视野，其主要从事科技期刊出版业务。随着其发展，集团名称由 BMJ 出版集团变更为 BMJ 集团，"出版"二字被去掉，同时将他们的旗舰期刊也改名为 The BMJ。The BMJ 是世界范围内认可度最高的医学期刊之一。在其后续创立的期刊中，很多沿用了 BMJ 前缀，包括 2011 年创刊的作者付费、在线出版的大型开放获取期刊 BMJ Open。BMJ Open 采用开放的同行评审机制，读者能够看到出版前所有文章演化历史记录。其他如 BMJ Global Health、BMJ Quality & Safety 在同领域期刊中也拥有较高的影响力。从 Web of Science 数据来看，BMJ 集团出版的 57 种期刊被 JCR 2022 索引，其中绝大多数为 Q1 区期刊。除了以 BMJ 为期刊名的期刊，BMJ 集团还有 Gut、British Journal of Sports Medicine 等顶级期刊。在 2013 年后，BMJ 新创办了诸多期刊，Q1 区期刊发表的文献数量占比较高。这一方面源于其高标准创刊，另一方面也与其医学期刊良好的口碑相关。

牛津大学出版社在盈利后会反哺学术界。在内容获取上，牛津大学出版社发起

"发展中国家项目",牛津期刊与全球学术团体合作,将前沿成果低价或免费提供给最需要的发展中国家和地区的读者;通过与世卫组织 HINARI 数据库、eIFL 基金会以及科学出版物国际网络(INASP)等机构合作,牛津大学出版社以超低折扣甚至免费的方式向全球 2000 多个机构提供大多数牛津期刊的在线获取服务;牛津大学出版社也是世界上第一家向 60 多个世界最贫困国家免费提供期刊内容的出版机构。此外,每年牛津大学出版社会将年度盈余的近 50%返回牛津大学,用以支持研究、学术和教育等项目,如 John Fell 基金、Clarendon 基金、普惠教育项目 UNIQ 等。同时,牛津大学出版社还会从外围发力,以慈善活动的形式,进行"植入营销",如向目标市场捐赠图书、为教师提供公益性培训等。这些外围的"软宣传"既扩大了影响力,又塑造了正面形象,可谓一举两得。

四、积极推行开放获取政策,提高传播可见度

4 个国际出版机构均在很早就开始支持开放获取。The BMJ 在医学出版领域做出新的尝试,如号召对期刊同行评议本身进行研究,要求所有投稿提供利益冲突声明,以及采取公开的同行评议。1997 年,The BMJ 参与创建了出版伦理委员会(Committee on Publication Ethics,COPE)。The BMJ 是第一个进行网络化的综合医学杂志。到 1998 年,"bmj.com"已经开始在线出版所有文章的免费全文,并且创办了一个"通讯"在线页面,叫做"Rapid Responses",一经推出就广受欢迎,至今依然如此。现在,The BMJ 每周收到并发表超过百篇"通讯"稿件,这也为后续开放获取奠定了基础。The BMJ 对 1998~2008 年所有原创性研究全文免费开放,2005 年开始对非研究类内容收取费用,2008 年正式采取开放获取模式,并于 2010 年引入了作者付费(APC)的形式。IET 期刊出版与 Authorea 合作,开设 IET Open Research,在审稿的同时支持文献作为预印本发表。目前,IET 期刊与 Wiley 出版集团合作,已实现了旗下全部期刊的开放获取出版。德古意特是开放获取的早期倡导者,自 2005 年以来,已经出版了一系列可靠的开放获取图书和期刊。严谨的同行评审、优秀的编辑以及个性化服务是德古意特在 OA 出版领域占据领导地位的基石。德古意特致力于扩展 OA 受众,并向来自低收入或中等收入国家的作者提供

APC减免。其成为第一家将"订阅-开放"（S2O）作为核心转型模式的学术出版商，该计划将目前出版的约320种订阅期刊中的85%逐步通过S2O提供免费在线访问。德古意特坚信开放获取是其未来，计划2028年时将大部分期刊转变为开放获取期刊。

五、灵活运用社交媒体

国际出版机构还会通过使用社交媒体来扩大传播影响力。BMJ集团设立微信公众号，将有价值的研究成果通过推文发布，一些前沿成果还会邀请专家讲解并通过视频号以视频形式呈现。公众号中还集成了一系列BMJ集团提供的服务。牛津大学出版社期刊使用不同社交媒体平台传播自身研究成果，在其团队运营下，各平台的账号吸引了大量粉丝关注。此外，还会通过邮件群发、新闻通讯等形式直接向客户进行推广，同时借助学术组织和机构建立的网站和平台对内容进行宣传。牛津大学出版社同样开展线下宣传，如"牛津期刊日"，主要面向全球的编辑和合作伙伴分享期刊出版前沿动态；"牛津编辑研讨会"，侧重编辑话题分享与讨论，介绍牛津期刊最新进展。线下活动在加强合作期刊黏性的同时，也培养了一批口碑用户，有利于发展更多合作伙伴。德古意特积极开展文章层面的宣传，将期刊论文的主题与事件或媒体流行主题联系起来，向读者报道值得关注的重大科研成果。德古意特在国家级和地区级日报、周刊以及数字媒体上建立撰稿人数据库，并使用EurekAlert！等多元渠道，确保信息更广泛传播。

第四节　国内科技期刊集群国际传播典型案例

基于国外科技期刊集群、出版机构等的发展经验，从办刊规模、范式、特点以及影响力等多方面择优而定，本节精选了代表专业学协会办刊模式的中华医学会杂志社，代表大学出版社办刊模式的清华大学出版社期刊中心，代表市场化运营学术出版模式的中国科学杂志社，代表科研院所出版机构转企改制的中国激光杂志社，以及应国情而生、具有中国特色的高等教育出版社期刊中心（以下简称高教社）5

家国内科技期刊集群单位，介绍它们的国际传播实践。编写组成员通过实地调研、深度访谈与数据采集，从以下 4 个方面归纳总结国内典型期刊集群国际传播的内容、渠道、受众和效果，以期为我国科技期刊优化传播策略提供借鉴与参考。

一、找准定位，以刊群整体目标导向打造国际传播阵营

我国的科技期刊按照功能定位可分为国际与国内、全国与地方、不同系统（高校、科研院所、学协会）、不同行业、不同语种、不同水平等多个层次和类别，不同层次类别的期刊所处的地位、承担的任务、办刊条件均不同。因此，不同期刊的传播策略千变万化，并非所有的期刊一定都要走国际化路线、都要面向国际做传播[13]。其中，中文、英文期刊的定位与服务对象差异明显，传播的受众和地域亦各有侧重。最近一项数据统计分析显示：我国科技期刊在向国际社会传播最新学术成果方面，英文期刊发挥了主力军作用，且作用越来越明显[14]。这里选择的 5 家集群单位对期刊的定位清晰，将英文期刊作为国际传播的主体。

中华医学会杂志社 157 种期刊专业覆盖基础、临床医学各个学科，编辑分布于全国 18 个省、自治区、直辖市，逐步形成了"中华"（96 种）、"中国"（14 种）、"国际"（22 种）、英文（25 种）4 个规模系列。杂志社立足国内、面向国际，部署了 4 个系列期刊的差异化发展格局——"中华"系列聚集高端学术，"中国"系列侧重临床实用，"国际"系列紧跟学科前沿。前 3 个系列重点面向国内、兼顾国际，英文期刊则整体合力面向国际。

清华大学出版社期刊中心从起初的 8 种期刊发展到 53 种（2023 年），其中英文期刊 35 种（占比 66%）。期刊中心致力于推动"为学术发展、社会治理、国家创新提供优质平台"[15]，打造世界一流学术期刊中心，构建立体化的国际出版传播体系。一是集中清华大学学科优势，加强刊群内部深耕；二是以一级学科为依扣，在其办刊基础上聚集二级学科资源创办子母刊；三是整合一所学院内的数个相关学科资源开发姐妹刊——由此打造具有学科整体优势的系列期刊，并持续扩大刊群规模[16]。

中国科学杂志社是中国科技出版传媒股份有限公司（科学出版社）下属 5 个期刊出版分支机构之一，主要编辑出版《中国科学》系列、《科学通报》（简称

"两刊")和 National Science Review(NSR)等 21 种期刊，其中英文刊 13 种（占比 62%）；《中国科学》系列 8 个分辑均有英文版。"两刊"对标同学科国际高水平期刊，每年发表论文 3500 余篇，基本涵盖自然科学所有领域。NSR 涵盖数理科学、化学科学、生命科学、地球科学、材料科学、信息科学六大领域，要求论文学术水平达到专业领域全球前 5%；旨在成为世界了解中国最前沿科技活动的重要窗口[17,18]。

中国激光杂志社是由中国科学院上海光学精密机械研究所和中国光学学会共同投资设立的出版机构，是中国科学院出版机构中首批（2009 年）转企改制的试点单位。杂志社目前拥有 9 种高端光学学术期刊，3 种为中文刊，6 种为英文刊；期刊大部分被 SCI、ESCI 和 EI 等国际知名数据库收录，期刊的学术质量及国际影响力在光学领域的各学科名列前茅。此外，中国激光杂志社牵头成立了"中国光学期刊联盟"，成员涵盖了 74 种具有较高国际影响力的光学专业期刊（截至 2023 年），包括美国、英国及新加坡的 7 种期刊。杂志社聚力打造我国光学学科国际传播的一流学术平台并成为国内专业学科期刊集群发展的领跑者[19]。

高教社有 42 种英文期刊，其中工程科技类 34 种、人文社科类 8 种。高教社将办刊定位于：发布我国各学科领域最新的研究成果和前沿进展；针对热点问题，发表具有前瞻性的学术论点；建设一个自主的、民族的、国际性学术期刊旗舰品牌[20]。有 14 种工程科技类期刊被 SCI 和 A&HCI 收录，JCR Q2 区及以上期刊占比 70%；2023 年 JCR 报告显示，*Engineering* 在全球工程学科领域排名第二，*Frontiers of Architectural Research* 在建筑类期刊中排名第一。

二、造船出海，以自主出版平台建设推动国际传播发展

（一）打造期刊生产出版传播全流程平台

《中华人民共和国国民经济和社会发展第十四个五年规划和 2035 年远景目标纲要》第二篇第四章第四节"建设重大科技创新平台"提出：构建国家科研论文和科技信息高端交流平台[21]。科技期刊出版与传播平台是科技信息高端交流平台的重

要组成部分,面对科技期刊日益激烈的国际竞争,在当前国际合作面临诸多不确定性的情况下,科技期刊出版与传播平台的自主建设与运营对提升我国科技话语权、提升数据安全和科技成果出版与传播的自主性具有重要的战略意义,对中国科技期刊的高质量、可持续发展具有非常重要的支撑作用[16]。

中国科技出版传媒股份有限公司(科学出版社)打造 SciEngine。2016 年 4 月 18 日,我国首个"全流程数字出版与国际传播"平台 SciEngine(网址:https://www.sciengine.com/)正式上线运营,初以"造船出海"打开"借船出海"之局面[22, 23]。SciEngine 融合了"生产管理平台"和"结构化生产平台",嵌入了投审稿、基于 XML 数据的科技论文结构化智能排版系统,打通了从投稿、审稿、排版生产到发布传播的全链条数字出版服务,在内容、渠道、平台、经营、管理等方面深度融合,实现了快速、优质出版。在国际传播方面,SciEngine 与 Web of Science、CrossRef 等国际平台成功对接,搭建了文献检索、精准推送、富媒体阅读和第三方知识发现平台,实时进行内容资源与各类应用数据的双向流动,提高了期刊内容的被发现率。最近更新的 SciEngineV3.0 引入了人工智能和大数据技术,传播发布方面通过模块化设计,对期刊和刊群界面进行所见即所得的组件式定制,对接检索数据库、搜索引擎、社交媒体等多个国际平台,嵌入"科大讯飞"自动转译、AI 视频自动合成等工具;应用知识图谱实现知识精准发现,为期刊发展决策提供依据。SciEngine 最初以"两刊"内容资源为依托,截至 2023 年 8 月 30 日集聚期刊 439 种,刊载文章近 38 万篇;其中 OA 期刊 150 余种,OA 论文 5 万余篇;总访问量超过 3800 余万次。

中华医学会杂志社打造 MedNexus。中华医学会杂志社与 Wiley 出版集团达成战略合作,与之旗下 Atypon 技术供应商基于其 Literatum 平台架构、采用"自主设计+委托造船"模式、沿用国际主流技术、打造独立运营的英文期刊出版传播平台 MedNexus(网址:https://mednexus.org)。"自主设计"是指根据自身发展需求独家定制网站的业务、功能、美术等设计和组件选型;"委托造船"是指基于合作方成熟的基础平台及建设体系研发网站各项功能。MedNexus 于 2021 年 12 月 23 日正式上线[24],由此开启"中华牌"医学期刊的英文传播平台独立运营之路。截至 2023

年12月底，MedNexus平台已展示了中华医学会杂志社主办的25种英文期刊，4.2万余篇论文全文OA。MedNexus支持数字化生产、全媒体发布、国际化传播与期刊运营数据分析等功能，实现了基于云端的、可定制的科技期刊全流程数字化生产、发布与传播；已顺利对接多种国际通用搜索引擎、知名学术索引数据库和国际出版标准组织。2023年，MedNexus新发布1种中文汇编期刊《中国生物医学优秀科研成果荟萃》，尝试性地在英文平台上传播中华医学系列中文期刊的优秀论文。至2023年统计时点，MedNexus已拥有232个国家和地区的来访用户，访问量已超过220万次，运行稳定。

清华大学出版社打造SciOpen。清华大学出版社自主开发的科技期刊数字化传播平台SciOpen（网址：https://www.sciopen.com）于2022年6月24日在第五届世界科技期刊论坛上正式发布。截至2023年1月，平台已上线40种英文科技期刊、1.2万多篇科技论文、45条科技新闻、12条交通研究大数据以及5000多条其他附加材料；与多种国际通用搜索引擎、知名学术索引数据库和国际出版标准组织实现顺利对接；每月来自全球170多个国家的浏览量达40多万次并呈逐月递增，按照访问量排名分别为德国（31%）、美国（26%）、中国（13%）、英国（13%）、法国（10%）。围绕国际传播，SciOpen重点设计了以下功能实现。①采用先进开放的设计理念和开发技术保证期刊数字化出版与国际传播的需求。构建了出版全流程系统：包括投稿、审定稿、论文查重、XML排版、融媒体发布、集群门户等组成部分；同时通过社交系统、移动端对出版内容进行多途径、多端口传播。SciOpen采用国际通用的NLM标准建立XML数据标准TSJ-XML以奠定数字化出版基础、完善传播路径建设；运用应用程序接口（application programming interface，API）、DOI号等实现出版全流程一体化；与国际通用搜索引擎（如Google Scholar）、出版标准化组织（如ORCID，CrossRef的DOI分配和注册）、重要索引数据库（如SCIE、EI）等顺利对接；支持论文附带的各种电子补充材料（如音频、视频、数据等）的增强出版、数据出版等新型出版模式；并不断优化搜索引擎，令期刊论文上线后其海外网络显示度持续增强[16]。②新创"录用即出版"（just accepted，JA）模式，增加元数据展示。基于JA模式在快速展示学术成果、确认首发权方面起到的作用，SciOpen 3.0 版的生产系统中集成了 JA 模式，可展示全部元数据，全面、透明地呈现传播内容，帮助读者快速了解论文内容。③支持"借船出海"的国产期刊回归。SciOpen 在技术方面为迎接我国科技期刊的"回归"做好了准备，如投审稿系统转换、数据迁移、DOI 注册与解析地址变更、与各国际知名数据库数据传输等。2012 年由清华大学主办、清华大学出版社出版的陶瓷专业领域期刊 *Journal of Advanced Ceramics*（2022 年 JCR IF：16.9，位居陶瓷专业领域期刊排名第 1 位），2022 年底终止与国外出版机构的合作，2023 年初顺利转移至 SciOpen 平台进行出版和国际传播。至今 *Journal of Advanced Ceramics* 的各项指标并未显示出 SciOpen 与国际大型出版商平台之间传播力的差异，SciOpen 为"海归"国产科技期刊"换乘"中国船舰驶向蓝海悬挂起了"长旒旗"。

中国激光杂志社打造 Researching。中国激光杂志社采用国际先进技术架构自主研发，在国内首个专业学科刊群平台 CLP Publishing 的基础上改造升级，于 2021 年发布国内第一个专业学科全英文"投审稿—论文生产和管理—数据制作—在线发布传播"的全流程数字化平台 Researching（网址：https://www.researching.cn）。Researching 立足专业学科，兼容国内外多种期刊出版发布模式，目前已搭载 80 种优质英文刊，基本涵盖国内所有光学期刊，并向材料、航空、生物等交叉前沿领域延伸[25]；积累了超过 100 万结构化学科数据，专业用户超过 200 万；与国内外多个搜索引擎、资源库、出版机构建立了顺畅的资源交互机制，让科研成果得到了快速的国际出版与传播服务。2023 年，Researching 平台访问量 3000 万人次，与国际上专业学科刊群平台基本齐平。中国激光杂志社为使 Researching 快速被国际同行接受，采取了以下举措。①在全球范围内邀约优质光学英文期刊以数字资源的形式加盟 Researching 平台，已达成合作的出版机构包括剑桥大学出版社、新加坡世界科技出版公司和欧洲光学学会，合作的平台有 Springer Open、Cambridge Core 和 World Scientific。在为国际加盟期刊搭建主页、组织资源、呈现论文的过程中，Researching 平台直接获取国际出版机构的需求，充分吸收国际数字出版平台的有效方案，包括平台与平台交互的机制、论文全文页的权重、期刊数据流的管理、不同阶段论文规则的兼容，极大丰富了 Researching 的国际资源和出版服务能力。②建设国际学术交流网上社区，创新科研交流范式。Researching 设计了"社区汇聚"功能，基于我国优势学科的高水平期刊（如 *High Power Laser Science and Engineering*）构建以国内外编委、作者、读者等为核心的网上社区，有机融入论文发表、成果推介、学术交流、专题会议、科普传播与技术洽谈等内容形式，实现线上线下联动、促进科研产业转化，构建专业学科国际交流全方位传播体系。③加载多种功能模块，不断探索专业学科刊群国际化传播新模式。延续中国激光杂志社 20 年数据库建设的经验和积累，Researching 从中国光学期刊网上导流了大量数据和流量，包括全球关键科技数据和科学家信息，基于此开发了论文精准推送与引用的动态监测等功能，亦可针对时兴的刊-会融合发展模式生成国际化的会议专用网站。

高教社打造 Frontiers Journals。2007 年 9 月，全英文网站 Frontiers Journals（中国学术前沿期刊网，网址：https://journal.hep.com.cn）正式上线运营[26]。随后，稿件在线处理系统、XML 结构化排版系统和生产工作流程管理系统，以及各类集成工具陆续建成与引入，支撑期刊从作者投稿到文章在线服务的全流程数字化出版平台基本实现；亦可提供期刊浏览、检索、全文下载、身份认证、用户管理以及基础的统计分析等多种功能，以不断适应期刊数字化出版和国际传播的需求。①平台积极对接全球学术知识互联生态，与国际科技信息服务平台建立互通。Frontiers Journals 与国际重要检索机构、专业索引收录系统、知识发现服务平台、学术搜索引擎等建立了数据传输系统。例如，与 EBSCO 公司的数据合作；20 种期刊数据与谷歌学术的对接；与全球最大的图书馆知识发现系统供应商 ExLibris 的系统对接，实现期刊独立合集的展示，提升自主品牌形象。系列优化升级措施使平台年访问量不断攀升。②平台在国内较快实现了单篇论文在线优先出版。高教社 Frontiers 系列期刊上发表的论文可以实现 JA（录用即出版）、Online First（在线优先出版）、Latest Issue（最新刊期出版）3 种版本的更新替换，同时通过 Metrics 实现单篇内容评价，真正实现学术成果即时发布、快速传播。

（二）搭建论文、数据出版传播平台

随着技术的进步，科学传播进一步要求将学术成果以数据出版、视频出版等丰富的形式在线展示,以体现科学研究的透明性,佐证研究的可重复性,满足学术界的知识需求。

中华医学会杂志社搭建"COVID-19 科研成果学术交流平台"。COVID-19 疫情期间,由科技部、国家卫健委、中国科协、中华医学会联合共建,中华医学会杂志社作为主要技术与平台支撑于 2020 年搭建了"COVID-19 科研成果学术交流平台"(COVID-19 ACADEMIC RESEARCH COMMUNICATION PLATFORM[①])。平台不断上线中华医学会系列期刊和国内其他医学期刊发表的 COVID-19 相关研究论文和公共学术资源,同时介绍推广国际 COVID-19 相关优秀研究成果,分呼吸、外科、妇产、小儿、精神、医学影像、眼科与耳鼻喉、急重症、流行病学等十几个学科和流行病、病因、治疗、护理、控制与预防、共识等 9 个类别收录论文 2428 篇(174 种期刊),阅读数超过 721.28 万次(截至 2023 年 8 月 29 日),为医学从业人员、科研人员和公众提供及时、全面、系统的科学知识,为中国抗疫提供了重要学术支撑,为全球抗疫呈递了"中国声音、中国方案、中国经验"。"COVID-19 科研成果学术交流平台"被世界卫生组织、世界医学会、爱思唯尔出版集团、威立出版集团、威科出版集团等国际组织和出版商平台推荐和链接。

清华大学出版社建设 ETS-Data。基于交通研究领域大数据共享的迫切需求和 *Communications in Transportation Research*、*Journal of Intelligent and Connected Vehicles* 两刊的发展需要,清华大学出版社与清华大学车辆与运载学院共同设计搭建了可供全球研究者公开访问的交通类数据出版共享平台——ETS-Data(网址:https://ets-data.sciopen.com/home),包括数据、代码、手稿、模型、实验设计方案及其他重要文件,所有文件均可在协议框架内免费下载。截至 2023 年 8 月 31 日,ETS-Data 出版上线了 12 条交通研究领域大数据,每条数据独立注册 DOI 并关联了相关的研究论文,方便全球用户检索、使用和引用。ETS-Data 上线半年即被科睿唯安的数据引文索引库(Data Citation Index,DCI)收录,每条数据出版后即可在 Web of Science 被检索到。ETS-Data 是我国首个被 DCI 收录的交通研究数据出版平台,对提升我国交通研究领域科学家的国际话语权具有重要意义。目前,

---

① 网址:https://www.medjournals.cn/COVID-19/index.do

Communications in Transportation Research、Journal of Intelligent and Connected Vehicles 成为首批进驻 ETS-Data 的英文科技期刊，要求所有录用稿件提交复制包、代码、数据共享，以论文学术质量、研究可重复性和透明度的提升来扩大我国英文期刊的可见度和国际声誉。

三、聚集资源，以多元渠道协同运作提升国际传播效能

全球科技论文作者愈发重视成果的在线发表，而科技期刊的传播也要主动适应用户终端的更迭。在数字化、专业化、集群化、国际化的发展路径中，科技期刊集群须整合宣传推广资源，建立多渠道传播体系。

（一）与国际知名出版机构合作进行海外发行传播，通过强化学术质量进入国际重要数据库

被国际知名数据库收录是科技期刊国际传播的重要途径，而与国际知名出版机构合作对期刊的国际影响力提升起到一定推动作用。国际大型出版集团不仅拥有完善的出版管理体系，也拥有全球知名的传播平台，与之合作出版期刊更容易被更大范围的读者检索获取，有利于国际化传播。

中华医学会杂志社近年聚焦国家重点建设领域方向，在传统优势、新兴交叉学科领域积极创办英文新刊。英文新刊创办采取与国际知名出版机构和数据库（如 Wiley、Wolters Kluwer、Elsevier、Clarivate）合作出版的模式，经过对出版机构在该学科涵盖范围和所属平台传播力强弱的论证后择优遴选出版机构和数据库，通过让新刊直接加入专业领域强势期刊集群获得发展，迅速将中华医学会系列杂志英文资源和中国优秀的医学研究成果推向世界。此外，中华医学会杂志社还采取整体加盟国际知名数据库的做法，如 2019 年与霍尔茨布林克（Holtzbrinck）出版集团旗下 Dimensions 数据平台签署加盟协议，130 多种期刊加入数据库，在一个平台上提供最全面的链接数据集合。截至 2023 年 6 月，中华医学会杂志社已有 70 种系列杂志被 Scopus 收录，成为我国进入该数据库数量最多的期刊集群。

中国科学杂志社的 13 种英文期刊的海外发行均采用与国际出版集团合作的方

式，其中 Elsevier 2 种、Springer Nature 8 种、牛津大学出版社 1 种、EDP Sciences 2 种。NSR 自 2014 年创刊就与牛津大学出版社合作出版，创刊当年发文量 98 篇，2021 年达到 278 篇；创刊后陆续被 SCI、Scopus、EI、PubMed Central 等国内外高影响力数据库收录；2015 年 JCR 首个影响因子为 8.000，2020 年上升为 17.275，在全球多学科综合类期刊中位列第三，仅次于 Nature 和 Science。截至 2024 年 3 月 8 日，SCI 数据库数据分析显示 NSR 的施引作者来自 160 个国家和地区，施引期刊超过 3800 种，JCR Q1 区的期刊对 NSR 被引频次的贡献率为 64%。

高教社 Frontiers 系列 2006~2007 年与中国工程院、中国科学院、华中科技大学、北京航空航天大学等科研机构合作创刊，学科涵盖基础科学、工程技术、生命科学、人文社会科学，共计 24 种，全部与当时的 Springer 公司合作海外发行。3~4 年后陆续进入国际重要数据库：全系列被 Scopus 收录，环境、数学、物理和计算机 4 种期刊被 SCI 收录，计算机期刊被 EI 收录，蛋白质与细胞、医学 2 种期刊被 MEDLINE 收录。近年来，高教社又陆续创办了 10 余种期刊，这些期刊也依靠较高的学术质量而被各大知名数据库逐步收录。截至 2023 年 12 月，高教社 Frontiers 系列期刊 SCI 收录 12 种，EI 收录 6 种，A&HCI 收录 1 种[27]。

（二）积极与第三方平台开展国际传播合作

积极与第三方平台开展国际传播合作，同时采用科学新闻报道、跨平台论文链接推送、论文邮件精准推送、社交平台作品分享等多渠道传播期刊和论文，可提高期刊的推广度和刊群的国际知名度，使传播内容被快速、精准地展现[28]。

清华大学出版社期刊中心合作的国际第三方学术推广平台有 TrendMD、Kudos、EurekAlert!、Clarivate、Digita Commons、科学网、AMiner 等；主要合作的国际社交媒体为 Twitter。以科学网为例，Tsinghua Science and Technology 2021 年、2022 年在科学网宣传推送了"清华大学水利系 70 周年系庆""清华大学能源与动力工程系 90 周年系庆""清华大学 110 周年校庆"等特色专刊，其中"清华大学 110 周年校庆"专刊位居一周论文排行第二。数据显示：经科学网推送论文下载、被引频次显著增加[28]。Nano Research Energy 是清华大学出版社期刊中心 2022

年3月创办的新刊，出版后单篇论文在科学网的化学科学、论文、新闻3个频道均发布新闻稿。截至2023年统计时点，*Nano Research Energy* 在科学网共发布25篇新闻稿，总点击量超10万次，篇均点击量超过5500次。

中国科学杂志社各编辑部对高质量论文重点通过 EurekAlert！、TrendMD、Twitter、Facebook 等平台扩大国际传播。2019年4月，《中国科学：材料科学》采用 JA 模式在 EurekAlert！发布1篇关于二维单晶材料生长的文章，迅速被国外多家新闻媒体转载，且在 EurekAlert！发布论文中关注度连续3个月排名前5%。NSR 上1篇我国关于晚白垩纪恐龙化石中可能保存 DNA 的成果在 Twitter 和 Facebook 上被10余个国家的用户评论和转发，相关视频在 YouTube 上被观看1万余次。NSR 与视频网站、新媒体公司合作，邀请国内外优秀作者通过视频讲座的方式推广和传播研究成果，已举办在线讲座数十场，累计听众60多万人次，较好地实践了运用"融媒体"提升我国科技期刊国际传播效果、讲好中国科技创新故事的重要使命，充分展示我国的科技影响力。

高教社 Frontiers 系列期刊与第三方平台合作更为广泛，包括科学网、领英网、EurekAlert！、TrendMD 等学术推广平台，也包括欧洲科学新闻网（AlphaGalileo）、Twitter、Facebook 等网络大众媒体，还包括 ResearchGate、Academia.edu、Mendeley、MyScienceWork 等科研社交网络平台等；形成了北美洲和欧洲两个头部新闻媒体的宣传阵地。2021年3月高教社与 EurekAlert！建立合作，选择了30篇高教社 Frontiers 系列期刊优秀科研成果编撰成新闻稿在 EurekAlert！发布，篇均阅读量达到700次（EurekAlert！界定发布3日内达到500次即为优秀时事新闻）。2019年，高教社 Frontiers 系列物理、光电子等期刊率先尝试了在寇享学术（KouShare）采用视频直播的方式举办学术会议、报告和学术沙龙；*Soil Ecology Letters* 自2020年12月初至2023年统计时点举办了9场学术讲座和2场作者分享会，全部邀请著名海外学者主讲，形成了一系列有学术价值的视频资源，吸引了大量优秀学者关注期刊。此外，高教社期刊中心还大通量采用海外传统媒体平台宣传期刊，包括电视台、书展、学术会议、纸媒等。

（三）甄选优秀科研成果开展学者追踪和论文推送

随着互联网和大数据的快速发展，信息传播的方式发生巨大变化，已从以往的"人找信息"发展到"信息找人"[29]。精准推送科技期刊论文有利于实现学术成果的高效传播。

在论文精准推送方面使用最广泛的是 AMiner（科技情报大数据挖掘与服务系统平台）和 Clarivate（科睿唯安）全球邮件推送服务。AMiner 与 Clarivate 邮件推送功能相近，区别在于二者的学者库不一样。例如，清华大学出版社 *Tsinghua Science and Technology* 等刊、高教社 Frontiers 系列期刊通过 AMiner 邮件精准推送已发表论文[28]。高教社 Frontiers 系列期刊同时也采用 Clarivate 邮件推送服务；还向自建的 165 万人的学者库推送邮件。

除了邮件推送外，高教社 Frontiers 系列期刊编辑还通过科学社交网络服务平台 ResearchGate 跟踪学者的研究动态，开展精准约稿和推送。编辑可充分运用 ResearchGate 及时发布期刊信息，通过推荐精品文章不断聚合期刊的宣传信息，将期刊信息快速分发给目标人群，从而增强学者与期刊的黏性，以吸引更多优质稿源。

四、探索创新，以推陈企业管理机制奠定国际传播根基

整体而言，我国科技期刊资源分散，集成度不高，小散弱现象较突出；运行机制相对落后、办刊模式待优化，期刊服务内容少、方式单一，产业链条不完整，缺乏资源整合能力；集约经营的规模效益难以成形[30]，限制了我国科研成果的对外传播。

在管理机制上，我们选取的 5 家出版集群单位均是大力推进、逐步完善现代企业管理运行机制，初步实现了"学术资源—编辑出版—市场经营"三个环节的合理分工[30]，期刊集群的整体运营水平和自主良性发展能力在国内办刊机构中优势开始显现，为学术成果的广泛传播奠定了扎实的基础。

（一）"管办分离"优化现代企业治理结构，"编辑出版分离"将出版传播集约化、专业化

中华医学会杂志社不断完善法人治理结构，按照期刊编辑部分散组稿审稿、杂

志社集约化出版经营的编辑出版分离改革思路，在原有办公室、总编室、财务室、编辑部、出版部的基础上，新增了新媒体部、市场营销部等专业化职能部门；各部门职责分工明确，为系列杂志提供集约化出版经营服务。例如，2014年成立新媒体部，大力引进通晓医学、出版、技术等领域的融合出版型人才和高端技术型人才，专项打造的数字出版团队从最初的6人增加至19人，为知识服务转型提供了有力支撑。2019年随着中华医学会职能部门——期刊管理部的成立，已基本实现"管办分离"。目前，中华医学会杂志社已初步建立了现代企业制度，通过进一步推动杂志社企业化转型使企业活力和竞争力得到增强；确立了市场主体地位从而更加注重期刊质量；以集约出版、集约经营、数字出版平台建设等服务能力提升促进内容出版、生产和传播效率的提高，以此全面支撑国际传播力的扩大。

（二）"职能细化、岗位清晰、分工协作、流程统一"提升出版传播效率

清华大学出版社自2009年4月改制以来，开始尝试走"集成式"道路并逐渐向"集团式"发展[31]。目前清华大学出版社期刊中心期刊集群规模初具，按照现代企业组织架构和科学管理逐步推进"集约化"发展。期刊中心下设若干编辑部，包括单刊编辑部、刊群编辑部。此外，根据期刊中心整体发展规划和具体需要调整岗位设置，根据岗位类别分工成立职能部门。①设立"综合业务室"，对各刊行政、财务、营销、人力资源等进行统一管理，提高了集约化管理水平[35]。②设立"学术推广部"全面负责期刊品牌建设的总体规划和运作，如每一期宣传推广方案的策划和实施、具体项目经费预算及效果测评、第三方学术推广平台的合作计划与洽谈等，以多元化、精细化的学术推广策略扩宽传播渠道。③配合SciOpen平台新设"平台运营部"，引进既懂软件开发又懂期刊建设的综合性人才，以问题为导向、需求为引领完善产品的迭代研发，确保平台技术先进、性能稳定。

（三）立足"学术"与"经营"，建立新型学术管理体系，推进出版单位体制改革和机制创新

中国科学杂志社立足学术与经营两个目标，探索学术期刊创新发展道路[32]。

①充分依托学部使期刊发展登上优质平台。中国科学院学部大师荟萃,是国家科学技术最高学术机构。2006年,中国科学院学部成立了"科普和出版工作委员会",将"两刊"正式放在学部平台运作。②成立"理事会—总主编—各辑主编—各辑编委会"的新型学术管理体系。理事会是"两刊"的最高学术领导机构,成员由中国科学事业发展相关部门的负责人、中科院各学部主任、学部科普和出版工作委员会正副主任、著名大学校长、中国科技出版传媒股份有限公司负责人以及国内外知名科学家组成。在学部引领方向、理事会具体指导的双面加持下,中国科学杂志社采取了由学部常委会推选院士担任主编,鼓励新当选院士在两刊发表新近研究论文,创办"科学与技术前沿论坛"支持两刊策划选题,让编委/编辑/作者在各种国际学术场合大力宣传以提高"两刊"的质量和传播力[33]。③按照现代企业制度建立董事会、监事会和经营班子,着力推进人事、用工、分配制度等方面改革。为吸引编辑业务人才,杂志社向全社会公开招聘编辑部主任,与全体员工签署劳动合同,明确了职工工作职责和聘期目标,从学术、经营、出版和管理4个方面进行定量打分与定性评价相结合的考核标准,增强了企业活力。④逐步实现岗位专业化。21种期刊的科学编辑按学科分工做好内容;后端的生产(包括排版印刷、语言润色、编辑加工各组)、技术(包括网络管理、技术支持、平台开发升级和维护各组)、营销(包括销售发行、市场运维、新闻市场、美术编辑各组)由杂志社统一管理,大幅度提升企业整体效率。

  本节梳理分析了中华医学会杂志社等5家集群单位国际传播的成功经验,总结起来其优势集中体现在以下几点。①办刊定位精准化。5家集群单位都有明确的期刊集群目标,对集群内中文、英文期刊的受众和发展定位清晰:中文期刊围绕期刊服务对象、已有特色优势,以建设国内高水平期刊为目标,兼顾国际;英文期刊全面依托优势学科、优势方向,在国际期刊阵列中找准定位,以国际一流科技期刊为目标,在内部逐步形成期刊梯队,虹吸领域内优质论文。②传播手段多样化。通过自建出版传播全流程一体化平台、与国际出版机构合作、进入国际主流数据库、丰富多媒介传播矩阵等多种形式,全方位扩大传播的广度和深度。③经营理念市场化。5家集群单位确立了面向市场的运营传播,从而更加注重以期刊质量树品牌、促传播,对内严格按照公司化运作经营,对外根据国际期刊发展趋势及时调整集群发展思路，充分打造具有自身特色的期刊集群生产运营传播模式。④经营管理企业化。实行集群化发展，集约化经营，根据整体发展规划和具体需要调整岗位设置，按照岗位类别分工成立职能部门，以"职能细化、岗位清晰、分工协作、流程统一"的科学管理体系不断增强企业活力和市场竞争力，这是科技期刊集群高质量发展、国际化传播的保障。

第五节 国内外科技期刊国际传播特征的对比分析

纵观国内外世界一流科技期刊，无不重视期刊内容质量建设及其有效传播策略。国际顶刊和规模出版集团，经历三百多年发展，具有深厚的底蕴和积累，在其发展历程中，通过内容质量建设、丰富传播内容与形式，持续完善多元、立体的传播体系，使用先进技术手段实现有效宣传，已成功搭建了线上线下相结合的立体式、多元化、全球化的传播网络，具有很强的国际学术影响力。国内科技期刊的发展历程较短、积淀不深，对比国际一流期刊在品牌建设、国际传播和影响力方面与之还有差距。本节对比分析了国内外科技期刊国际传播的差异，总结了国际传播先进经验，为我国科技期刊国际传播力建设提供借鉴参考。

一、构建全球化、立体化、多元化传播网络方面

国际知名出版机构大多是跨国出版集团，采用市场化运作的商业模式，以市场需求为导向，已在全球主要市场完成了布局，线下传播网络已形成；而国内只有极个别期刊出版单位在海外设立期刊办公室、并购国际出版机构，其他绝大多数都还未在海外市场真正布局。此外，国际出版集团紧抓新技术发展带来的机遇，成功打造线上传播矩阵；而国内期刊平台起步晚，国际影响力不够，严重依赖国际出版平台进行国际化传播。

（一）国际出版机构

1.拓展全球市场，构建线下全球传播格局

大多国际出版机构在本土发展到一定规模后，为了寻求更大发展空间，扩展海

外市场、整合全球学术资源是它们的必由之路。国际出版机构普遍已在全球各地设立了众多分支机构，包括出版中心、办公室等，开展学术交流、培训教育、知识服务等业务，挖掘全球最优质的内容、作者等学术资源。在这个过程中，国际出版机构已完成了全球传播网络的构建，打造出了庞大的线下传播渠道网络，获得了大量优质内容资源的同时也拥有了庞大的作者资源，即拥有了大量的传播者群体和受众群体，为国际传播奠定了坚实基础，其传播效果显而易见。

此外，国际出版机构注重开展全球范围的合作，与学协会、高校、科研单位开展合作办刊、国际传播等合作。例如，Wiley作为最大的学协会出版机构，与全球800多家学协会合作，汇聚了这些学协会数百万的会员资源，不断扩大传播者、受众群体规模，传播面不断扩大。

2. 技术赋能，打造线上多元化传播矩阵

随着网络化、数字化、智能化的科技变革和新媒体的快速发展，尤其是进入21世纪开放获取出版模式日益扩大以来，网站、平台、新媒体已逐步成为对外传播、学术交流的重要阵地。国际出版集团已基本完成数字化出版转型，为平台的发展奠定了基础，其通过收购、并购，整合优势资产、技术公司等资源，形成了生产、出版、传播等为一体的全球化平台，将内容、数据、分析与技术手段在全球化平台上整合运用，集成了多学科领域的众多期刊、学术平台（数据库）、出版平台及工具（如投审稿系统、赋能技术、参考文献管理器、专家查找工具、科研管理工具等）、交流传播平台（预印本、学术社交网络等）以及丰富多样的知识服务产品等，不断丰富内容资源，形成了多元化的网络传播格局。

充分利用新闻媒体、社交媒体平台面向公众传播成为科技期刊集群必不可少的传播手段。目前，通过国际知名的在线科技新闻发布平台EurekAlert!发布科技新闻是国际顶尖科技期刊宣传期刊论文的方式之一，容易受到学术界专业人士和世界各国重要新闻媒体的广泛关注，国际传播效果显著。此外，还通过Facebook、LinkedIn等国际化社交媒体进行内容推广、科普宣传，在社交媒体上创建期刊页面，发布期刊最新内容、研究动态等。

（二）国内出版机构

1.积极探索，尝试建立海外分支机构

国内出版机构线下海外传播网络尚未实质性建立，但已开启探索之路。国内英文科技期刊的国际化传播布局，更关注主编、编委、作者、读者的国际化，与国际出版平台合作开展海外发行与传播等，大多还未在海外设立分支机构，目前仅有中国科技出版传媒股份有限公司（科学出版社）收购法国EDP Science、*Light*在海外设立9个办公室扩展海外市场等案例。在海外有线下传播渠道的科技期刊集群、集团还凤毛麟角。

2.自建国际化出版传播平台，从"借船出海"向"造船出海"发展

早期，被国际数据库收录是我国科技期刊扩大国际展示度和影响力的主要途径。国内期刊主要通过争取被更多的国际数据库（如Scopus、SCI、EI、CSA、MEDLINE以及各学科领域重要数据库等）收录的方式扩大传播范围，提升国际学术影响力。

随着我国科研论文产出的日益增长，国际出版集团纷纷进入中国市场，与国内期刊开展广泛合作，尤其是英文期刊。从2013年"中国科技期刊影响力提升计划"到2019年"中国科技期刊卓越行动计划"，国家对英文刊的支持力度逐步提升，这期间，一批英文期刊茁壮成长，在数量快速增长的同时，质量也迅速提升。但是由于我国缺乏具有自主知识产权的国际高影响力出版传播平台，新创办的英文科技期刊为了提高学术影响力、国际展示度，纷纷"借船出海"，与Spring Nature、Elsevier、Wiley Blackwell、Taylor & Francis、牛津大学出版社、英国物理学会、威科集团、剑桥大学出版社等国际知名出版机构合作，合作内容包括投审稿系统、期刊主页网站建设、国际化的宣传推广、语言润色、排版加工、校样核对、信息服务等[34]，借助其出版平台面向国际出版发行，以快速实现国际传播，提升国际影响力。

"借船出海"虽能短期内快速提升科技期刊的国际传播效果和影响力，但这种方式对国际出版机构依赖性较高，自主性和独立性较差，长远来看，不利于可持续发展，同时还存在如知识产权归属、数据安全、利益分配不平等问题。近年来，国家政策鼓励和支持科技期刊集群化、集团化发展，中国科技期刊卓越行动计划支持了5家集群试点单位，示范带动了其他集群的发展，具有一定实力的期刊集群已开始实施"造船出海"策略，如科学出版社、中华医学会杂志社、有科期刊出版（北京）有限公司、清华大学出版社、高等教育出版社、中国激光杂志社等，都建设有自主知识产权的出版传播平台。依托自主知识产权的出版平台，再与国际出版商合作，面对国际推广传播，可避免单刊与国际出版机构合作的不利局面，提高自主性和独立性。但自建平台的国际化程度是难点，许多平台内容是否采用国际标准的数据格式进行采集、集成，能否与国际平台顺畅对接为全球读者提供高质量的服务也至关重要。

为提升中文科技期刊的国际影响力，提升中文科研成果在海外的显示度和传播力，2012年中国科学技术信息研究所启动"中国精品科技期刊顶尖学术论文平台——领跑者5000（F5000平台）"项目，2013年底中国知网实施"中文精品学术期刊双语数字出版工程（双语工程）"。F5000平台集中展示我国精品科技期刊上发表的最高端的学术研究成果，入选F5000的论文需提交中英文长摘要和具有中英文对照的全文图表，在平台上简要呈现研究成果全貌。F5000平台与Clarivate、Wiley、Taylor & Francis、TrendMD等合作，实现文章在Web of Science中的引用链接、在国际知名出版集团的期刊网站上跨平台展示等，使得中文期刊的优秀内容面向海外传播，提高中文期刊的国际展示度和国际影响力。中国知网的双语工程则择优精选国际影响力较好的中文期刊，将部分优秀中文论文翻译成英文，在CNKI海外数字平台以英文电子版出版，搭建新媒体矩阵以助力高效传播。例如，《地学前缘》出版的《从南大西洋裂解过程解密大陆漂移的驱动力》一文经双语出版以后，通过中国知网海外平台和双语平台、微信公众号、Facebook、Twitter等12个媒体平台进行发布推广，发布当月，阅读量达3184次，其中在海外14个国家产生128次浏览下载[35]。

中国科技出版传媒股份有限公司（科学出版社）收购法国EDP Science的"买船出海"策略是中国科技出版业走向国际的重要尝试，可充分利用该出版机构的平台和资源，发挥其海外桥头堡的作用，深入推动中国科技期刊出版走出去，更好地融入国际出版市场，提升国际竞争力、传播力、影响力。

3.多渠道开展协同，提升国际传播效能

国内英文期刊主要借助科技新闻发布平台 EurekAlert!，将期刊重要文章撰写成新闻稿，并匹配上相应的图片、音视频、文章链接、专家对话等相关信息。新闻稿要体现新闻性、创新性、新颖性等，符合国际新闻媒体报道特点，避免过度学术化。相关内容在该平台上发布后，被国际读者关注，产生较好的国际传播效果。

许多国内英文科技期刊也在全球主流社交媒体开通账号，搭建学术社区，与期刊读者、作者、出版机构、友刊、相关科研机构等互动，扩大期刊显示度，进行国际传播，如《园艺研究》《科学通报》《中国科学》《计算机科学》等。

二、精准市场宣传方面

科技期刊受众专业性强、范围窄，期刊的作者、读者主要为科技工作者。因此精准的市场宣传可提高期刊的传播效能。

（一）国际出版机构

1.依托第三方平台，精准推送

精准定位全球相关领域学者，借助第三方平台，制定个性化内容推送方案，通过文章链接方式，跨平台精准推荐，吸引国内外读者阅读期刊网页上的内容，从而提高论文的国际展示度，提升国际传播力、影响力。例如，于2014年创建的TrendMD平台，可为期刊提供跨平台相关文章精准智能服务，Nature、Science、Elsevier、Taylor & Francis、Emerald 等550多家国际学术出版机构旗下的5500多本国际期刊使用该平台进行国际化传播推广[36]。

2.开展学术会议，编者、作者、读者多向交流、推广

面向期刊作者、读者等，通过开展国际学术会议、研讨会等学术活动进行宣传推广、交流。例如，英国皇家化学会、美国化学会等学协会及旗下期刊每年都会在全球各地举办一系列学术会议、论文写作培训、展览、科普等活动，邀请相关领域国际著名专家学者参加，开展学术交流、增强期刊国际学术影响力，同时对期刊国际传播起到重要加持作用。

（二）国内出版机构

1.建设英文网站，依托第三方平台精准推送

借鉴国际期刊的成功经验，越来越多的国内期刊建设英文网站，开展精准市场宣传、推广，借助国际第三方服务平台扩大国际传播的广度和深度，目前已有250多本英文刊和500多本中文刊与TrendMD平台合作，面向全球知名学术出版机构以及学术机构推送期刊内容，这些期刊的电子版网页成为合作期刊所发表文章的展示平台的延伸，吸引众多的国际读者阅读、引用期刊论文，提升国际影响力[36]。

2.借助国际办刊力量，扩大传播

英文期刊的国际化传播策略，从传播者、传播内容、传播渠道、国际受众开始布局，在创刊之初，具有明确的期刊定位和目标宗旨，大多采用科学家办刊模式，致力于作者、主编、编委、读者国际化，在全球范围内聘请本学科领域的知名科学家担任主编、编委。依托期刊国际人才资源，举办国际学术会议，邀请国际顶尖科学家作报告，吸引杰出青年科学家参加会议，开展学术交流，宣传推广期刊，组约优质稿件，提升期刊国际影响力。例如，*Light*打造出了国际权威学术会议品牌Light Conferences，在国际上产生了深远的影响，借助树立起来的期刊品牌，推动了主办方与国际知名研究机构开展深入合作，已成为光学领域具有学术引领力的国际顶尖期刊。此外，许多国内英文期刊都拥有自己的国际学术会议品牌，如*Cell Reseach*每两年组织一次"细胞研究国际研讨会"、*Horticulture Research*每年举办"国际园艺研究大会"、*Molecular Plant*每年举办"分子植物与生物技术国际研讨会"等。

优质中文科技期刊一般采取吸引国际知名专家担任编委或国际顾问的方式，借助国际编委的国际学术影响力宣传期刊，把控内容质量。此外，引进具有国际视野的海外博士任专职编辑、派编辑人员开展中长期境外访学或参加国际编辑学术交流培训，也可以提升期刊的办刊质量，促进海外传播、提升国际影响力。

国内科技期刊的总体国际化程度相对较低，作者、编委主要群体主要分布在国内。研究显示，卓越计划高起点新刊的国际主编和编委比例达 46.88%，其他卓越期刊的比例只有 25.69%，可见新创英文期刊的国际化程度较高，若统计期刊范围再增加最具影响力榜单期刊，国际编委的比例就降到了 21.3%[37]。《中国科技期刊发展蓝皮书（2023）》[38]显示，中国作者贡献了中国 SCI 期刊 83.81%的论文，由此可见，我国 SCI 期刊的国际作者群体仅有 16.19%，其他非 SCI 期刊的国际作者比例就更低了。作者和编委的国际化程度低，不利于期刊的国际传播效果和影响力提升。因此，还需不断提升我国英文科技期刊的国际化水平。

三、内容新闻化和科普化传播方面

内容新闻化和科普化传播是面向国际大众传播科技信息的重要手段。借助新闻媒体宣传重大科研创新成果，依托新媒体平台、社交平台等开展期刊宣传和科普，面向社会大众传播科技信息，有利于树立期刊品牌，提高社会影响力。

（一）国际出版机构

国际科技期刊重视期刊内容的新闻化传播，具有成熟的科技新闻发布机制和发布渠道，将期刊文章改写成新闻稿，与国际新闻媒体合作，向国际公众宣传科技信息。由美国科学促进会（AAAS）主办的科学新闻网站 EurekAlert！平台的发布，连通了科技期刊、新闻媒体、学术机构，形成了一套高效的科技新闻发布机制，众多期刊与之开展合作，推进内容新闻化传播。国际科技期刊出版机构大多设有专业的科学新闻编辑岗位，撰写和发布期刊最新研究成果的新闻稿，将新闻稿、音视频、图片等文章相关信息在新闻媒体、学术机构的新闻板块上发表；同时还广泛利用社交媒体平台，通过科学家访谈、新闻等形式对具有重要科学意义的文章进行宣传。例如，Nature 专门设置了新闻栏目，主要报道最新的学术新闻及观点；期刊出版前，会向全球 1000 多名新闻媒体人发布一份新闻稿，供媒体报道，受到全球重要报纸、杂志、广播和电视等新闻媒体高度关注；还通过将期刊文章的相关内容、采访制作成音视频进行传播。

国际顶级大刊都很重视科普化传播，有的直接设置科普栏目，有的对期刊内容进行二次加工，采用科普短文、访谈、图片、音视频等形式，借助期刊品牌IP，在学术平台、社交媒体平台等渠道面向非专业领域传播，全方位为科学服务，产生良好的社会传播影响力。例如，综合类期刊 Science、Nature 均设有科普栏目发表科普文章；PNAS 深入利用社交媒体平台，对内容再加工，转化成通俗易懂的科普文章，通过访谈等形式开展科学传播，使公众了解在 PNAS 上发表文章的幕后故事，讨论与我们周围世界息息相关的当今最新进展的科学主题[39]。

（二）国内出版机构

国内期刊内容新闻化传播较少，有少量期刊通过科学新闻网站 EurekAlert！面向国际宣传重要科技论文，但科技新闻的多语种翻译传播极少，由于文化背景、思维方式等方面的差异，新闻稿内容可能并不完全适合国际读者，传播效果不尽如人意。2007 年中国科协发布《关于建立中国科协科技期刊与新闻媒体见面会制度的通知》，探索建立科技期刊与新闻媒体见面会制度。调研发现，国内权威新闻媒体都有科技新闻报道的需求，且有国际传播渠道，却没有行之有效的科技期刊重磅成果的新闻获取渠道。为此，中国高校科技期刊研究会与《科技日报》合作，在《科技日报》理论版开辟"学报观点要览"栏目，目前已经连续多期报道了在高质量高校学报发表的重磅成果。

国内科技期刊也在 Twitter、Facebook、Instagram、微信等全球主流社交媒体开通账号，发挥优质内容传播、科普、学术交流等功能，但在国际新媒体账号上的科普化内容传播方面较弱，内容科普化传播主要在微信公众号平台推广，面向国内读者。如《中国中药杂志》微信公众号主要内容侧重于科普、大众健康教育，语言轻松活泼、体裁多样、紧跟新闻热点，拥有庞大粉丝数，对期刊的传播和影响力提升具有重要作用。科普内容的表现形式虽各具特色，但存在学术内容科普化程度不高、科普创作热情不够等问题。

四、国际传播人才方面

依据"5W"模型传播理论，传播者非常关键。相对应而言，科技期刊传播者包括参与到科技期刊生产传播全过程的有关人员，如作者、编辑、编委、审稿人、读者、销售、市场、新媒体等。从期刊出版从业人员角度看，专职传播人才主要包括新媒体人员、科技新闻编辑或记者、广告人员、市场人员等，其他人才为兼职传播人才。

（一）国际出版机构

国际出版集团、协/学会出版社、大学出版社等规模期刊集群/集团，拥有专业的传播团队，岗位设置丰富，分工明确，专业性强，包括新媒体、科技新闻编辑或记者、广告、市场、销售等岗位，专门从事期刊宣传、推广、内容传播等工作。此外，还拥有庞大的市场营销团队，分布在世界各地的分支机构，均兼有期刊宣传、传播职能。对单刊而言，传播人员也是必备的，尤其是高度重视传播的一流期刊，传播人员的配比仅次于学术编辑，如 Nature、Science 高度重视科技新闻、科普传播，配备了大量的科技新闻记者、新媒体人员、宣传等传播人才。

（二）国内出版机构

国内约50%的科技期刊开通了新媒体平台账号，包括微信公众号、抖音、B站等，自媒体平台已成为科技期刊内容传播、科普传播的重要载体。根据2022年全国期刊年检数据，新媒体、广告、发行从业人员人数分别为2251人、1927人、2763人[40]，三类人员占期刊从业人员总数的18.8%。由此可见，融媒体时代背景下，新媒体的作用日益凸显，亟需加强新媒体人才队伍建设。因此，越来越多的集群化出版单位、期刊社（或期刊中心）设立了新媒体运营部门或岗位，但大多数的单刊没有专职的传播或新媒体运营人员，而是由编辑兼任，专业传播人才紧缺，尤其是具有国际视野的国际传播人才更是稀缺。例如，科学出版社拥有国际市场团队，推动国际化发展与传播；卓众出版社设有科学传播中心事业部和新营销事业部，成立了融媒体中心，新媒体和销售人才占比达到39%；中华医学会杂志社成立了新媒体部，新媒体团队不断充实。此外，高质量、国际化的办刊队伍是组约国际优质稿件和期刊传播的重要力量，可以促进期刊质量提升，从而提高期刊的传播效能。

致谢

感谢中华医学会杂志社刘冰副社长、《中国科学》杂志社有限责任公司任胜利总编辑、清华大学出版社期刊中心张莉副主任、高等教育出版社科技期刊中心办公室张德发副主任在本次调研专家访谈中给予的指导和帮助。

感谢郭宸孜、尹欢、孔敏、丁广治老师分别提供相关素材。

参考文献

[1] 黄沈燚, 翁彦琴, 杨绮文. 中国科学院科技期刊微信视频号传播现状及发展策略探析[J]. 中国科技期刊研究, 2023, 34(11): 1392-1398.

[2] 于曦. elife开放同行评议模式改革与启示[J]. 中国科技期刊研究, 2023, 34(5): 609-614.

[3] 白小晶, 翁彦琴, 刘灿. 国际典型综合类科技期刊公众传播特点及对我国综合类科技期刊公众传播能力建设的启示[J]. 中国科技期刊研究, 2022, 33(7): 917-925.

[4] 刘丽萍, 刘春丽. elife开放同行评审模式研究[J]. 中国科技期刊研究, 2019, 30(9): 949-955.

[5] 程磊, 汪劼, 徐晶, 等. elife期刊特点及其学术质量[J]. 中国科技期刊研究, 2015, 26(3): 244-251.

[6] 金鑫, 闫群. 《美国科学院院刊》办刊特点及对我国建设世界一流科技期刊的启示[J]. 科技与出版, 2021(10): 88-94.

[7] 林琳, 张莉, 严谨. 《美国科学院院刊》提高学术影响力的几项改革举措[J]. 编辑学报, 2013, 25(1). 97-99.

[8] 白雨虹. 用创新把握天时地利 用专业成就卓越征途——Light学术出版中心的办刊理念[J]. 中国科技期刊研究, 2023, 34(6): 807-814.

[9] 沈锡宾, 刘伟竹, 刘冰, 等. 英国医学杂志(BMJ)集团的转型与思考[J]. 中国科技期刊研究, 2014, 25(7): 863-866.

[10] 欧梨成, 朱岩, 陈培颖. 国际一流大学出版社期刊出版运营模式探究——以牛津大学出版社为例[J]. 科技与出版, 2020(6): 113-119.

[11] 陈瑶. 牛津大学出版社的学术出版之道[J]. 出版参考, 2017(11): 27-29.

[12] 徐栩. 世界知名大学出版社的国际化发展之道——以剑桥社、牛津社为例[J]. 出版广角, 2015(8): 12-14.

[13] 王晴, 王跃. 所有的中国科技期刊都要国际化吗[J]. 编辑学报, 2005(6): 458-459.

[14] 何莉, 刘志强, 刘家树, 等. 高校科技期刊国际传播的影响力测度与特征分析[J]. 科技与出版, 2020(4): 135-144.

[15] 刘俊, 张昕, 颜帅. 大学出版社学术期刊集群化运营模式研究——以清华大学出版社期刊中心为例[J]. 编辑学报, 2016, 28(6): 561-565.

[16] 张莉, 曾洁, 赵廓, 等. 国产科技期刊出版与传播平台 SciOpen 运营实践及思考[J]. 编辑学报, 2023, 35(1): 12-16.

[17] 高媛, 徐秀玲, 张冰姿, 等. 提质增量, 卓越发展:《国家科学评论》办刊实践与进展[J]. 中国科技期刊研究, 2022, 33(2): 215-221.

[18] 中国期刊协会. 中国期刊年度特别关注 中国科技期刊卓越行动计划工作交流推进会在北京召开[J]. 中国期刊年鉴, 2022: 138-149.

[19] 杨蕾. 树立四个目标, 争创三个一流——中国激光杂志社的办刊实践[J]. 中国科技期刊研究, 2023, 34(1): 112-117.

[20] 何淑琴. 从 Frontiers 系列期刊看我国英文学术期刊的国际化发展[J]. 出版广角, 2011(9): 33-34.

[21] 新华社. 中华人民共和国国民经济和社会发展第十四个五年规划和 2035 年远景目标纲要[EB/OL]. (2021-03-13) [2023-12-17]. https://www.gov.cn/xinwen/2021/03/13/content_5592681.htm.

[22] 董少华, 王贵林, 张学梅, 等. 探索建设世界一流科技期刊之路——以《中国科学》杂志社 19 种期刊为例[J]. 中国科技期刊研究, 2020, 31(7): 747-751.

[23] 严谨, 彭斌, 柴钊. 发展中国科技期刊 服务创新型国家建设[J]. 科技与出版, 2017(1): 33-40.

[24] 沈锡宾, 刘红霞, 王立磊, 等. 中国英文科技期刊出版传播平台建设路径的相关问题研究[J]. 中国科技期刊研究, 2023, 34(2): 197-202.

[25] 黄莹. 我国英文科技期刊出版传播平台现状、问题与优化策略——基于"中国科技期刊卓越行动计划"支持的五家平台的案例分析[J]. 中国科技期刊研究, 2023, 34(11): 1473-1478.

[26] 何淑琴, 郭婷婷. 我国英文科技期刊的宣传策略与实践——以《前沿》系列英文科技期刊为例[J]. 传播与版权, 2022(12): 78-80.

[27] 闻丹岩. 整合学术资源和出版资源, 提升数字化服务能力——Frontiers 系列英文学术期刊出版实践带来的启示[J]. 中国编辑, 2012(2): 63-65.

[28] 汤梅, 孟瑶. 新媒体时代高校科技期刊的学术推广实践——以《清华大学学报(自然科学版)》为例[J]. 传播与版权, 2023(3): 12-14.

[29] 杨郁霞. 科技期刊精准推送优化策略[J]. 编辑学报, 2021, 33(2): 147-150.

[30] 任胜利, 程维红, 刘筱敏, 等. 关于加快推进我国科技期刊高质量发展的思考[J]. 中国科学

基金, 2018, 32(6): 645-651.

[31] 王强. 从"清华园"到"清华科技园"——《清华大学学报(自然科学版)》的体制改革实践[C]//中国科学技术协会, 中华人民共和国新闻出版总署, 重庆市人民政府. 第七届中国科技期刊发展论坛论文集. 清华大学学报(自然科学版)编辑部, 2011: 5.

[32] 范周. 中国文化产业年鉴（2012）[Z]. 北京: 光明日报出版社, 2012: 688-689.

[33] 魏秀, 李雪, 王振宇, 等. 依托学部办好《中国科学》《科学通报》的实践与启示[J]. 中国科技期刊研究, 2018, 29(8): 849-852.

[34] 刘玉娜, 杨蒿, 唐勇. 我国英文科技期刊与国际出版商出版服务合作情况探析[J]. 中国科技期刊研究, 2019, 30(6): 642-648.

[35] 肖宏, 赵岩. 刊网融合助力学术期刊传播: 以中国知网为例[J]. 中国科技期刊研究, 2023, 34(5): 593-600.

[36] 唐帅, 曹兵, 李洁, 等. 科技期刊国际影响力提升的思考与实践——TrendMD 内容推荐平台使用初探[J]. 传播与版权, 2023(12): 8-12.

[37] 中国科学技术协会. 中国科技期刊产业发展报告（2022）[M]. 北京: 科学出版社, 2023.

[38] 中国科学技术协会. 中国科技期刊发展蓝皮书（2023）[M]. 北京: 科学出版社, 2023.

[39] 金鑫, 闫群.《美国科学院院刊》办刊特点及对我国建设世界一流科技期刊的启示[J]. 科技与出版, 2021(10): 88-94.

[40] 中国科学技术协会. 中国科技期刊传播力报告（2022）[M]. 北京: 科学出版社, 2023.

第四章　科技期刊国际传播问题与国际传播效能提升策略[①]

本章聚焦于中国科技期刊的国际传播问题审视与国际效能提升策略。

第一节通过对海外科技期刊读者发放调查问卷的方式，从目前科技期刊国际传播受众对中国科技期刊的认知、中国科技期刊传播中的语言影响、国际受众阅读科技期刊的选择标准与接受方式、国际受众对科技期刊及其文献的阅读模式和文献传播场景、受众对科技期刊的传播与接受意愿以及社交平台在科技期刊传播中的角色等角度进行了调研，力求呈现出一幅全面立体的、海外受众使用与传播科技期刊及其文献的现实场景；并就此分析基于受众层面的中国科技期刊国际传播的现状与改良建议。通过国际受众调研我们发现：中国科技期刊有良好的国际认可度，其国际传播具有相当大的潜力；但现实中仍存在语言不通、资源国际化不足和质量有待提高、国际传播渠道建设投入不足等问题，给中国科技期刊的国际传播带来了阻碍，这也呼应了本书前三章中对科技期刊国际传播计量分析、环境分析与案例分析后形成的总体认知。

第二节结合本书之前三章（也包括本章第一节）从传播者、传播内容、传播渠道等多要素多视角进行科技期刊国际传播问题的分析总结，从科技期刊的国际化理念、传播内容质量、传播形式、传播队伍与交流沟通渠道等五个方面归纳了目前科技期刊国际传播面临的主要问题。这些问题将成为本章第三节提出科技期刊国际传播效能提升策略的重要前提。

第三节通过办刊定位、期刊质量、传播能力、技术赋能与强化运营水

[①] 第四章执笔：关晓岚、冯齐、吴苏北、周馥华、宋晗。

平五个维度梳理了提升科技期刊国际传播效能的具体策略。本章建议中国科技期刊提升战略视野；通过吸引优秀稿源、准确规划期刊定位、加强队伍建设等途径提升内容质量；以丰富出版语言、大众社交和开放获取等方式提升科技期刊传播能力；建议中国科技期刊积极应对新技术挑战，在挖掘和利用新技术提高国际传播效能的同时，与社会相关各界合作，同步构建不落后于技术革命的数据安全等行业规范体系；也建议中国科技期刊提升管理水平，协同相关学协会、高校和研究机构等各路力量办刊，并深化集群化、规模化和国际化平台建设，真正成功实现"造船出海""品牌出海"。建议有关管理部门扶植一批国有数字出版先进企业真正成功"走出去"，在国际市场站稳脚跟，形成更强大的传播力与影响力。

综上所述，本章希望通过对国际传播受众这一传播要素的深入调研分析，分类梳理出中国科技期刊的国际传播问题，为科技期刊提升国际传播效能提出切实可行的发展建议。

第一节 科技期刊国际传播受众影响因素研究

为了更深入了解国际传播受众对中国科技期刊的看法、使用习惯以及传播意愿，我们开展了专项调查研究。调研问卷面向海外科技期刊读者发出，充分考虑发放问卷对象的职位、国家分布、语言习惯、学科分布等因素，收集和研究影响全球范围内科技领域研究人员阅读与传播科技期刊论文的因素。

一、受众调研问卷概况

（一）调研问卷设计

调研问卷的设计主要分为以下 6 个部分：第一部分明确填写问卷者的基本情况，第二部分关注受众对中国科技期刊的看法与态度，第三部分聚焦语言因素，第四部分了解受众对阅读期刊的选择标准、接受方式，第五部分了解受众的阅读习惯、阅读方式与文献传播场景，第六部分探究受众对科技文献和科技期刊的接受与传播意愿，以及社交平台对科技文献传播的作用，详见表 4-1～表 4-5。

（二）样本构建

样本主要来自针对本次问卷调研专项采集的海外学者、学生样本，包括海外科技类学协会成员、海外期刊作者、海外学生组织成员等。

在选取样本时，项目组一方面努力保证样本的多样性，即充分考虑不同国家、不同学科背景、不同职位状态的学者、学生等，确保样本具有广泛的代表性；另一方面努力扩大样本规模，以保证调研结果的可靠性。

（三）问卷回复情况

项目组通过线上调查问卷的形式面向 20 余个国家的传播受众发放了 7 万余份问卷，所有问卷发放对象均已在相应领域期刊上发表过学术成果。本次调研共收到 1352 份问卷回复。问卷填写人基本情况如下所述。

表 4-1　对中国科技期刊的看法

题目	选项	占比/%
1.您平时是否会阅读中国出版的科技期刊？	是（阅读较多的中国期刊包括《中国科学》《科学通报》等）	42.41
	否	16.07
	不清楚，没注意过期刊来源	41.52
2.您在阅读科技期刊时，如果有来自中国的英文科技期刊资源，您是否愿意阅读？	会，因为想要了解不同国家（包括中国）在某一领域的最新进展	42.77
	会，因为中国在我的研究领域里发展较为领先	28.25
	会，因为我的研究方向与中国息息相关	18.49
	不会，因为在我的研究领域里，中国的科技成果没有参考价值	5.21
	不会，因为我的研究方向跟中国无关	4.26
	不会，因为中国的科技期刊质量不够高	1.03
3.如果具备投稿渠道，您是否会考虑给中国出版的英文科技期刊投稿？	会，很感兴趣，但我尚未尝试过	51.65
	会，且我已有文章在中国出版的英文科技期刊上发表过	25.68
	也许会，但不会是我的优先选择	21.86
	不会	0.81

表 4-2　语言因素

题目	选项	占比/%
1.您的母语是	英语	89.88
	西班牙语	5.36
	法语	2.64
	其他：中文：1.02%；日语：0.44%；阿拉伯语：0.29%；韩语：0.29%	2.04
2.如果您发现了相关研究领域的中文文献，且文献所在平台提供免费机器翻译服务，机器翻译成英语，您是否愿意阅读？	会	90.45
	不会	6.46
	不确定	3.09
3.如果您发现了相关研究领域的中文文献，且文献所在平台提供免费机器翻译服务，机器翻译成您的母语，您是否愿意阅读？	会	91.34
	不会	5.50
	不确定（机翻不准确）	3.16
4.如果您发现了相关研究领域的中文文献，且文献所在平台提供付费人工翻译服务，人工翻译成英语，您是否愿意阅读？	会	83.71
	不会	13.28
	不确定（人工翻译不准确）	3.01
5.如果您发现了相关研究领域的中文文献，且文献所在平台提供付费人工翻译服务，人工翻译成您的母语，您是否愿意阅读？	会	84.08
	不会	12.84
	不确定（太麻烦了）	3.08

注：多选题受访者可以选择多个选项，因此比例加和会超过100%，余同。

在收回的1352份问卷中，有1309份来自美国，其他问卷参与人员来自澳大利亚、加拿大、英国、法国、西班牙、瑞士、德国、日本、韩国等国家。问卷参与人员来自于麻省理工学院、哈佛大学等知名高校，美国医学会、美国化学会、美国物理学会等科技领域学协会，美国国立卫生研究院等研究机构，以及 The Lancet、Cell 等知名科技期刊。

回复问卷人员的职位构成为硕士生（18.63%）、本科生（18.56%）、博士生（16.58%）、企业研发人员（11.74%）、助理研究员（9.61%）、教授/副教授/高级讲师/研究员/副研究员（9.17%）等。

问卷参与人员研究领域主要为信息科学与系统科学（12.03%）、科学技术综合（11.67%）、自然科学史（8.29%）、物理学（7.78%）、数学（5.58%）、化学（4.33%）、计算机科学技术（3.37%）、生物学（3.30%）等。

表4-3 期刊认知的影响因素

题目	选项	占比/%
1.请问您过去习惯如何选择平日最常关注或阅读的科技期刊？（最多3项）	无特定关注期刊，但持续关注所研究领域具有影响力的学者发文	44.52
	选择学术圈里口碑好的特定期刊，持续关注	42.20
	选择自己计划投稿的特定期刊，持续关注	39.14
	仅关注被SCI、EI等知名索引数据库收录的期刊	32.05
	仅在自己偏好的某些少数固定数字出版平台（如Science Direct，Springer Nature，CNKI等）上检索信息	31.57
	经常尝试使用多个数字出版平台进行检索以便发现最全信息	24.22
	无特定期刊或数据库偏好，通常使用图书馆整合检索平台进行信息发现	7.33
2.每当您发现一种与自己研究领域相关，但自己过去并不熟悉的期刊，您如何判断它是否值得长期关注？（最多选5项）	关注编委会成员的声望与构成	37.11
	关注办刊机构的权威性	33.87
	关注编委会成员的国际化程度	32.03
	关注主编声望	25.82
	关注期刊出版国家/地区	25.12
	关注体现期刊文献相关指标（如下载量、被引量、阅读量等）	24.84
	关注出版周期	21.41
	关注期刊文献质量（靠自己主观评判）	18.65
	关注作者构成是否足够国际化	17.43
	关注期刊选题视角	17.34
	关注创刊时间	17.02
	关注作者声望与水平	16.62
	关注出版速度	14.42
	关注期刊是否注重出版跨学科研究成果	10.74
	关注其所在的数字出版平台	7.43
	关注其是否是开放获取期刊	5.71
	拒绝关注自己不熟悉的期刊	0.43
3.您如何看待开放获取科技期刊的内容？	我会持续关注特定开放获取科技期刊或开放获取出版平台，且认可开放获取期刊质量和权威性，但我不会主动向开放获取期刊投稿	39.73
	我会持续关注特定开放获取科技期刊或开放获取出版平台，且相信开放获取期刊质量足够有保障，且我自己也会主动向开放获取期刊投稿	35.62
	我会持续关注特定开放获取科技期刊或开放获取出版平台，我不考虑开放获取期刊质量问题，找到的文章能支持我的写作即可	15.38
	我会持续关注特定开放获取科技期刊或开放获取出版平台，但对开放获取期刊质量有些担心	8.51
	我不会特意关注和使用特定开放获取科技期刊或开放获取出版平台	0.76
4.如果一本科技期刊在内容上增加更多的跨学科研究成果，您会更加关注它吗？	会	74.88
	不一定	19.23
	不会，这对我来说不重要	4.48
	不会，正相反，如果期刊跨学科研究成果变多，我会减少对它的关注度	1.41

第四章　科技期刊国际传播问题与国际传播效能提升策略

续表

题目	选项	占比/%
5.在选择学术期刊时,如果您发现某种期刊的作者来源非常国际化,这是否会提升您对它的关注度?	会	95.59
	不会	4.41
6.如果您在一本过去不熟悉的期刊上发表了文章,之后您会继续关注该期刊的可能性有多少?	很大	66.67
	不大,可能偶尔会看一下	31.52
	很小	1.81

表4-4　阅读习惯与阅读方式影响因素

题目	选项	占比/%
1.您习惯怎样阅读学术期刊文章?（最多选3项）	通过定期关注特定期刊,按篇浏览摘要,选择感兴趣的内容进行全文阅读	52.87
	通过数据库搜索,阅读检索结果中默认最靠上的文章	36.49
	通过定期关注特定期刊,按篇浏览全文	35.32
	通过数据库搜索,选择特定学者,搜索阅读全文	33.11
	通过数据库搜索,关注被引次数最多的文章	25.55
	通过数据库搜索,关注最新文章	22.91
	通过数据库搜索,关注被下载次数最多的文章	16.32
	通过数据库Email主题信息定制服务,阅读被邮箱推送的文章	9.04
	通过数据库手机App端定制相关主题内容,阅读被推送的文章	3.32
2.您更习惯于怎样阅读科技期刊文献?	用计算机端阅读	39.81
	用平板电脑阅读	35.61
	用手机端阅读	22.64
	打印出来阅读	1.94
3.您主要在什么情境下阅读科技期刊文献?	日常科研的常规内容,规律性学习阅读	74.62
	有科研项目或写论文任务时集中阅读	25.38
4.您阅读科技期刊文献的频率是?	每2~3天阅读至少1次	39.12
	每周阅读至少1次	31.88
	每天阅读至少1次	17.51
	只有有特殊需求时才会阅读	7.52
	很少阅读甚至不阅读,原因是:我的研究领域不太需要看期刊文献	3.81
	很少阅读甚至不阅读,原因是:我没有阅读期刊文献的习惯	0.16
5.科技期刊是否是您最主要的阅读文献类型?	是	63.35
	不是,更主要的阅读文献类型是工作论文	14.13
	不是,更主要的阅读文献类型是预印本平台论文	14.02
	不是,更主要的阅读文献类型是会议论文	6.24
	不是,更主要的阅读文献类型是会议论文学术图书	2.26

表 4-5 传播与分享意愿影响因素

题目	选项	占比/%
1.当您发现一本优秀科技期刊,您是否会将它推荐给您的同事/朋友/学生?	是	91.78
	否	4.25
	不一定（对方的研究方向和我一致时会推荐）	3.97
2.您是否经常通过社交平台关注或传播学术信息？（最多选 2 项）	是，通过 Facebook	59.76
	是，通过 X（Twitter）	44.51
	是，通过 LinkedIn	25.32
	是，通过 ResearchGate	9.21
	否	6.38
3.在社交平台上一般您最可能优先阅读哪些学术相关信息？（最多选 2 项）	关注特定话题里发布的信息	53.81
	关注特定小组里发布的信息	51.72
	关注特定账号下发布的信息	30.76
	好友发布的信息	23.58
	标题有趣的科普信息	10.12
4.如果在社交平台上看到与自己研究内容相关的文献介绍信息，您是否会选择进一步阅读论文全文？	大概率会	96.22
	大概率不会	3.78

二、问卷分析与初步结论

通过科技期刊国际受众对问卷的答复情况，可以发现如下几个特点：

（一）中国科技期刊具有国际传播基础和潜力

回复问卷的受众对象中 98.98%的人母语非中文，但明确表示平时会阅读中国出版的科技期刊的人占到 42.41%。同时，据各问卷受访者反馈，他们阅读中国出版的科技期刊种类共近 200 种，分布广泛，另有 41.52%的人员表示没有注意过期刊的出版国家/地区。89.51%的调查对象表示愿意阅读来自中国的英文科技期刊，其中 46.74%的人认为中国在其研究领域里的发展较为领先或自己的研究方向与中国息息相关。尽管只有 25.68%的人已经有文章在中国出版的英文科技期刊上发表过，但 77.33%的人明确表示愿意考虑给中国出版的英文科技期刊投稿。

（二）期刊国际影响力提升须强化期刊自身的国际属性

经过分析受访者的期刊认知影响因素，可以发现：期刊自身的国际属性塑造非常重要，具体主要有以下三个方面。

1.要突破出版语言障碍

对于中文文献，至少90.45%的受访者表示如果文献所在平台提供免费机器翻译服务，自己都会愿意阅读，至少83.71%的受访者表示愿意接受付费人工翻译服务来研读自己相关领域的中文文献。这意味着即使大部分中国科技期刊不能直接使用英文或多语种出版，那后续在传播平台上提供配套语言服务也可提升国际传播效能。

2.要提升办刊队伍的权威性和丰富性

42.20%的受访者会持续关注学术圈里口碑好的特定期刊，但还有44.52%的受访者表示没有特定关注的期刊，而是重点关注研究领域具有影响力的学者发文。对于与自己研究领域相关但过去不熟悉的期刊，影响受访者是否愿意长期关注的5个因素依次是：编委会成员的声望与构成、办刊机构权威性、编委会成员的国际化程度、主编声望、期刊出版国家/地区。而且，74.88%的受访者认为增加跨学科研究成果的期刊会对他们更有吸引力。

3.要力争实现稿源国际化

95.59%的受访者认为期刊作者队伍的国际化程度会提升自己对它的关注度。66.67%的受访者明确表示如果自己在一本过去不熟悉的期刊上发表了文章，之后很可能会继续关注该期刊。此外，关于受访者如何选择平日最常关注的科技期刊的答复中，位列第三位的因素也是会持续关注自己计划投稿的期刊。这表明，不但期刊稿源国际化会提升期刊在读者心中的整体印象，参与文献出版的国际作者未来也可能转化为长期关注期刊的读者，甚至协助推动期刊的国际传播。

本次调研中也征询了受访者对于开放获取期刊的看法。75.35%的受访者表示会持续关注开放获取科技期刊，并相信开放获取期刊的质量，但仅有35.62%的人表示自己会主动向开放获取期刊投稿。

（三）科技期刊传播应关注国际受众使用渠道与场景

基于受访用户的反馈，科技期刊国际受众阅读期刊文献较为规律，每天阅读或每两三天阅读至少一次的受访者占比达56.63%。主流阅读场景还是通过计算机端或平板电脑端。受众发现学术期刊文献的主要方式是通过关注特定期刊，按篇浏览摘要或全文，或通过数据库搜索，阅读检索结果中默认最靠上的文章，或根据辅助筛选项，如作者、被引次数、时间等发现相关文献。因此期刊选择合作的数据库平台自身的传播范围、资源收录情况、检索功能设计对文献的发现具有重要影响。

此外，社交媒体平台正在越来越明显地影响着学术成果的传播，仅有6.38%的受访者不会通过社交平台来接收和传播学术信息。其余受访者使用最多的社交平台是Facebook和X（Twitter）。他们使用的主流方式是关注特定话题或特定小组里发布的信息。这也为期刊或数据库平台通过运营新媒体账号来促进内容的发现和传播指明了方向。

第二节 科技期刊国际传播问题分析

近年来，在国家的大力支持下，我国科技期刊在国际化和传播力建设方面取得了长足的进步，但我们仍需清醒地意识到：我国科技期刊相比于有着悠久历史、庞大实力且深耕全球市场的国际一流科技期刊而言，在传播者、传播受众、传播内容、传播渠道等多种维度的国际传播力建设上仍存在着相当的差距。习近平总书记在党的二十大报告中提到："扩大国际科技交流合作，加强国际化科研环境建设，形成具有全球竞争力的开放创新生态。"对标习近平总书记的要求，中国科技期刊的国际传播目前存在以下方面问题。

一、对国际化办刊重视不够、经验不足

长期以来，我国科技期刊国际传播的根本问题在于国际传播的理念欠缺。我国

科技期刊大部分创建于 20 世纪七八十年代改革开放前后，在过去的四十年间，我国科技期刊取得了长足的发展，为促进国内科研事业的发展与科技水平的提高做出了重要贡献。但鉴于转型时间短、发展积淀浅、发展经验少等局限，我国科技期刊出版单位过往的绝大部分精力集中于国内科研传播生态中，在期刊发展的总体战略布局上视野不够开阔，也缺少对国际科研现状与市场需求的关注。尽管近年来"中国科技期刊卓越行动计划"（以下简称"卓越计划"）大力鼓励科技期刊融入国际、提升国际传播能力，也培养了一批具有国际化发展视野的领军期刊并得到海外学术界与科技期刊界关注和一定国际知名度（如入选 SCI 期刊），但我国绝大部分科技期刊在办刊思想上较为保守，对国际传播重视不够、经验不足，有的刊物只是单纯服从于其主办单位（如大学和科研院所等）的片面需求与行政性质的工作任务，缺少市场化、专业化和国际化的整体布局。

二、面向国际的刊物内容质量需要提升

我国大部分科技期刊的论文在研究旨趣、研究主题、课题意义等方面缺少前沿视野、国际视野，国际作者稿源占比不高，对于国际科研领域前沿课题、世界性话题关注不足，也较为缺乏针对国际科研热点提供中国特色解决方案的研究成果。

不过，我们同时也注意到：在国际一流科技期刊领域，中国作者的发文量与日俱增。例如，根据《自然》"自然指数"（对《自然》上刊载的高质量自然科学论文的来源国贡献度的评价）统计，中国在 2022 年首次超越美国，成为自然指数份额分值最高的国家；根据本课题组统计，在 2022 年 Web of Science 收录的各国作者发文中，来自中国的论文约占当年全球 WoS 发文总量的 28.14%。这些数据说明：中国并不缺少国际一流的优质学术成果，甚至目前部分学科领域中国学术成果的数量和质量都已接近国际领先水平。但我国科技期刊却受困于缺乏一流稿源和捕捉国际前沿热点能力等问题。尤其是从高校角度来看，无论是以进入国内"双一流"学科建设名单、还是以 ESI 国际学科影响力排名来看，我国高校都有数量可观的优质学科，同时也存在着规模较大的高校学报，但目前的高校学报发展明显落后于学科发展，许多细分领域或前沿交叉领域的成果缺少直接对应的期刊承接，促使许多优

质稿源流向国际学术顶刊。这同时又造成了一种恶性循环：难以获得高质量成果的国内科技期刊发展更加受阻，缺少扩张与创刊的能力和动机[1]。

三、国际传播形式单调保守缺乏创新

（一）外语或双语期刊数量少、占比小

国际化的基础是国际化的语言环境，这是满足国际市场和受众需求的基本条件。英语是国际学术传播、科技交流、文化互鉴中使用最广泛的语言。

我国科技期刊大部分仍是立足本土传播的中文期刊，虽然"中国科技期刊影响力提升计划"与"卓越行动计划高起点新刊"等计划显示了国家对于创办英文刊支持力度的提升，但总体看来英文刊和双语期刊的数量仍然有限。相比而言，作为当今世界顶尖出版强国之一的荷兰，英文期刊占其出版的全部学术期刊的比例在21世纪初就已达到65%，这成为荷兰作为一个非英语国家占据世界学术出版前沿地位的重要前提[2]。

（二）大众化传播手段较为单一

随着互联网和新媒体的发展，科技期刊已逐渐脱离传统纸本出版传播的模式，传播方式网络化和数字化，传播内容新闻化和科普化，科技期刊的传播渠道和受众群体都得到了极大扩展。然而，能开展多样、生动、大众化传播的科技期刊尚在少数；大部分科技期刊缺少自主的学术会议或活动，未能充分调动作者、读者、编委、学协会等传播者的积极性，未能整合已有资源、充分利用学术社交活动，充分结合线上线下全面传播。

（三）传播新技术应用不足

近年来，人工智能（AI）、开放获取（Open Access）等新技术和新传播模式为学术出版带来了巨大的变化。许多国际前沿和头部科技期刊出版集团积极跟进，有效运用各种人工智能、数据挖掘新技术赋能出版。诸如爱思唯尔、施普林格·自然等国际学术出版领军企业都在尝试在论文信息深度挖掘、助力科学论文写作等方

面融入大语言模型等生成式人工智能前沿技术，以期促进科研成果的利用率与科研创新成果的产出效率；加速科学研究成果的转化与再生产。相比之下，我国科技期刊目前面对国际科技领域的新动向反应相对迟缓，面向学术出版、促进科技期刊内容生产的新设想或技术工具应用程度还远远不足。

四、国际传播人才队伍力量薄弱

（一）办刊人才储备不足：作者与编委国际化程度总体不高

科技期刊的文献作者与期刊编委既是资源的创造者和传播者，也是它的关键受众。具有相当比例的国际编委与国际作者，代表科技期刊在全球范围内具有丰富的专家资源、优质的作者资源和广泛的受众市场，具有广泛的学术圈人脉网络。

我国科技期刊中目前面向国际传播的英文/双语期刊相比于国际同行而言，在编委、作者的国际化程度上仍有较大差距。国际科技期刊在作者、主编、编委方面普遍更加国际化，如 SCI 和美国《医学索引》（Index Medicus，IM）等国际知名学术数据索引库会将国际编委占比与编委来源的广泛性作为收录期刊的重要参考标准。有学者研究认为：高水平国际化期刊的海外编委占比不宜低于50%。但就目前我国英文科技期刊可统计编委信息与文章作者信息进行分析后可知：国际编委与国际作者占比达到或超过50%的期刊，均仅占全部英文科技期刊的不到十分之一。这实际上映射出我国科技期刊与国际学术界的联通程度有限，国际人才不足制约着科技期刊的国际传播。

（二）传播人才紧缺：专业专职的传播人才稀少

科技期刊的传播主要体现在市场营销、对外交流、新闻宣传、新媒体运营等岗位，目前我国大多数科技期刊的传播工作往往由学术编辑兼任，缺乏专业专职的传播岗位。学术期刊集群或平台往往有更健全的国际市场营销团队，但营销人员流动性大，缺乏专业的传播知识，缺少科研传播的动机和意识，真正有思想、有兴趣、有经验的传播人才十分欠缺。

（三）全流程出版对标国际前沿尚有提升空间

全流程数字化出版平台是实现国际化科研成果整合与交流传播的重要媒介。但我国大多数科技期刊仍以"小散弱"编辑部为主，在数字化上各自为战，缺少成熟完善的生产、运营、传播的科技期刊数字化工作平台。有学者通过选取2019年卓越计划"国际化数字出版服务平台"项目重点资助的三个典型平台（知网运营平台、方正生产平台、清华传播平台），从平台功能体验、服务质量、用户体验、数据管理和系统安全性等维度进行实践测评，对照国际标准出版服务平台（如Editorial Manager采编系统）审视，结果发现在稿件生产流程、投审稿流程、系统兼容和稳定性、数据安全性等层面均有提升空间[3]。

五、国际科研生态融入需增强

（一）科技期刊与国际学术发现系统未充分接轨

总体而言，目前我国科技期刊的文献资源仍未充分融入国际学术发现体系以供全球学术用户发现获取。知识获取渠道的通畅是开展有效的国际交流的前提，但Google Scholar、EBSCO的EDS、Ex Libris的Primo和Summon，以及OCLC的WorldCat Discovery Services等代表性的国际学术资源发现系统收录我国科技期刊文献资源量尚十分有限。

（二）交流渠道建设投入不足

我国科技期刊除了缺少如何"讲好故事"的国际传播理念和内容准备外，对于如何"将故事传播好"的国际交流渠道的建设投入也不够。目前国内科技期刊鲜有专职的海外办公室建设，国际传播硬件软件投入不足，缺乏有力的传播渠道和国际传播布局。对社交媒体、新闻媒体、第三方精准推荐平台等非传统、非学术的传播渠道，尤其是对Facebook、X（Twitter）、Youtube、LinkedIn等国际社交媒体及ResearchGate、Quora等学术或准学术性的传播和推广平台，普遍缺乏运营与利用。

（三）国际品牌缺位：缺少具有国际影响力的集群化平台

国际学术传播具有较强的路径依赖性和传播稳定性。诸如爱思唯尔、施普林格·自然、威立、英国皇家学会、剑桥大学出版社等国际一流学术出版机构均已形成成熟的集群化平台，涵盖国际海量优质学术资源，成为学术研究者寻求资源和服务的主要来源。

我国科技期刊和期刊出版传播平台目前国际知名度整体不高，致使大部分面向国际传播的英文刊寻求"借船出海"：借助上述国际头部出版机构打开国际市场，寻求国际传播，建立国际知名度。这种做法尽管在短时间内可以提升我国科技期刊的国际传播力和知名度，但长此以往会造成期刊对国际合作商的过度依赖，包括被迫向外方让渡大笔经济收入、版权归属模糊及数据出境安全等诸多问题，危害我国科技期刊的自主性与长期健康发展。

期刊集群化运营是大势所趋，我国科技期刊近年来也形成了一些科技期刊集群和出版传播平台，初步形成了集群和规模化生态。但相比于国际科技期刊的集团化，我国科技期刊集群发展仍存在一些难点弱点，如平台集群规模有限，非自有资源较少，目前尚难以吸引国际期刊入驻，集群自成"孤岛"；期刊集群彼此间缺少交流合作和信息共享，缺少统一整合国内外优质学术资源的能力和意愿；同时，有限的数据规模导致难以进行知识深度挖掘和增强出版，无法通过知识图谱分析等方式精确发现学科前沿、科研动向与学者网络。如果只有传播而没有服务，只有文献出版而没有全链条服务，期刊出版平台就无法有效助力选题策划、寻找优质合作作者或遴选同行专家审稿等工作；此外，国内科技期刊集群在体量上远小于国际集群竞争对手，许多功能定制化导致系统开发和测试耗费高昂时间和经济成本，影响期刊集群经济收益[4]。这些问题一直制约着我国科技期刊的集群化、规模化和国际传播能力的发展。

第三节 科技期刊国际传播效能提升策略建议

一、深化认识，明确国际化办刊定位

科技期刊传承人类文明，荟萃科技发现，直接体现国家的科技竞争力和文化软实力，在国家科技创新发展方面起到重要作用[5]。中国科技期刊在国际上要达到好的传播效果，一方面需要立足中国、面向世界，具备中国特色，能够传播中国经验和中国智慧；另一方面立足国际、面向国际，能够反映科学共同体共同关注的国际前沿话题与国际热点话题。

立足中国、面向世界。习近平总书记指出："希望大家拓展国际视野，立足中国，放眼世界，提高把握国际市场动向和需求特点的能力，提高把握国际规则能力，提高国际市场开拓能力，提高防范国际市场风险能力，带动企业在更高水平的对外开放中实现更好发展。"[6]中国对世界经济增长、世界农业产出增长、世界工业化、世界信息化、世界专利创新、世界出口增长、世界进口增长、世界消除绝对贫困都做出了巨大贡献[7]。中国式现代化取得了举世瞩目的成就，对世界发展做出了重大贡献。立足中国、面向世界是以我国前沿研究领域或学科重要进展等为主要内容，向国际社会介绍我国的最新科技成果。中国式现代化取得的成就及积累的经验可以为科技期刊走向国际市场提供动能。

立足国际、面向国际。随着全球化的加速和信息技术的发展，全球范围内的学术交流与合作也日益频繁，这为科技期刊国际传播提供了有利的环境。如何吸引更多国际学者和作者，提升国际传播影响力，需要进行国际化的战略规划和资源投入。例如，在选题上关注国际热点话题，了解不同国家和地区的学术需求和趋势，以更贴合作者和读者的兴趣点；广泛开展国际交流与合作，加入国际学术组织，参加国际会议，以更好了解国际前沿研究动态；与其他国际学术期刊建立联系，加强经验互鉴，提升国际视野等。

二、内容为王，推动科技期刊质量建设

（一）吸引优秀学者发文，汇聚优秀稿源，提升内容质量

一流的学术期刊需要一流的学术文献，而内容质量一流的文献一定来自优秀的学者。科技期刊可以通过举办或参加国际学术会议和学术沙龙等方式，积极在相关学科领域内打开局面，邀请学科和行业内优秀的国内外学者交流发布前沿学术成

果,并积极尝试网络首发等大幅提升期刊出版效率的模式,结合各种评选和奖励机制,吸引学科与行业内国内外优秀学者提供优秀稿源,提升内容质量。同时也需注意发掘有新想法新思路的年轻学者,以邀请加入青年编委会等各种激励方式,抓住他们的出色研究成果。此外也为还为期刊带来更多的优秀审稿人,他们可以为稿件提供专业的评审意见,进一步提高期刊的内容质量。

(二)规划期刊定位,建设符合学科发展水平的特色期刊

近年来,我国科技期刊的发展整体上滞后于学科发展,其中很大原因在于许多科技期刊定位模糊或落后于学科发展。有鉴于此,应当立足国际和国内学科发展状况,通过细致分析国际上的学科发展情况、各个学科发文总量、增速、中国作者在该学科发文量与占比、高被引文献量及占比、该学科全球与国内期刊发展现状等信息,定位尚无期刊或期刊数量较少、具备创刊优势的细分学科,建设一批新刊;并对已有的部分旧刊调整学科定位,使之更具针对性,符合相关学科发展趋势,从而使我国科技期刊更加贴近学科发展现状与未来走向,更易于获取优质稿源,促进自身内容质量提升,也能反哺学科深化发展。

(三)加强办刊队伍建设,强化能力提升

一是加强主编队伍建设。通过科研院所、国家重大项目、学科带头人等途径进行遴选,并积极引进国际学者担任主编;借助主编的学术影响力,组建高水平的编委队伍,在选题策划、审稿约稿撰稿、宣传推广等工作中发挥核心作用[8];举办"国际主编培训班",就国际化出版业务的新技术、新发展、新市场邀请领域内知名学者和实践者进行培训,组织到国际出版大社进行交流,拓展视野。

二是加强编委队伍建设。我国科技期刊应在编委团队的组建上更加国际化,提升国际编委数量和占比,结合本学科本专业情况,定位相关研究领域发展领先国家的优秀学者担任编委。同时,根据办刊中的不同工作特点合理邀请编委,可邀请学术声望高、有业内地位、人脉广泛但各种职务和非学术活动较多的资深学者担任期刊主编或从事约稿、宣传类编委工作;发掘近年来科研发文较多、紧跟前沿和研究热点、活跃于国际会议等前沿学术研究领域的年轻学者们担任审稿、专题与选题策

划等具体工作；并发现领域内社交媒体上具有较高影响力的专家学者，将其吸纳进入编委团队，提升科技期刊在大众和社会媒体上的曝光度与影响力，促进科研成果的公众传播。

同时，积极激发国际编委的工作活力，充分发挥其吸引优质国际稿源的作用[9]。首先，鼓励编委通过参加国际学术会议邀约学科领域同行知名学者投稿，争取更多优质稿件的首发权；其次，推动编委团队在评审中高标准耐心细致审稿，确保采纳的国内外来稿的高质量；再次，鉴于期刊编委发表学术论文的平均被引量普遍高于非期刊编委，因此编辑部也应当积极鼓励国际编委向任职期刊贡献学术成果，通过设立期刊贡献奖等方式进行鼓励。

三是加强编辑队伍建设。开展深度培训与调研，通过专业化培训提升专业素养和能力，通过外出调研开阔视野，让编辑们了解国内外优秀期刊的办刊经验；鼓励编辑们积极追踪国际科学共同体所关注的热点话题，发现该领域的优秀学者并积极建立联系，在选题策划上紧跟国际热点和学科热点，打造一支优秀的学者型编辑队伍。

四是加强审稿专家队伍建设。要构建背景多元化的审稿专家队伍，通过调研、拜访、参加国际学术会议、文献搜索方式，对审稿人进行遴选和增补，形成动态更新、学科覆盖广泛、国家来源多样的审稿专家队伍；要重视对审稿人贡献的认可，通过审稿意见评估反馈机制、评选优秀审稿人等方式，提高审稿人参与的积极性。

三、多元赋能，提升科技期刊传播能力

（一）打破语言壁垒，提升英文期刊出版比例与水平

根据知网开展的科技期刊传播问卷调研显示，当读者发现了相关研究领域的中文文献，且文献所在平台提供免费机器翻译服务，机器翻译成英语有90.45%的受访者愿意阅读，机器翻译成母语则有91.34%的受访者愿意阅读；如果文献所在平台提供付费人工翻译服务，人工翻译成英语和人工翻译成母语后分别有83.71%和84.08%的受访者愿意阅读。可见语言对传播情况影响巨大，国际受众对科技文献语言的首

选为英语，是否为受众的母语对传播的影响差异不大。期刊自身出版语言影响着期刊的国际引用情况。中文期刊双语出版能在很大程度上增强中国科技期刊的国际影响力和竞争力。在 SCI 收录期刊中，非英语期刊与多语言期刊的 IF（影响因子）与英语期刊相比相对较低，英语期刊的平均 IF 大致是非英语期刊平均 IF 的 3 倍[10]。因此，打破语言壁垒，提升英文期刊和英文内容的比例对于国际传播有着实际而重要的意义。

科技期刊需鼓励高校、研究机构、学协会等期刊主办单位积极参与国际合作，提升外语期刊建设水平。如从政策上出台激励措施鼓励面向国际的英文期刊建设；在期刊主办机构层面需要增强英语甚至多语种编辑实力，扩大国内优质科技期刊使用英语同步出版的版图，并确保英语文献符合国际学界的表达习惯和接受心理；同时也需要积极加强与国际学术同仁的联系，通过与业内国际一流学者与出版机构的密切交流和深度合作，发现适应国际学术前沿需求的热点话题和新兴交叉学科内容，充实现有期刊内容或创办有远大前景的优秀新刊；此外，我们也需要建立富有前瞻性的交叉学科评估体系，发现现有科技期刊中的交叉和综合学科亮点，鼓励科技期刊加大交叉学科栏目建设乃至推出更多专业交叉学科期刊，实现与国际学术关注前沿的同步。

（二）充分利用学术社交和大众社交平台

通过学术会议、学会活动、综合展览等形式开展学术社交，学术期刊能够更好达到跟踪学科前沿、贴近读者作者、宣传期刊品牌等目的，锤炼垂直领域中的向上及向下服务延伸的能力。例如，美国化学学会将各类活动在网站上集中公布展示，全年线下会议 18 场次，线上研讨会 108 场次，小型工作坊 9 次，覆盖活动形式丰富多样，举办地点涉及多个国家和地区，能够充分辐射到全球从事化学研究的人群。因为活动众多，美国化学学会专门开发了平台提前开放注册，吸引读者、作者、展商、演讲者等不同群体参与，并且网站上还提供了参加活动所需要的所有资料。

在过去十年中，社交媒体已成为学术活动的重要工具，全球学者在学术社交平台中主要开展成果共享、阅读、搜寻、关注、问答等使用行为，研究人员、教育工作者和期刊编辑可以使用许多在线网站来传播科学信息、推广文章和分析社会影响。学术社交平台以及大众社交平台都可以成为学术期刊传播的重要补充。因此我国学术期刊可以积极借助各类主流社交媒体，提升期刊的国际传播效能，具体可从下面三个方面加强建设。首先，择取与期刊领域匹配的国际学术社交平台，持续投放；鼓励主编团队、作者建立自己的个人账号，积极在社交平台上对期刊文章进行分享、互动和宣传，提升期刊在全球范围内的影响力；邀请有影响力的作者参与发表后的传播，并扩大其出版物的社会影响。其次，在宣传策略上，注重本领域内的热点，保持与重要学者、重要组织的互动；并且针对每个社交媒体平台的受众特点，编制有针对性的宣传文案，充分显示期刊、文章的独特性。另外，期刊可以利用线上开展研讨、会议的形式，定期组织本领域的前沿论坛、工作坊等，吸引国际研究者关注，逐步培植期刊品牌。

（三）利用搜索引擎和学术发现系统提升可见度

学术搜索引擎通过科学组织、管理和维护网络中的学术信息，使用户通过一个检索入口快速获取网络学术信息，目前该类型的学术搜索引擎主要有 Google Scholar、Microsoft Academic Search[11]，是学术期刊尤其是英文学术期刊的重要推广阵地[12]，可以帮助读者快速找到学术文献。图书馆是促进学术成果传播的重要渠道，而图书馆的资源发现系统是通过一个简单的查询接口，对预先索引好的元数据、全文或是其他图书馆资源进行查询和获取，主流图书馆资源发现系统包括 Alma、primo、summon、EDS 等。与 Google Scholar 等学术搜索引擎和主流图书馆资源发现系统合作，将科技期刊元数据加入这些系统中，可以提升科技期刊在学者群体中的曝光度。

（四）加快开放获取发展，积极探索开放获取之路

从国际上来看，科研论文和科研数据的开放共享已成为科学与出版发展的必然趋势[13]，DOAJ、Socolar、J-Gate 三大平台收录的 OA 论文数量在不到 5 年时间内增长率分别为 104.96%、1319.56%和 739.29%，OA 论文质量也有较大提升，越来越多的 OA 论文被 SCI 数据库收录[14]。全球开放获取论文数量已接近传统出版模式

论文数量，根据 Dimensions 数据统计软件的分析，结果表明 2021 年全球出版的混合开放获取（Hybrid OA）和金色开放获取（Gold OA）论文在全球出版论文中的占比约为 43.25%，从各个学科看，很多学科的开放获取论文占比已超过或接近50%[15]。

开放获取运动出现以后，很多科技期刊从排斥 OA 转向主动发展 OA，专门从事 OA 期刊出版的出版商已站稳脚跟，如出版商 BMC 旗下有 OA 期刊 316 种，出版社 MDPI 有 413 种 OA 期刊。我国科技期刊也应顺应时代发展需要，拥抱开放科学，充分认识学术出版模式变革给科技期刊带来的重大影响，要主动应变，汲取全球科技期刊成功的经验，构建开放、协作、可持续的学术出版生态系统[15]，积极探索开放获取的学术出版之路。

四、技术革新，发现国际传播新动能

（一）挖掘新技术在内容生产及传播范围上的潜力

人工智能、大数据等技术在科技期刊的内容生产和传播上有多个潜在的应用场景。一是 AI 可帮助提升研究质量，中国科学院院士、物理化学家江龙先生指出人工智能技术为化学研究带来了深刻变革，从预测化学反应到分析复杂的化学机理，将化学学科发展推向新的高度[16]，并可将 AI 应用于语言润色，借助自然语言处理和回归模型提升了上下文理解能力和多语言处理能力。二是 AI 可提升出版效率，具体表现为 AI 可帮助编辑快速阅读论文，判断论文写作的深度和全面性；通过引入新技术，如自动编校工具和智能排版软件，提升生产效率。三是利用人工智能技术促进科研诚信建设，如中国知网的学术不端文献检测系统广泛应用于学术论文的科研伦理检测，提升学术质量。四是可利用 AI 进行个性化的内容推荐，提升内容传播的精准性和主动性，利用 AI 综合分析读者的专业背景、研究方向、阅读习惯等多维信息，深度了解读者的学术兴趣和信息需求，在此基础上为每位学者生成定制化的文章推荐列表，并提供文章更新的实时提醒服务。这有利于培养读者的忠诚度，与读者建立更紧密的联系，从而获得更高的品牌影响力。

新技术可应用于科技期刊的内容生产、选题策划、稿件评审、学术传播各个环节，改变了科技期刊内容生产的方式，提升了内容生产的效率，使学术传播更加广泛化和精准化，而随着新技术的不断涌现，其在内容生产和学术传播上的潜力值得进一步被挖掘。

（二）利用新技术提升国际传播效率

精准的国际传播离不开对科研人员用户画像的精准构建，利用人工智能技术不断完善用户属性数据和用户行为数据。科技期刊应引导科研人员在个人网站、期刊系统、开放学术平台中完善个人资料，及时更新及分享个人学术研究成果，并引导科研人员参与学术互动，产生足够多的用户行为数据，再通过推荐算法构建用户画像模型，以此提供更为精准的推荐服务，从而提升文章的阅读量和引用量，提升科技期刊学术论文的传播效率，这也使科研成果更容易被国际学术界获取和引用，扩大其在国际学术界的影响范围。

（三）加强数据安全建设

人工智能技术高度依赖于数据，同时也涉及对作者、审稿人等个人信息的收集与处理，这就需要加强数据安全建设，防止数据泄露与滥用。加强科技期刊数据生产和传播中的安全建设，需要促进数据分级分类，建立数据安全标准，对数据和算法进行管理，提升算法透明度，提升安全性和服务质量。加强生成式人工智能监管，通过网络数据安全管理、个人信息保护、数据审计等法律法规进一步完善人工智能监管[17]。

（四）加快构建内容生成式AI的行业规范

科技期刊在内容生成中，一个重要的方面是确保内容准确无误和公正无偏，在将人工智能等新技术应用于出版传播以提升效率和传播范围的同时也需关注潜在风险。认真审视AI在科技信息传播中的道德界限和法律风险尤为重要，特别是在处理敏感个人信息数据，以及发表可能影响公众观点的重要信息时，要严格遵守伦理规范和法律标准；AI的效能极大依赖于对大量数据的收集、分析和处理，不仅涉及个人用户信息，还包括科研数据、出版内容等敏感资料，如何确保用户数据的安全和隐私成为了科技期刊管理者面临的一项关键任务。因此，当我们将AI应用于科技期刊的内容生产与学术传播的方方面面时，要密切关注有关法律法规，应对新型科研成果对法律和传统秩序造成的冲击，促进学术研究的繁荣发展，增强科研人员的科研能力，构建积极、健康、活跃的学术生态[18]。

五、多措并举，加强科技期刊运营水平

（一）利用各方资源协同办刊，实现科技期刊运营一体化

科技期刊的运营需要有效利用相关各方资源才能形成合力。因此要大力鼓励期刊与相关学科行业学协会、学术组织和国际知名高校等协同办刊，这种开放协作的办刊方式可以让期刊得以有效发掘上述学术团体、科研院校乃至科技企业的更多智力积累与研究成果，深度绑定科学共同体前沿与优质资源，进而提高期刊在国内外学术界的影响力，进一步推动期刊的发展和壮大。

（二）提升管理水平，促进科技期刊良性发展

管理机制是期刊融合运营的保障。融合运营需要打破传统的管理模式，建立现代化的管理机制。例如，可以采用扁平化的组织结构、网络化的协作方式、精细化的资源管理等，以提高组织的灵活性和效率。同时，还需要建立完善的风险控制机制和信息安全保障机制，以保障期刊融合运营的安全性和稳定性。另外，不断完善核心科技期刊的评定机制，实行三年动态管理机制，确保学术专家对科技"核心期刊"评选的权威性。

（三）建设一流国际出版平台，打造国际学术交流渠道

在出版行业中，集群化和规模化是提升国际竞争力的重要手段，俨然成为当下科技期刊发展的"制高点"。在2022年3月28日召开的科技期刊集群发展和学术交流平台建设研讨会上，中国科协党组书记张玉卓指出，中央领导同志高度重视世界一流期刊建设和科学数据共享利用。打造科技期刊发展集群，构建高端学术交流

平台，整合共享优质学术出版资源，是建设世界一流科技期刊的重要途径，也是实现科技成果和科学数据开放共享的重要基础；要加大新刊资源供给，在保证学术质量的基础上创办更多高质量期刊，引导海外优秀期刊回归，推动优秀科技论文双语传播，提升我国科技期刊的学术影响力和服务能力[19]。

目前我国虽然已经初步建立了若干科技期刊集群平台，但总体上与国际竞争对手仍有较大差距。我们建议在以下几方面入手加强期刊集群建设：首先，结合自身现有优质期刊与所在行业积淀，瞄准国家急需的人工智能、电子半导体、环境与气候变化等战略性前沿学科领域，培育特色出版领域，辐射优势学科/战略性学科专业期刊集群体系；其次，积极深挖现有集群平台潜力，扩大其期刊承载容量，吸引本领域或交叉学科相关优质期刊加入（特别是之前"借船出海"优质期刊回归国内平台）；再次，需要对标国际标准，主动寻求加入国际科学、技术与医学出版商协会（STM）、CrossRef、Orcid 等主要国际出版标准化组织和出版专业协会，制定满足中外环境的学术出版规范体系，融入全球数字化学术传播体系。

综上所述，提升科技期刊的国际传播效能需从多个方面着手。一要明确国际化办刊定位，二要推动科技期刊质量建设，三要提升科技期刊传播能力，四是利用新技术展现国际传播新潜力，五是强化科技期刊运营水平。同时需建立官方"走出去"渠道，扶植一批在国际上有丰富的学术客户资源、熟悉国际学术数据库经营模式的国有数字出版先进企业，支持版权"走出去"，发行"走出去"，与科技期刊形成合力，在国际学术舞台上展现强大传播力与影响力。

致谢

肖晶、朱妍彦、张凌絮、杨品舒、杨雪薇。

参考文献

[1] 张赟. "双一流"背景下学科与期刊融合发展机制研究[J]. 湖南师范大学社会科学学报, 2023, 52(2): 134-139.

[2] 戴利华, 刘培一. 国外科技期刊发展环境[M]. 北京: 社会科学文献出版社, 2007: 16.

[3] 尤笛, 陈秀妍, 李薇, 等. 我国自主知识产权的数字出版平台全流程探索和用户测评[J]. 中国科技期刊研究, 2023, 34(11): 1467-1472.

[4] 唐名威, 刘华鲁. 信息通信领域科技期刊集群建设实践与思考[J]. 科技与出版, 2020(2): 20-25.

[5] 新华社. 培育世界一流科技期刊 四部门联合发文推动科技期刊改革发展[EB/OL]. (2019-08-16) [2024-03-17]. https://www.gov.cn/xinwen/2019-08/16/content_5421699.htm.

[6] 央广网.「每日一习话」立足中国 放眼世界[EB/OL]. (2020-09-12) [2024-03-17]. https://baijiahao.baidu.com/s?id=1677587253976362950&wfr=spider&for=pc.

[7] 胡鞍钢. 中国式现代化对世界发展的重大贡献(2000—2022年)[J]. 武汉科技大学学报(社会科学版), 2024, 26(1): 1-9.

[8] 祁璐颖 科技期刊发展影响因素研究[D]. 北京: 中国科学院大学(中国科学院文献情报中心), 2022.

[9] 常冬雨. 编委团队国际化对我国英文科技期刊学术质量的影响研究[D]. 辽宁: 大连理工大学, 2022.

[10] 刘萌明. SCI 期刊出版语言与其影响因子的相关性研究[J]. 科技情报开发与经济, 2015, 25(21): 128-130.

[11] 李慧芳. 资源发现系统与学术搜索引擎功能比较研究——以 EDS 和百度学术搜索为例[J]. 新世纪图书馆, 2019(9): 76-80.

[12] 张蓓. 使好学术搜索引擎"双刃剑"提升学术期刊可见度[J]. 学报编辑论丛, 2021(1): 385-391.

[13] 刘萍萍, 尹欢. 开放获取对提升我国 SCI 科技期刊影响力的作用研究[J]. 科技与出版, 2023(9): 106-113.

[14] 王元杰, 齐秀丽, 王应宽. 国内外期刊开放获取出版现状与启示[J]. 中国科技期刊研究, 2020, 31(7): 828-835.

[15] 张智雄, 张梦婷, 林歆, 等.开放科学环境下全球科技期刊的发展态势[J]. 中国科学院院刊, 2023, 38(6): 795-805.

[16] 董文杰, 李苑. 人工智能在科技期刊中的应用及启示[J]. 中国科技期刊研究, 2023, 34(11): 1399-1408.

[17] 中国经济网. 刘鹏: 探索共享与监管动态平衡[EB/OL]. (2024-01-03) [2024-03-17]. http://views.ce.cn/view/ent/202401/03/t20240103_38851422.shtml.

[18] 李松山. ChatGPT 背景下科技期刊面临的挑战及应对策略[J]. 传播与版权, 2023(19): 58-61.

[19] 澎湃. 中国科协组织召开科技期刊集群发展和学术交流平台建设研讨会[EB/OL]. (2022-03-29) [2024-05-22]. https://m.thepaper.cn/baijiahao_17359878.

附　录

附录1　传播力TOP中文理学学术期刊名单

序号	期刊名称	传播者指数	传播内容指数	传播渠道指数	受众指数	传播效果指数	传播力指数
1	生态学报	10.90	13.63	10.18	9.02	9.20	52.92
2	中国科学院院刊	11.41	8.57	13.88	10.56	5.45	49.87
3	地理学报	12.97	14.75	9.84	5.26	5.45	48.27
4	光学学报	10.27	11.26	13.36	2.04	8.11	45.04
5	自然资源学报	12.57	13.77	8.35	6.17	3.91	44.77
6	中国光学（中英文）	9.26	5.53	11.27	8.53	9.82	44.41
7	应用生态学报	14.62	10.86	9.49	3.67	5.22	43.86
8	科学通报	13.68	9.58	11.91	3.30	4.67	43.14
9	中国人口·资源与环境	12.15	11.55	8.20	5.79	4.62	42.31
10	地理研究	13.04	11.16	8.20	4.77	4.03	41.21
11	物理学报	10.56	10.18	10.86	4.96	3.92	40.48
12	地理科学	13.17	10.34	8.23	4.36	3.63	39.73
13	发光学报	12.42	5.61	10.62	1.28	9.80	39.73
14	光谱学与光谱分析	12.98	9.80	8.90	4.42	3.03	39.14
15	地球科学	11.76	8.71	11.71	2.94	3.16	38.28
16	科技导报	10.30	6.78	11.82	4.80	4.41	38.11
17	测绘通报	10.30	8.14	12.06	2.96	4.60	38.07
18	地理科学进展	11.89	10.17	8.20	3.94	3.38	37.58
19	地球物理学报	11.19	8.03	10.13	2.61	3.99	35.96
20	生态学杂志	13.09	7.60	8.84	2.66	3.62	35.81
21	光子学报	10.44	7.91	12.14	3.01	2.04	35.54
22	中国动物保健	6.30	7.62	13.90	3.94	3.34	35.10
23	资源科学	10.99	9.32	8.18	3.08	3.51	35.07
24	土壤学报	11.43	7.92	8.90	3.18	3.01	34.43

续表

序号	期刊名称	传播者指数	传播内容指数	传播渠道指数	受众指数	传播效果指数	传播力指数
25	干旱区资源与环境	11.16	8.32	7.56	4.28	2.86	34.18
26	微生物学通报	9.85	8.40	10.48	3.15	2.27	34.16
27	系统工程理论与实践	10.52	8.47	8.61	3.11	3.27	33.98
28	水科学进展	12.42	8.33	9.47	1.50	2.21	33.92
29	微生物学报	10.71	7.54	10.64	2.45	2.03	33.36
30	力学学报	9.29	7.67	10.74	3.39	2.06	33.15
31	中国科学：生命科学	10.52	6.12	9.59	2.01	4.72	32.96
32	生物工程学报	8.99	7.27	11.31	2.80	2.01	32.38
33	高等学校化学学报	11.25	6.59	10.15	2.21	1.98	32.19
34	地球信息科学学报	9.62	8.15	9.02	2.83	2.38	32.00
35	分析化学	8.79	5.45	10.20	5.03	2.30	31.77
36	水土保持研究	10.62	7.59	7.51	3.26	2.69	31.68
37	生物技术通报	10.96	7.31	8.02	2.97	2.28	31.54
38	地质学报	11.28	7.54	7.79	1.58	3.31	31.50
39	中国科学：地球科学	10.11	7.52	7.79	2.65	3.36	31.43
40	热带地理	10.16	6.97	8.90	3.42	1.90	31.35
41	岩石学报	9.32	6.59	8.98	1.70	4.32	30.91
42	植物生理学报	10.72	5.98	10.11	1.75	2.28	30.83
43	沉积学报	9.80	5.40	11.54	1.70	2.32	30.77
44	测绘学报	10.56	8.03	7.14	2.30	2.44	30.47
45	生物多样性	9.28	6.24	9.40	2.40	3.02	30.34
46	气候变化研究进展	10.71	5.02	9.82	2.13	2.17	29.86
47	植物生态学报	8.23	7.48	9.43	1.38	2.87	29.39
48	中国科学：化学	9.06	5.38	9.28	2.83	2.40	28.96
49	物理	6.29	3.99	7.57	3.59	7.51	28.95
50	西南大学学报（自然科学版）	10.39	6.84	6.92	2.56	1.94	28.64
51	生物化学与生物物理进展	9.80	5.68	9.55	1.88	1.65	28.56
52	地学前缘	10.00	6.82	7.14	1.48	3.04	28.47
53	测绘科学	8.62	6.71	8.76	2.14	2.15	28.38
54	系统管理学报	11.17	5.02	8.33	1.93	1.88	28.33
55	中国科学：物理学 力学 天文学	10.62	5.34	9.14	1.28	1.80	28.18
56	应用与环境生物学报	8.99	5.39	10.05	1.74	1.99	28.15

注：按传播力指数降序排序。

附录2 传播力TOP中文农学学术期刊名单

序号	期刊名称	传播者指数	传播内容指数	传播渠道指数	受众指数	传播效果指数	传播力指数
1	农业工程学报	13.66	11.67	14.94	5.95	11.24	57.46
2	风景园林	7.72	12.41	14.09	11.00	6.31	51.53
3	农业机械学报	12.58	13.55	10.85	6.83	6.45	50.26
4	安徽农业科学	9.41	8.26	13.52	8.75	7.62	47.55
5	动物营养学报	10.59	12.52	8.06	6.59	4.59	42.36
6	作物学报	11.16	10.67	11.15	3.89	4.74	41.61
7	植物保护学报	6.61	6.30	9.81	8.59	9.22	40.52
8	中国农业科学	10.26	10.13	9.93	4.16	6.02	40.51
9	科学养鱼	6.91	4.97	13.00	3.62	10.88	39.38
10	中国蔬菜	6.76	4.07	12.36	5.71	9.96	38.86
11	中国生态农业学报（中英文）	11.22	8.75	11.48	2.97	3.26	37.68
12	江苏农业科学	10.70	7.88	7.52	6.52	4.73	37.35
13	长江蔬菜	5.71	4.79	10.88	3.17	12.39	36.95
14	饲料研究	10.31	7.63	8.42	4.82	4.73	35.91
15	湖北农业科学	9.82	8.56	7.21	6.09	3.91	35.58
16	中国农学通报	10.78	7.53	7.24	4.46	5.51	35.51
17	农业环境科学学报	10.90	6.84	10.02	3.27	3.90	34.93
18	中国畜牧杂志	9.30	8.04	8.39	5.76	3.41	34.91
19	现代园艺	9.12	8.22	7.41	7.96	2.14	34.86
20	分子植物育种	9.23	8.92	7.49	5.90	3.09	34.63
21	智慧农业（中英文）	7.82	7.17	13.81	3.11	2.47	34.38
22	园艺学报	8.94	7.98	9.96	3.32	3.83	34.03
23	草地学报	8.72	9.89	8.89	3.75	2.70	33.96
24	草业学报	9.82	9.28	9.00	2.50	3.14	33.73
25	植物营养与肥料学报	10.81	6.84	10.14	2.03	3.87	33.68
26	现代农业科技	8.70	8.07	7.01	5.82	3.97	33.56
27	南京林业大学学报（自然科学版）	9.05	7.03	12.03	2.24	2.67	33.03
28	中国饲料	8.72	7.29	8.69	3.86	3.69	32.25

续表

序号	期刊名称	传播者指数	传播内容指数	传播渠道指数	受众指数	传播效果指数	传播力指数
29	农业资源与环境学报	10.38	6.70	10.04	2.49	2.20	31.83
30	农业现代化研究	11.12	7.77	7.89	2.54	2.46	31.78
31	智慧农业导刊	9.31	7.64	4.97	5.40	4.26	31.58
32	种子科技	6.71	7.90	8.57	3.94	4.09	31.22
33	绿色科技	9.33	8.05	5.08	5.51	3.07	31.04
34	北方园艺	8.40	5.95	8.83	3.54	4.00	30.72
35	农业与技术	8.84	7.70	6.19	5.61	2.26	30.61
36	畜牧兽医学报	8.64	6.43	9.34	3.13	2.76	30.29
37	中国农业大学学报	9.34	7.70	6.90	3.36	2.76	30.07
38	林业科学	8.53	4.52	10.86	2.58	3.48	29.97
39	果树学报	7.24	8.22	8.80	2.47	2.73	29.46
40	水产学报	8.64	5.74	9.92	2.20	2.69	29.20
41	中国畜牧兽医	8.83	6.61	7.10	3.84	2.61	28.98
42	中国水稻科学	9.42	5.92	9.87	1.39	2.19	28.79

注：按传播力指数降序排序。

附录3 传播力TOP中文医学学术期刊名单

序号	期刊名称	传播者指数	传播内容指数	传播渠道指数	受众指数	传播效果指数	传播力指数
1	中国中药杂志	14.80	10.22	12.14	6.66	16.99	60.81
2	中华护理杂志	10.26	13.76	10.73	8.27	5.54	48.56
3	中草药	12.83	8.97	11.30	3.57	8.15	44.83
4	中国全科医学	10.48	8.88	11.18	5.77	4.90	41.20
5	中国实验方剂学杂志	12.85	9.47	7.86	3.77	6.77	40.71
6	中华中医药杂志	10.68	9.59	7.97	3.74	8.27	40.25
7	中国医疗保险	6.27	3.23	13.52	8.70	8.40	40.12
8	中国组织工程研究	9.92	9.60	10.04	4.69	4.46	38.69
9	护理研究	11.53	8.37	6.91	7.30	4.25	38.37
10	中医杂志	12.17	8.51	8.02	2.43	6.17	37.30
11	护理学杂志	10.42	9.19	7.04	5.94	4.12	36.72
12	中国护理管理	8.68	5.26	13.82	3.66	4.09	35.50
13	临床肝胆病杂志	8.18	5.51	14.17	3.68	2.57	34.10

续表

序号	期刊名称	传播者指数	传播内容指数	传播渠道指数	受众指数	传播效果指数	传播力指数
14	心理科学进展	10.59	5.80	8.45	2.53	6.23	33.61
15	中华医学杂志	8.03	7.18	10.66	0.74	6.64	33.25
16	中国老年学杂志	9.21	8.70	5.12	4.21	5.91	33.14
17	中国针灸	9.82	6.19	9.75	1.70	4.91	32.37
18	中华中医药学刊	11.14	7.41	6.04	2.34	5.13	32.06
19	中国实用外科杂志	7.92	5.33	14.18	1.06	3.40	31.89
20	中国社区医师	8.24	7.58	11.77	1.52	2.60	31.70
21	世界中医药	11.44	6.62	7.81	2.08	3.56	31.51
22	中国循环杂志	6.90	3.77	14.28	2.08	4.38	31.41
23	中国医药导报	9.29	8.53	6.89	2.85	3.80	31.37
24	药学学报	10.76	5.70	9.84	1.53	3.26	31.08
25	中国临床心理学杂志	9.70	6.15	8.30	1.87	4.91	30.94
26	针刺研究	10.94	5.46	10.50	0.91	2.79	30.60
27	医学信息	8.49	7.24	9.93	1.81	3.12	30.59
28	医疗装备	7.64	7.58	8.45	1.68	5.01	30.36
29	中成药	10.28	5.99	7.60	2.64	3.70	30.20
30	现代预防医学	9.99	7.18	6.86	1.90	3.93	29.86
31	时珍国医国药	10.18	6.86	6.07	1.71	4.88	29.70
32	中国中医基础医学杂志	10.62	5.49	7.81	1.88	3.63	29.43
33	重庆医学	9.45	6.47	7.95	2.52	3.03	29.43
34	中国实用妇科与产科杂志	7.22	8.29	9.53	1.29	2.99	29.33
35	临床医学研究与实践	8.49	7.65	8.07	2.59	2.37	29.17
36	中国中医药现代远程教育	9.60	7.71	6.22	2.56	3.07	29.16
37	中华疾病控制杂志	10.55	5.36	10.07	1.09	2.06	29.13
38	中国药理学通报	10.17	5.60	9.08	1.78	2.40	29.02
39	中国学校卫生	8.42	6.36	7.94	2.62	3.66	29.01
40	中华现代护理杂志	7.39	7.09	10.23	0.78	3.43	28.92
41	世界科学技术-中医药现代化	11.58	5.79	6.84	1.90	2.66	28.77
42	中华消化外科杂志	6.85	4.60	14.56	0.67	2.01	28.69
43	中国药房	8.90	5.36	8.39	2.21	3.82	28.67
44	全科护理	8.72	7.79	6.38	3.86	1.77	28.52
45	现代肿瘤医学	8.78	6.86	7.79	2.54	2.22	28.19
46	中西医结合心脑血管病杂志	9.79	6.55	6.88	1.81	3.14	28.17

续表

序号	期刊名称	传播者指数	传播内容指数	传播渠道指数	受众指数	传播效果指数	传播力指数
47	光明中医	10.25	7.71	5.12	2.23	2.80	28.11
48	公共卫生与预防医学	6.11	3.51	10.78	1.26	6.36	28.03
49	现代中西医结合杂志	9.91	5.29	7.82	1.45	3.54	28.02
50	中国妇幼保健	9.67	7.89	5.12	1.32	3.99	27.98
51	北京中医药大学学报	10.71	5.54	7.80	1.23	2.41	27.69
52	中国现代医生	9.08	7.72	7.02	2.01	1.86	27.69
53	磁共振成像	7.20	4.55	12.89	1.42	1.43	27.48
54	现代医药卫生	9.36	6.20	7.30	2.77	1.78	27.41
55	中国药学杂志	9.13	3.34	10.31	1.14	3.46	27.38
56	中国民间疗法	7.78	6.27	9.95	1.53	1.83	27.36
57	山东医药	9.24	6.55	6.05	2.32	3.11	27.27
58	中国现代中药	11.10	3.56	8.86	1.56	2.19	27.26
59	辽宁中医杂志	9.21	6.25	6.03	1.38	4.37	27.24
60	临床合理用药	8.44	7.59	7.09	1.83	2.26	27.22
61	齐鲁护理杂志	8.23	7.78	6.33	3.10	1.71	27.14
62	中国康复医学杂志	7.74	5.90	9.23	1.63	2.61	27.12
63	中华流行病学杂志	6.82	5.69	9.93	0.66	4.01	27.12
64	医学综述	9.80	5.16	6.84	2.22	3.05	27.08
65	中医临床研究	8.95	7.76	5.12	1.87	3.35	27.05
66	中国中西医结合杂志	9.49	4.69	7.65	1.07	4.12	27.02
67	中华妇产科杂志	5.81	4.65	12.93	0.63	2.95	26.97
68	护理学报	9.85	5.59	6.83	2.60	2.05	26.92
69	中国医学创新	9.29	7.62	6.07	1.78	2.09	26.86
70	中国公共卫生	9.79	5.08	7.56	1.30	3.11	26.83
71	中国新药杂志	8.94	3.74	10.06	1.67	2.41	26.82
72	中国中医药信息杂志	10.34	5.08	7.21	1.49	2.62	26.74
73	辽宁中医药大学学报	9.77	5.37	6.04	1.68	3.78	26.65
74	护理实践与研究	10.01	5.36	6.15	3.19	1.82	26.52
75	中国健康心理学杂志	9.63	5.46	4.96	2.86	3.51	26.43
76	当代医学	8.50	7.59	6.19	2.00	2.14	26.41
77	新中医	8.32	7.10	6.14	1.42	3.38	26.36
78	中国癌症杂志	8.21	3.70	10.61	1.02	2.76	26.31
79	中国当代医药	8.11	7.63	6.18	2.07	2.22	26.21

续表

序号	期刊名称	传播者指数	传播内容指数	传播渠道指数	受众指数	传播效果指数	传播力指数
80	中国医药科学	8.41	7.17	6.71	1.82	2.10	26.21
81	陕西中医	8.60	5.09	8.22	1.19	3.06	26.17
82	中国当代儿科杂志	8.35	4.30	9.92	1.67	1.83	26.07
83	中国免疫学杂志	9.35	5.31	7.57	1.68	2.07	25.98
84	中国临床药理学杂志	9.91	5.10	6.55	1.87	2.48	25.92
85	中国骨质疏松杂志	9.07	5.09	7.69	1.65	2.38	25.88
86	中国医院药学杂志	9.68	5.06	7.20	1.52	2.42	25.88
87	环球中医药	9.87	4.41	7.79	1.44	2.36	25.87
88	中国美容医学	8.70	3.99	10.15	1.33	1.65	25.83
89	中医药导报	7.46	3.99	10.38	1.13	2.87	25.82
90	中国病理生理杂志	9.76	5.23	7.73	1.25	1.81	25.78
91	中国心理卫生杂志	8.83	4.85	6.61	1.68	3.74	25.72
92	协和医学杂志	7.87	3.92	10.68	1.41	1.82	25.70
93	医学与社会	10.17	5.12	6.82	1.62	1.96	25.69
94	现代生物医学进展	9.63	6.55	5.87	0.93	2.71	25.68
95	中国循证医学杂志	8.47	6.54	7.56	1.08	1.96	25.61
96	中国卫生事业管理	11.09	5.07	6.08	1.30	2.05	25.59
97	实用医学杂志	8.22	5.78	6.98	1.68	2.93	25.58
98	南方医科大学学报	7.02	4.56	10.80	1.01	2.03	25.42
99	现代药物与临床	8.90	3.79	9.42	1.06	2.23	25.40
100	遗传	8.37	3.98	10.26	0.69	2.08	25.39
101	医学理论与实践	8.69	7.65	5.12	2.13	1.72	25.30
102	河南医学研究	8.77	7.10	6.28	1.57	1.58	25.29
103	中国肿瘤	9.78	6.35	6.61	0.76	1.77	25.28
104	中华儿科杂志	6.57	3.68	10.73	0.87	3.35	25.21
105	中国药业	8.18	4.96	8.08	1.78	2.14	25.13
106	中华胃肠外科杂志	6.03	4.08	12.06	0.69	2.23	25.10
107	中华围产医学杂志	6.75	3.01	12.87	0.64	1.81	25.09
108	中华内科杂志	7.04	4.63	9.93	0.66	2.77	25.03

注：按传播力指数降序排序。

附录4 传播力TOP中文工程技术期刊名单

序号	期刊名称	传播者指数	传播内容指数	传播渠道指数	受众指数	传播效果指数	传播力指数
1	食品科学	9.64	6.16	11.57	13.39	5.57	46.32
2	中国电机工程学报	8.29	7.19	9.00	10.91	7.98	43.37
3	食品工业科技	9.35	5.44	8.61	13.86	3.98	41.24
4	金属加工（热加工）	4.73	2.21	12.77	9.49	10.86	40.05
5	建筑结构	8.20	4.55	9.63	8.76	5.31	36.44
6	电力系统自动化	8.61	5.72	7.56	8.22	6.16	36.28
7	包装工程	9.43	6.80	5.22	11.79	2.46	35.69
8	电网技术	9.80	5.86	7.45	5.89	5.12	34.13
9	环境工程	8.80	4.77	9.10	8.05	3.26	33.98
10	机械工程学报	10.07	4.85	8.89	4.62	5.45	33.88
11	食品与发酵工业	8.86	5.45	6.53	10.32	2.19	33.36
12	激光与光电子学进展	9.13	4.95	9.34	4.64	5.29	33.35
13	计算机工程与应用	9.27	5.24	5.61	10.10	3.06	33.28
14	煤炭学报	8.68	9.04	5.57	5.58	4.18	33.05
15	材料导报	8.95	5.21	7.16	9.05	2.66	33.03
16	环境科学	8.99	4.94	8.14	6.94	3.70	32.71
17	城市规划	5.22	9.18	8.41	6.06	3.04	31.92
18	中国激光	7.53	3.80	11.27	3.22	5.45	31.27
19	金属加工（冷加工）	3.20	1.95	10.12	8.98	6.95	31.21
20	化工进展	8.39	4.19	8.09	7.73	2.43	30.82
21	电工技术	8.18	4.42	5.41	6.02	6.77	30.79
22	电工技术学报	7.71	4.16	8.47	5.84	4.60	30.78
23	科学技术与工程	8.74	5.13	5.59	8.31	2.90	30.66
24	食品研究与开发	8.61	4.61	7.39	7.91	2.14	30.65
25	岩石力学与工程学报	7.67	6.14	7.14	3.69	5.06	29.70
26	中国环境科学	9.68	4.03	5.87	7.37	2.60	29.54
27	皮革制作与环保科技	7.09	4.41	7.69	6.86	2.92	28.97
28	振动与冲击	9.42	4.96	6.70	4.96	2.89	28.93
29	石油勘探与开发	8.03	8.25	7.35	2.41	2.66	28.70
30	高电压技术	8.73	3.87	8.24	4.17	3.44	28.44
31	中国标准化	7.45	4.44	9.41	4.85	2.24	28.39

续表

序号	期刊名称	传播者指数	传播内容指数	传播渠道指数	受众指数	传播效果指数	传播力指数
32	中国公路学报	8.43	5.52	7.42	4.34	2.56	28.26
33	岩土力学	7.68	4.81	7.89	3.60	4.24	28.22
34	储能科学与技术	7.42	4.27	8.25	6.42	1.83	28.19
35	建筑师	4.51	1.23	10.48	4.33	7.53	28.08
36	计算机仿真	10.92	4.81	4.95	4.47	2.88	28.03
37	中国石油大学学报（自然科学版）	7.15	1.96	8.15	8.84	1.36	27.46
38	中国园林	5.03	7.34	6.39	5.20	3.46	27.41
39	中华建设	3.67	3.26	7.61	11.37	1.40	27.31
40	食品安全质量检测学报	8.37	4.78	4.25	8.08	1.80	27.27
41	中国给水排水	8.86	2.70	7.77	3.91	3.95	27.20
42	网络安全技术与应用	8.35	4.82	4.55	8.28	1.18	27.18
43	山东化工	9.13	4.67	5.13	6.76	1.45	27.14
44	计算机科学	8.48	4.40	5.57	6.22	2.32	26.99
45	山西建筑	8.95	4.49	8.06	3.97	1.49	26.97
46	中国设备工程	7.14	4.56	3.85	10.01	1.37	26.94
47	当代化工研究	9.71	4.64	5.12	5.42	1.98	26.88
48	汽车维修与保养	3.55	1.59	7.61	11.47	2.51	26.73
49	石油学报	7.82	6.37	7.75	2.54	2.20	26.68
50	南方农机	7.70	4.83	3.85	8.86	1.26	26.51
51	城市发展研究	7.01	5.52	6.95	4.83	2.14	26.45
52	给水排水	6.57	3.62	6.36	4.91	4.93	26.38
53	太阳能学报	8.83	4.48	6.13	5.16	1.76	26.36
54	广东化工	7.97	4.62	3.28	8.62	1.70	26.19
55	现代化工	9.52	3.82	6.80	4.61	1.43	26.18
56	复合材料学报	7.36	3.93	7.13	6.20	1.56	26.18
57	城市建筑	8.76	4.48	6.74	4.79	1.35	26.13
58	岩土工程学报	8.24	3.46	7.58	3.09	3.69	26.06
59	航空学报	6.88	4.45	7.54	5.32	1.84	26.03
60	电力自动化设备	7.25	4.26	7.21	4.73	2.47	25.91
61	中国机械工程	7.90	3.72	7.64	4.29	2.35	25.90
62	国际城市规划	5.42	9.60	6.08	2.68	2.08	25.86

续表

序号	期刊名称	传播者指数	传播内容指数	传播渠道指数	受众指数	传播效果指数	传播力指数
63	中国食品学报	8.18	3.52	5.99	6.42	1.70	25.81
64	电力系统保护与控制	7.45	3.59	7.12	4.51	3.11	25.78
65	中国电力	8.14	3.08	9.55	2.92	2.05	25.75
66	施工技术（中英文）	6.66	3.27	6.79	5.56	3.42	25.70
67	天然气工业	7.71	4.40	7.76	3.07	2.71	25.64
68	液晶与显示	5.99	1.92	8.10	1.67	7.94	25.62
69	应用化工	9.45	3.88	5.52	5.20	1.48	25.53
70	科技与创新	8.00	4.69	5.69	5.74	1.18	25.30
71	红外与激光工程	10.01	3.34	7.28	3.03	1.61	25.26
72	计算机集成制造系统	6.40	4.64	7.44	4.60	2.15	25.22
73	城市建筑空间	7.12	4.43	6.71	4.44	2.22	24.92
74	控制与决策	7.56	3.68	8.10	3.43	2.11	24.88
75	化工新型材料	9.82	4.36	3.90	5.28	1.47	24.84
76	化工学报	7.33	3.39	7.34	4.26	2.49	24.81
77	煤炭科学技术	6.96	4.26	6.52	4.10	2.96	24.80
78	城市规划学刊	5.67	6.85	6.21	3.58	2.46	24.78
79	电子与信息学报	8.25	3.34	6.86	3.95	2.27	24.67
80	中国现代教育装备	7.21	3.86	7.60	4.68	1.29	24.65
81	中国油脂	8.71	2.57	7.62	3.80	1.89	24.59
82	建筑学报	4.88	3.97	6.80	5.82	3.01	24.48
83	环境科学学报	7.69	3.54	6.73	4.05	2.48	24.48
84	特种铸造及有色合金	6.82	2.56	9.83	2.68	2.59	24.48
85	现代食品科技	8.19	2.86	7.16	4.50	1.77	24.48
86	广州化工	8.03	4.57	3.96	6.46	1.43	24.44
87	工业建筑	7.48	3.68	6.50	4.67	2.09	24.42
88	计算机工程	6.90	3.53	6.76	5.25	1.97	24.42
89	表面技术	8.44	3.37	7.10	3.86	1.61	24.38
90	集成电路应用	8.37	4.68	5.12	5.17	0.95	24.29
91	中南大学学报（自然科学版）	9.98	3.19	6.28	2.80	1.94	24.18
92	暖通空调	6.15	2.89	8.22	3.96	2.96	24.18
93	机床与液压	8.43	4.07	5.91	3.86	1.89	24.16

续表

序号	期刊名称	传播者指数	传播内容指数	传播渠道指数	受众指数	传播效果指数	传播力指数
94	内燃机与配件	9.19	4.65	3.85	5.25	1.18	24.12
95	实验室研究与探索	9.20	3.77	5.56	3.81	1.78	24.11
96	现代电子技术	7.47	4.02	6.70	4.13	1.74	24.06
97	现代食品	7.65	4.76	3.28	7.07	1.29	24.05
98	人民黄河	8.73	3.59	6.39	3.55	1.75	24.01
99	自动化学报	6.49	3.96	7.98	3.22	2.31	23.97
100	热加工工艺	9.26	4.17	5.52	3.05	1.91	23.92
101	无线互联科技	8.15	4.67	4.55	5.44	1.08	23.89
102	计算机应用	7.33	3.78	5.57	5.00	2.21	23.89
103	建筑与文化	6.24	4.54	6.27	5.38	1.40	23.84
104	工程建设与设计	7.87	4.40	5.70	4.69	1.13	23.80
105	物理化学学报	7.37	3.65	8.24	2.55	1.98	23.79
106	电子设计工程	7.93	4.27	5.52	4.42	1.54	23.68
107	混凝土	6.35	3.09	7.71	3.99	2.52	23.66
108	规划师	4.46	4.01	7.94	4.38	2.75	23.53
109	现代信息科技	7.30	4.79	5.69	4.56	1.09	23.44
110	湖泊科学	8.22	2.98	7.17	3.29	1.71	23.36
111	中国有色金属学报	8.43	2.85	7.70	2.48	1.89	23.36
112	长江流域资源与环境	7.84	3.76	6.02	3.75	1.98	23.35
113	计算机应用研究	7.08	3.61	5.52	4.83	2.23	23.27
114	稀有金属材料与工程	7.57	3.30	7.57	2.37	2.32	23.14
115	石油与天然气地质	8.37	4.72	6.53	1.87	1.63	23.11
116	食品工业	8.00	4.22	4.55	4.68	1.60	23.05
117	中国安全科学学报	7.57	3.72	6.77	3.10	1.89	23.05
118	建设监理	2.86	1.78	6.26	5.46	6.67	23.03
119	环境科学研究	6.37	2.86	7.43	4.32	2.01	22.99
120	中国水运	6.33	3.14	5.14	5.98	2.40	22.99
121	环境工程学报	8.66	2.59	7.07	2.64	2.03	22.99
122	建筑结构学报	6.15	3.75	7.23	3.35	2.47	22.96
123	环境保护	4.41	3.03	7.26	4.13	4.10	22.93
124	遥感学报	5.85	4.97	6.99	2.75	2.33	22.88

续表

序号	期刊名称	传播者指数	传播内容指数	传播渠道指数	受众指数	传播效果指数	传播力指数
125	水利学报	7.68	4.14	6.82	2.06	2.19	22.88
126	城市公共交通	3.89	3.51	10.41	1.86	3.15	22.83
127	科学技术创新	7.82	4.67	3.28	5.30	1.74	22.81
128	武汉大学学报（信息科学版）	6.40	4.43	7.72	2.35	1.88	22.79
129	精细化工	8.67	2.53	6.79	3.56	1.21	22.75
130	软件学报	7.57	2.90	7.19	2.85	2.03	22.54
131	中国新通信	6.89	4.49	4.55	5.36	1.26	22.54
132	电气技术	4.22	1.30	6.91	8.83	1.27	22.53
133	隧道建设（中英文）	7.32	3.43	6.50	3.49	1.74	22.48
134	电子技术与软件工程	8.73	4.69	2.58	4.99	1.43	22.42
135	交通运输系统工程与信息	5.75	4.77	7.26	3.03	1.59	22.42
136	金属热处理	8.06	3.19	7.07	2.38	1.68	22.39
137	电子测试	7.15	4.74	5.12	4.06	1.22	22.29
138	水资源保护	6.76	4.81	6.80	2.62	1.28	22.28
139	江西建材	7.67	4.45	4.70	4.42	1.02	22.28
140	计算机研究与发展	6.67	3.07	7.41	3.26	1.81	22.22
141	环境化学	8.53	2.67	6.77	2.63	1.61	22.21
142	金属学报	5.71	4.34	8.32	1.94	1.87	22.18
143	无机材料学报	7.43	2.52	8.33	2.50	1.40	22.17
144	兵工学报	7.65	2.72	7.61	2.73	1.46	22.16
145	化学进展	6.98	3.55	7.80	2.31	1.49	22.14
146	现代矿业	6.60	3.28	8.37	2.21	1.64	22.10
147	南水北调与水利科技（中英文）	8.25	2.81	7.26	1.86	1.88	22.07
148	系统工程与电子技术	6.14	3.17	7.15	3.94	1.67	22.07
149	中国矿业大学学报	6.18	4.81	7.20	1.96	1.90	22.05
150	交通运输工程学报	7.13	4.03	7.19	2.35	1.33	22.03
151	清华大学学报（自然科学版）	6.26	3.83	7.57	2.59	1.75	22.01
152	纺织学报	6.78	2.27	7.87	3.53	1.50	21.95
153	生态环境学报	6.94	2.37	7.16	2.93	2.52	21.93
154	智慧健康	8.65	4.38	3.28	4.36	1.19	21.86
155	中国酿造	7.53	2.81	5.56	4.39	1.55	21.83

续表

序号	期刊名称	传播者指数	传播内容指数	传播渠道指数	受众指数	传播效果指数	传播力指数
156	物联网技术	6.16	3.73	6.48	4.15	1.25	21.78
157	硅酸盐通报	7.08	3.07	5.87	3.78	1.97	21.77
158	洁净煤技术	7.41	2.53	7.29	2.94	1.57	21.74
159	电子学报	7.77	2.64	7.16	2.35	1.76	21.68
160	工程力学	5.61	2.98	7.51	3.03	2.55	21.67
161	城市轨道交通研究	6.36	3.38	7.35	2.98	1.59	21.66
162	中国建筑装饰装修	5.93	4.44	5.38	4.77	1.12	21.63
163	工程热物理学报	7.45	2.87	7.40	2.39	1.52	21.62
164	工业水处理	6.75	2.24	6.90	3.26	2.47	21.62
165	湖南大学学报（自然科学版）	7.76	2.76	7.49	2.26	1.31	21.58
166	硅酸盐学报	7.14	3.69	5.90	3.22	1.63	21.58
167	世界建筑	4.17	1.93	6.43	7.62	1.41	21.56
168	哈尔滨工业大学学报	7.92	2.36	7.10	2.58	1.61	21.56
169	数字通信世界	5.43	3.30	7.85	4.02	0.92	21.52
170	安全与环境学报	6.70	3.90	5.96	3.45	1.51	21.52
171	食品科技	7.92	2.72	5.74	3.43	1.67	21.47
172	人民长江	7.67	3.12	5.65	3.26	1.71	21.41
173	工程科学学报	5.80	3.67	7.01	3.34	1.50	21.32
174	雷达学报	5.04	2.50	9.02	2.43	2.27	21.27
175	中国图象图形学报	6.00	3.18	6.59	3.56	1.92	21.25
176	高压电器	6.97	2.08	8.32	2.12	1.75	21.25
177	食品与机械	7.91	3.00	4.95	3.87	1.48	21.21
178	中国造纸	6.39	2.50	8.42	2.40	1.49	21.20
179	长江信息通信	7.67	3.99	4.55	3.80	1.16	21.18
180	水电能源科学	8.26	3.18	5.52	2.71	1.45	21.12
181	现代工业经济和信息化	6.81	4.68	3.28	5.21	1.14	21.12
182	中国调味品	7.17	2.91	5.52	4.00	1.50	21.11
183	计算机系统应用	7.51	2.97	5.61	3.62	1.39	21.09
184	电子技术	8.67	4.64	2.01	4.80	0.96	21.08
185	航空制造技术	4.82	2.66	6.28	3.98	3.31	21.05
186	金属矿山	6.90	2.75	6.92	2.45	2.01	21.02

续表

序号	期刊名称	传播者指数	传播内容指数	传播渠道指数	受众指数	传播效果指数	传播力指数
187	汽车实用技术	6.28	4.18	5.13	4.29	1.13	21.02
188	中国粮油学报	6.39	2.61	6.84	3.68	1.47	20.99
189	生态与农村环境学报	6.38	2.36	7.94	2.80	1.50	20.98
190	建筑史学刊	5.34	1.14	7.60	3.23	3.59	20.90
191	人民交通	1.14	0.75	4.76	12.35	1.80	20.81
192	吉林大学学报（工学版）	6.09	3.27	7.11	2.92	1.40	20.80
193	机电工程技术	7.40	3.47	5.32	3.24	1.30	20.72
194	石化技术	8.42	4.43	3.85	2.92	1.08	20.70
195	建筑	3.28	3.14	9.62	2.03	2.63	20.70
196	自动化与仪器仪表	6.90	3.02	6.88	2.76	1.11	20.67

注：按传播力指数降序排序。

附录5　传播力TOP英文学术期刊名单

序号	期刊名称（中文刊名）	期刊名称（英文刊名）	传播者指数	传播内容指数	传播渠道指数	受众指数	传播效果指数	传播力指数
1	能源化学（英文版）	Journal of Energy Chemistry	12.86	15.97	12.08	4.39	10.53	55.83
2	催化学报	Chinese Journal of Catalysis	10.60	12.39	10.05	13.18	6.87	53.09
3	材料科学技术（英文版）	Journal of Materials Science & Technology	11.70	14.83	9.05	5.35	10.82	51.75
4	科学通报（英文版）	Science Bulletin	11.68	12.99	11.28	6.28	9.37	51.60
5	纳米研究（英文版）	Nano Research	9.94	12.69	10.22	4.86	12.17	49.89
6	光：科学与应用（英文）	Light: Science & Applications	8.77	9.29	11.90	4.25	14.32	48.53
7	纳微快报（英文）	Nano-Micro Letters	10.19	14.41	13.65	3.33	6.77	48.36
8	中国化学快报（英文版）	Chinese Chemical Letters	11.92	13.09	8.84	4.64	8.13	46.62
9	农业科学学报（英文）	Journal of Integrative Agriculture	11.51	8.00	16.95	3.08	5.47	45.00
10	中国神经再生研究（英文版）	Neural Regeneration Research	8.28	12.97	14.22	3.68	4.79	43.93
11	国家科学评论（英文）	National Science Review	11.93	10.71	13.00	1.87	5.71	43.22
12	中国有色金属学报（英文版）	Transactions of Nonferrous Metals Society of China	8.50	8.26	10.14	9.12	6.88	42.89
13	中南大学学报（英文版）	Journal of Central South University	8.63	8.57	12.04	9.18	4.28	42.69

续表

序号	期刊名称（中文刊名）	期刊名称（英文刊名）	传播者指数	传播内容指数	传播渠道指数	受众指数	传播效果指数	传播力指数
14	中国物理B	Chinese Physics B	11.18	11.57	8.99	5.24	5.12	42.10
15	中国科学：材料科学（英文）	Science China Materials	10.09	10.84	10.76	6.03	4.15	41.87
16	药学学报（英文）	Acta Pharmaceutica Sinica B	11.81	11.65	10.66	1.85	5.36	41.33
17	浙江大学学报（英文版）A辑	Journal of Zhejiang University-Science A (Applied Physics & Engineering)	8.03	3.90	16.09	5.00	6.58	39.60
18	工程（英文）	Engineering	8.71	8.81	13.82	2.94	5.31	39.60
19	中华医学杂志（英文版）	Chinese Medical Journal	9.71	11.71	10.77	1.26	5.96	39.42
20	环境科学学报（英文版）	Journal of Environmental Sciences	9.32	9.43	10.51	2.14	7.86	39.26
21	信号转导与靶向治疗（英文）	Signal Transduction and Targeted Therapy	9.48	10.93	8.95	1.45	6.36	37.18
22	中国科学：化学（英文版）	Science China Chemistry	10.67	9.52	9.86	2.02	4.73	36.81
23	中国科学：信息科学（英文版）	Science China Information Sciences	10.65	9.48	10.18	2.11	3.97	36.39
24	生物活性材料（英文）	Bioactive Materials	10.23	12.59	6.97	1.60	4.86	36.24
25	园艺研究（英文）	Horticulture Research	8.17	7.29	12.45	2.65	5.53	36.08
26	中国化学工程学报（英文版）	Chinese Journal of Chemical Engineering	8.15	9.89	10.47	3.29	4.17	35.96
27	大气科学进展	Advances in Atmospheric Sciences	7.82	6.01	12.53	4.82	4.70	35.89
28	先进光子学（英文）	Advanced Photonics	5.57	5.63	14.64	4.35	5.61	35.80
29	稀有金属（英文版）	Rare Metals	9.59	11.16	8.76	2.13	4.13	35.77
30	植物学报（英文版）	Journal of Integrative Plant Biology	9.09	7.35	9.88	3.51	5.76	35.59
31	中国科学：生命科学（英文版）	Science China Life Sciences	11.55	8.07	9.62	2.31	3.80	35.35
32	光子学研究（英文）	Photonics Research	7.39	9.51	10.36	1.51	5.84	34.61
33	中国光学快报（英文版）	Chinese Optics Letters	6.68	6.80	13.12	1.50	6.38	34.47
34	细胞研究（英文）	Cell Research	8.64	8.07	5.84	0.86	10.77	34.19
35	中国航空学报（英文版）	Chinese Journal of Aeronautics	8.50	10.77	7.38	2.73	4.18	33.57
36	浙江大学学报（英文版）B辑	Journal of Zhejiang University-Science B (Biomedicine & Biotechnology)	6.73	4.15	13.07	2.26	7.03	33.24
37	中国药理学报（英文版）	Acta Pharmacologica Sinica	10.17	7.43	8.40	1.27	5.96	33.23

续表

序号	期刊名称（中文刊名）	期刊名称（英文刊名）	传播者指数	传播内容指数	传播渠道指数	受众指数	传播效果指数	传播力指数
38	矿业科学技术学报（英文）	International Journal of Mining Science and Technology	7.65	7.65	11.36	2.43	3.94	33.03
39	自动化学报（英文版）	IEEE/CAA Journal of Automatica Sinica	7.13	8.47	11.00	3.01	3.35	32.95
40	镁合金学报（英文）	Journal of Magnesium and Alloys	8.42	8.84	9.26	1.82	4.27	32.61
41	信息材料（英文）	InfoMat	9.83	10.67	7.79	1.36	2.76	32.40
42	稀土学报（英文版）	Journal of Rare Earths	8.92	6.80	9.98	2.81	3.75	32.27
43	中国科学：技术科学（英文版）	Science China Technological Sciences	8.87	7.60	9.86	1.90	3.93	32.16
44	中国机械工程学报（英文版）	Chinese Journal of Mechanical Engineering	7.43	5.36	12.46	1.53	5.37	32.15

注：按传播力指数降序排序。

附录6 国际传播力TOP英文学术期刊名单

序号	期刊名称（中文刊名）	期刊名称（英文刊名）	国际传播者指数	国际传播内容指数	国际传播渠道指数	国际受众指数	国际传播效果指数	国际传播力指数
1	纳米研究（英文版）	Nano Research	8.51	8.60	9.49	16.00	22.97	65.57
2	能源化学（英文版）	Journal of Energy Chemistry	10.50	6.81	18.17	8.07	15.23	58.78
3	材料科学技术（英文版）	Journal of Materials Science & Technology	10.66	6.90	11.82	7.53	18.47	55.38
4	纳微快报（英文）	Nano-Micro Letters	11.07	6.90	16.95	6.61	10.78	52.31
5	中国化学快报（英文版）	Chinese Chemical Letters	6.29	5.09	14.67	6.89	13.89	46.83
6	环境科学学报（英文版）	Journal of Environmental Sciences	6.39	4.87	19.26	2.82	12.54	45.88
7	细胞研究（英文）	Cell Research	8.61	2.07	15.58	0.90	18.57	45.73
8	国家科学评论（英文）	National Science Review	9.66	6.49	9.90	2.88	16.15	45.09
9	催化学报	Chinese Journal of Catalysis	9.38	7.16	10.00	4.46	10.65	41.64
10	科学通报（英文版）	Science Bulletin	8.36	6.11	11.13	2.76	12.88	41.25
11	药学学报（英文）	Acta Pharmaceutica Sinica B	8.59	3.63	14.89	2.41	10.40	39.92
12	光：科学与应用（英文版）	Light: Science & Applications	7.59	5.34	9.32	2.86	14.26	39.37
13	农业科学学报（英文）	Journal of Integrative Agriculture	10.04	2.23	17.63	2.08	6.94	38.92
14	生物活性材料（英文）	Bioactive Materials	7.91	7.51	7.97	4.87	9.18	37.43
15	地学前缘（英文版）	Geoscience Frontiers	8.23	2.48	18.38	1.25	6.74	37.08
16	植物学报（英文版）	Journal of Integrative Plant Biology	6.75	3.89	16.84	1.72	7.09	36.28

续表

序号	期刊名称（中文刊名）	期刊名称（英文刊名）	国际传播者指数	国际传播内容指数	国际传播渠道指数	国际受众指数	国际传播效果指数	国际传播力指数
17	碳能源（英文）	Carbon Energy	7.40	6.39	16.93	2.03	3.06	35.80
18	矿业科学技术学报（英文）	International Journal of Mining Science and Technology	8.71	2.21	17.88	1.65	5.17	35.62
19	电化学能源评论（英文）	Electrochemical Energy Reviews	8.29	6.29	15.75	1.70	3.35	35.37
20	镁合金学报（英文）	Journal of Magnesium and Alloys	12.44	3.49	10.59	2.01	6.06	34.60
21	信号转导与靶向治疗（英文）	Signal Transduction and Targeted Therapy	4.88	3.60	8.01	1.92	15.89	34.29
22	分子植物（英文）	Molecular Plant	6.31	2.78	8.74	1.76	14.67	34.25
23	颗粒学报（英文版）	Particuology	7.48	2.13	18.24	1.18	4.31	33.34
24	稀土学报（英文版）	Journal of Rare Earths	5.27	2.05	18.80	1.71	5.46	33.28
25	中国物理 B	Chinese Physics B	6.19	4.88	11.21	3.66	7.31	33.24
26	中国机械工程学报（英文版）	Chinese Journal of Mechanical Engineering	6.82	2.42	17.91	1.65	3.65	32.46
27	国际肝胆胰疾病杂志（英文）	Hepatobiliary & Pancreatic Diseases International	9.95	2.82	15.87	0.77	2.92	32.33
28	大气科学进展	Advances in Atmospheric Sciences	7.71	2.41	8.36	1.29	12.41	32.18
29	中国科学：生命科学（英文版）	Science China Life Sciences	5.50	2.60	16.19	1.50	6.16	31.96
30	摩擦（英文）	Friction	7.58	2.64	16.96	1.37	3.37	31.93
31	生物炭（英文）	Biochar	6.09	6.38	14.26	2.00	2.50	31.23
32	中国科学：化学（英文版）	Science China Chemistry	7.64	3.79	9.50	3.07	6.94	30.94
33	工程（英文）	Engineering	8.63	3.66	9.66	2.25	6.42	30.61
34	中国科学：材料科学（英文）	Science China Materials	7.74	3.39	9.64	3.45	6.00	30.22
35	光子学研究（英文）	Photonics Research	7.92	2.68	10.56	2.56	6.39	30.11
36	能源与环境材料（英文）	Energy & Environmental Materials	7.76	6.61	9.32	2.40	3.98	30.07
37	力学学报（英文版）	Acta Mechanica Sinica	3.65	1.87	20.06	1.24	3.21	30.04
38	自然科学进展：国际材料（英文）	Progress in Natural Science:Materials International	4.48	1.75	17.69	1.01	5.04	29.97
39	国际泥沙研究（英文版）	International Journal of Sediment Research	9.32	1.42	15.59	0.88	2.60	29.82
40	昆虫科学（英文版）	Insect Science	4.46	1.65	18.94	1.07	3.61	29.73
41	高分子科学（英文版）	Chinese Journal of Polymer Science	4.47	1.89	18.19	1.49	3.56	29.60
42	水动力学研究与进展 B 辑（英文版）	Journal of Hydrodynamics	4.84	1.69	18.45	0.97	3.37	29.31
43	药物分析学报（英文）	Journal of Pharmaceutical Analysis	5.14	2.65	14.86	1.26	5.31	29.22

续表

序号	期刊名称（中文刊名）	期刊名称（英文刊名）	国际传播者指数	国际传播内容指数	国际传播渠道指数	国际受众指数	国际传播效果指数	国际传播力指数
44	中国化学工程学报（英文版）	Chinese Journal of Chemical Engineering	6.40	2.80	10.97	2.60	6.29	29.06
45	地质学报（英文版）	Acta Geologica Sinica (English Edition)	4.23	1.70	16.34	1.58	5.13	28.99
46	基因组蛋白质组与生物信息学报	Genomics, Proteomics & Bioinformatics	5.79	1.56	16.50	0.81	4.24	28.90
47	中国药理学报（英文版）	Acta Pharmacologica Sinica	5.75	2.04	9.35	1.19	10.51	28.83
48	中国航空学报（英文版）	Chinese Journal of Aeronautics	7.50	2.82	10.39	2.05	5.94	28.69
49	稀有金属（英文版）	Rare Metals	5.55	3.88	10.32	3.06	5.82	28.63
50	计算可视媒体（英文）	Computational Visual Media	6.60	3.30	15.60	1.03	2.10	28.63
51	信息材料（英文）	InfoMat	7.70	6.41	7.97	2.19	4.18	28.45
52	中华医学杂志（英文版）	Chinese Medical Journal	3.87	3.18	10.57	1.28	9.50	28.39
53	计算材料学（英文）	npj Computational Materials	7.64	2.22	9.30	1.67	7.33	28.15
54	亚洲药物制剂科学（英文）	Asian Journal of Pharmaceutical Sciences	5.91	2.96	14.37	1.15	3.68	28.06
55	中国有色金属学报（英文版）	Transactions of Nonferrous Metals Society of China	4.17	2.27	10.17	1.91	9.49	28.01
56	绿色能源与环境（英文）	Green Energy & Environment	8.23	4.27	9.30	1.94	3.98	27.73
57	岩石力学与岩土工程学报（英文版）	Journal of Rock Mechanics and Geotechnical Engineering	9.02	2.26	9.48	1.77	4.88	27.41
58	生物设计与制造（英文）	Bio-Design and Manufacturing	5.30	1.84	17.08	0.93	2.20	27.34
59	中国神经再生研究（英文版）	Neural Regeneration Research	7.56	2.94	7.37	1.41	7.99	27.27
60	土壤圈（英文）	Pedosphere	10.01	2.64	8.85	1.21	4.56	27.26
61	生物医学与环境科学（英文版）	Biomedical and Environmental Sciences	4.42	1.65	16.78	0.84	3.28	26.97
62	自动化学报（英文版）	IEEE/CAA Journal of Automatica Sinica	7.44	3.81	8.55	1.67	5.32	26.79
63	环境科学与生态技术（英文）	Environmental Science & Ecotechnology	2.73	6.27	14.31	1.20	2.12	26.64
64	地震工程与工程振动（英文版）	Earthquake Engineering and Engineering Vibration	4.73	1.42	16.68	0.92	2.88	26.63
65	固体力学学报（英文版）	Acta Mechanica Solida Sinica	5.20	1.44	16.58	0.89	2.43	26.54
66	遗传学报（英文版）	Journal of Genetics and Genomics	3.92	1.95	15.82	1.05	3.63	26.37
67	应用数学和力学（英文版）	Applied Mathematics and Mechanics (English Edition)	3.70	1.60	16.33	1.13	3.57	26.33
68	海洋学报（英文版）	Acta Oceanologica Sinica	3.08	1.75	17.07	1.15	3.25	26.31
69	钢铁研究学报（英文版）	Journal of Iron and Steel Research (International)	1.67	1.80	17.65	1.28	3.72	26.13
70	力学快报（英文版）	Theoretical & Applied Mechanics Letters	4.71	1.36	17.09	0.73	2.23	26.12

续表

序号	期刊名称（中文刊名）	期刊名称（英文刊名）	国际传播者指数	国际传播内容指数	国际传播渠道指数	国际受众指数	国际传播效果指数	国际传播力指数
71	中国科学：信息科学（英文版）	Science China Information Sciences	7.64	2.97	8.60	1.55	5.20	25.96
72	地球大数据（英文）	Big Earth Data	3.90	2.01	15.60	1.27	3.08	25.86
73	中国免疫学杂志（英文版）	Cellular & Molecular Immunology	5.01	1.85	8.45	0.89	9.64	25.84
74	中国天然药物（英文版）	Chinese Journal of Natural Medicines	3.93	1.70	15.58	0.92	3.53	25.66
75	无机材料学报（英文）	Journal of Materiomics	4.21	1.83	14.30	1.48	3.82	25.64
76	环境科学与工程前沿（英文版）	Frontiers of Environmental Science & Engineering	4.81	3.51	10.14	1.93	5.20	25.58
77	植物分类学报（英文版）	Journal of Systematics and Evolution	4.81	1.50	15.33	0.89	2.98	25.51
78	数学物理学报（英文版）	Acta Mathematica Scientia	3.48	1.63	17.06	0.81	2.52	25.51
79	地球空间信息科学学报（英文版）	Geo-spatial Information Science	4.40	1.47	16.26	1.10	2.26	25.49
80	先进光子学（英文）	Advanced Photonics	4.50	5.69	10.46	1.17	3.59	25.41
81	中国物理快报（英文版）	Chinese Physics Letters	3.29	1.77	13.70	1.13	5.30	25.19
82	极端制造（英文）	International Journal of Extreme Manufacturing	5.58	5.37	9.37	1.22	3.59	25.12
83	园艺研究（英文）	Horticulture Research	7.36	2.10	6.66	2.04	6.89	25.05
84	极端条件下的物质与辐射（英文）	Matter and Radiation at Extremes	3.87	1.32	16.95	0.75	2.09	24.98
85	光子传感器（英文）	Photonic Sensors	2.23	2.60	17.01	0.83	2.20	24.87
86	真菌多样性（英文）	Fungal Diversity	4.07	1.22	14.25	0.77	4.55	24.85
87	森林生态系统（英文）	Forest Ecosystems	6.88	1.44	12.91	1.08	2.43	24.74
88	亚洲泌尿外科杂志（英文）	Asian Journal of Urology	5.61	1.33	14.93	0.68	2.18	24.72
89	基因与疾病（英文）	Genes & Diseases	4.69	1.58	14.30	0.83	3.30	24.69
90	中南大学学报（英文版）	Journal of Central South University	4.66	2.33	9.52	2.11	6.02	24.65
91	先进陶瓷（英文）	Journal of Advanced Ceramics	5.74	4.32	7.99	2.22	4.13	24.39
92	矿物冶金与材料学报（英文版）	International Journal of Minerals Metallurgy and Materials	4.72	2.76	10.68	1.92	4.28	24.36
93	中国科学：地球科学（英文版）	Science China Earth Sciences	4.10	2.73	8.50	1.88	7.15	24.35
94	中国科学：技术科学（英文版）	Science China Technological Sciences	4.42	2.49	9.71	2.13	5.57	24.32
95	口腔科学杂志（英文）	International Journal of Oral Science	7.71	3.44	8.87	0.90	3.27	24.20
96	山地科学学报（英文）	Journal of Mountain Science	10.60	2.05	5.71	1.73	4.03	24.12
97	数学年刊B辑（英文版）	Chinese Annals of Mathematics, Series B	3.98	1.42	15.99	0.72	2.02	24.12

续表

序号	期刊名称（中文刊名）	期刊名称（英文刊名）	国际传播者指数	国际传播内容指数	国际传播渠道指数	国际受众指数	国际传播效果指数	国际传播力指数
98	光电子快报（英文版）	Optoelectronics Letters	3.93	1.68	15.71	0.81	1.91	24.05
99	中国医学科学杂志（英文版）	Chinese Medical Sciences Journal	2.76	1.33	17.35	0.68	1.87	24.00
100	计算机科学技术学报（英文版）	Journal of Computer Science & Technology	2.48	1.45	16.65	0.78	2.44	23.80
101	生态过程（英文）	Ecological Processes	4.50	1.38	14.25	0.87	2.60	23.59
102	应用数学学报（英文版）	Acta Mathematicae Applicatae Sinica	1.77	1.40	17.67	0.72	2.02	23.58
103	国际灾害风险科学学报（英文版）	International Journal of Disaster Risk Science	5.53	1.42	12.96	0.90	2.75	23.56
104	数学学报（英文版）	Acta Mathematica Sinica English Series	2.75	1.63	15.68	0.77	2.58	23.42
105	现代电力系统与清洁能源学报（英文）	Journal of Modern Power Systems and Clean Energy	8.94	1.74	7.99	1.09	3.61	23.37
106	动物模型与实验医学（英文）	Animal Models and Experimental Medicine	4.39	1.81	14.26	0.76	1.95	23.17
107	控制与决策学报（英文）	Journal of Control and Decision	3.15	1.45	15.95	0.73	1.77	23.06
108	中国化学（英文）	Chinese Journal of Chemistry	4.06	2.40	8.92	2.18	5.51	23.06
109	中国物理C	Chinese Physics C	7.20	2.06	9.11	0.83	3.81	23.02
110	微系统与纳米工程（英文）	Microsystems & Nanoengineering	6.57	1.60	9.32	1.35	4.12	22.97
111	防务技术（英文）	Defence Technology	7.99	2.19	8.06	1.22	3.48	22.93
112	分析检测（英文）	Journal of Analysis and Testing	4.36	1.30	14.25	0.83	1.98	22.72
113	研究（英文）	Research	4.61	2.56	9.30	2.05	4.11	22.63
114	天文和天体物理学研究（英文）	Research in Astronomy and Astrophysics	5.05	2.05	11.33	0.84	3.34	22.62
115	汽车创新工程（英文）	Automotive Innovation	4.38	1.28	14.26	0.74	1.91	22.58
116	铁道工程科学（英文）	Railway Engineering Science	4.11	1.26	14.28	0.75	2.10	22.50
117	系统科学与系统工程学报（英文版）	Journal of Systems Science and Systems Engineering	1.54	1.28	16.77	0.80	2.01	22.40
118	光电进展（英文）	Opto-Electronic Advances	4.80	5.16	7.99	1.18	3.24	22.36
119	土壤生态学快报（英文）	Soil Ecology Letters	3.86	1.29	14.25	0.83	2.03	22.25
120	生物化学与生物物理学报（英文）	Acta Biochimica et Biophysica Sinica	4.03	1.73	11.06	0.88	4.49	22.19
121	畜牧与生物技术杂志（英文版）	Journal of Animal Science and Biotechnology	8.21	1.65	6.69	1.12	4.43	22.10
122	钨科技（英文）	Tungsten	3.68	1.34	14.25	0.85	1.89	22.00
123	理论物理	Communications in Theoretical Physics	5.59	1.83	9.98	0.92	3.68	21.99

续表

序号	期刊名称（中文刊名）	期刊名称（英文刊名）	国际传播者指数	国际传播内容指数	国际传播渠道指数	国际受众指数	国际传播效果指数	国际传播力指数
124	区块链研究（英文）	Blockchain: Research and Applications	3.26	1.28	14.82	0.72	1.73	21.81
125	中国结合医学杂志	Chinese Journal of Integrative Medicine	7.44	1.68	8.34	0.93	3.41	21.79
126	石油科学（英文版）	Petroleum Science	5.82	2.13	8.50	1.71	3.57	21.73
127	癌症生物学与医学（英文）	Cancer Biology & Medicine	5.82	1.58	10.23	0.86	3.21	21.70
128	结构化学	Chinese Journal of Structural Chemistry	7.87	2.39	6.89	2.05	2.49	21.69
129	热科学学报（英文版）	Journal of Thermal Science	6.22	1.80	9.78	1.14	2.69	21.64
130	新型炭材料（中英文）	New Carbon Materials	3.66	4.31	9.37	1.55	2.70	21.59
131	生物技术通报（英文）	aBIOTECH	3.61	1.24	14.26	0.74	1.71	21.56
132	动物营养（英文）	Animal Nutrition	8.13	1.85	6.74	1.23	3.58	21.54
133	等离子体科学和技术（英文版）	Plasma Science and Technology	4.14	2.08	11.19	1.21	2.90	21.52
134	工医艺的可视计算（英文）	Visual Computing for Industry, Biomedicine and Art	3.49	1.26	14.25	0.70	1.79	21.49
135	动物学报（英文版）	Current Zoology	6.96	1.54	9.22	0.81	2.92	21.44
136	应用天然产物（英文）	Natural Products and Bioprospecting	2.81	1.30	14.25	0.79	2.28	21.43
137	中国电机工程学会电力与能源系统学报（英文）	CSEE Journal of Power and Energy Systems	6.21	1.68	9.14	1.20	3.17	21.41
138	军事医学研究（英文）	Military Medical Research	6.53	2.72	8.04	0.90	3.20	21.40
139	中国化学会会刊（英文）	CCS Chemistry	6.29	2.52	5.34	2.36	4.76	21.28
140	儿科学研究（英文）	Pediatric Investigation	2.78	1.31	14.25	0.69	2.19	21.22
141	高等学校学术文摘·机械工程前沿（英文）	Frontiers of Mechanical Engineering	5.89	2.67	8.46	1.11	3.08	21.19
142	辐射探测技术与方法（英文）	Radiation Detection Technology and Methods	2.93	1.42	14.31	0.75	1.72	21.13
143	纳米材料科学（英文）	Nano Materials Science	6.70	2.02	9.32	0.78	2.31	21.13
144	高等学校学术文摘·化学科学与工程前沿（英文版）	Frontiers of Chemical Science and Engineering	4.39	2.18	9.68	1.30	3.52	21.06
145	食品科学与人类健康（英文）	Food Science and Human Wellness	5.57	2.88	7.83	1.54	3.22	21.05
146	海洋生命科学与技术（英文）	Marine Life Science & Technology	2.75	1.32	14.25	0.80	1.92	21.03
147	高等学校化学研究	Chenical Research in Chinese Universities	3.94	2.61	9.53	2.06	2.87	21.01
148	中国光学快报（英文版）	Chinese Optics Letters	4.39	2.01	9.58	1.62	3.39	20.99
149	地理学与可持续性（英文）	Geography and Sustainability	2.81	1.28	14.09	0.80	1.97	20.94
150	中国运筹学会会刊（英文）	Journal of the Operations Research Society of China	2.47	1.43	14.38	0.73	1.77	20.79

续表

序号	期刊名称（中文刊名）	期刊名称（英文刊名）	国际传播者指数	国际传播内容指数	国际传播渠道指数	国际受众指数	国际传播效果指数	国际传播力指数
151	纳米制造与计量（英文）	Nanomanufacturing and Metrology	1.37	1.16	15.83	0.67	1.73	20.77
152	航天动力学（英文）	Astrodynamics	1.37	1.16	15.58	0.67	1.97	20.75
153	作物学报（英文版）	The Crop Journal	6.50	2.13	6.58	1.53	3.98	20.73
154	地理学报（英文版）	Journal of Geographical Sciences	3.95	2.66	6.96	1.95	5.17	20.69
155	应用数学与计算数学学报（英文）	Communications on Applied Mathematics and Computation	3.92	1.42	12.95	0.71	1.70	20.69
156	金属学报（英文版）	Acta Metallurgica Sinica (English Letters)	5.58	2.00	8.31	1.23	3.48	20.60
157	工程管理前沿（英文）	Frontiers of Engineering Management	3.33	1.29	12.93	0.82	2.20	20.57
158	网络空间安全科学与技术（英文）	Cybersecurity	1.37	1.16	15.58	0.67	1.77	20.55
159	贫困所致传染病（英文）	Infectious Diseases of Poverty	5.75	1.53	7.97	0.85	4.17	20.28
160	天津大学学报（英文版）	Transactions of Tianjin University	5.70	1.30	10.25	0.91	2.11	20.27
161	浙江大学学报（英文版）A辑	Journal of Zhejiang University-Science A (Applied Physics & Engineering)	5.20	1.41	9.75	1.00	2.90	20.25
162	世界耳鼻咽喉头颈外科杂志（英文）	World Journal of Otorhinolaryngology-Head and Neck Surgery	2.35	1.31	14.05	0.67	1.86	20.24
163	高等学校学术文摘·物理学前沿（英文版）	Frontiers of Physics	4.00	2.95	9.03	1.18	3.08	20.24
164	建筑模拟（英文）	Building Simulation	4.73	2.16	8.48	1.14	3.59	20.10
165	林业研究（英文版）	Journal of Forestry Research	5.43	2.16	7.37	1.24	3.84	20.04
166	结合医学学报（英文）	Journal of Integrative Medicine	6.70	1.38	8.58	0.82	2.49	19.98
167	针灸推拿医学（英文版）	Journal of Acupuncture and Tuina Science	1.45	1.38	14.65	0.77	1.72	19.96
168	数学与统计通讯（英文）	Communications in Mathematics and Statistics	3.04	1.37	12.91	0.71	1.87	19.91
169	蛋白质与细胞（英文版）	Protein & Cell	2.52	2.69	8.24	0.79	5.56	19.80
170	化学物理学报（英文版）	Chinese Journal of Chemical Physics	5.07	1.53	10.10	0.96	2.12	19.78
171	中国科学：物理学力学天文学（英文版）	Science China Physics, Mechanics & Astronomy	4.03	1.96	8.48	1.21	4.09	19.77
172	中国通信	China Communications	5.03	2.06	7.67	1.11	3.72	19.61
173	纳米技术与精密工程（英文）	Nanotechnology and Precision Engineering	5.08	2.06	9.90	0.74	1.80	19.58
174	亚洲男性学杂志（英文）	Asian Journal of Andrology	4.27	1.50	8.97	0.73	4.10	19.58
175	地球科学学刊	Journal of Earth Science	4.83	2.03	8.45	1.32	2.92	19.55

续表

序号	期刊名称（中文刊名）	期刊名称（英文刊名）	国际传播者指数	国际传播内容指数	国际传播渠道指数	国际受众指数	国际传播效果指数	国际传播力指数
176	半导体学报	Journal of Semiconductors	3.45	1.88	9.83	1.02	3.25	19.43
177	骨研究（英文）	Bone Research	5.08	2.34	6.88	0.93	4.15	19.37
178	系统工程与电子技术（英文版）	Journal of Systems Engineering and Electronics	4.30	1.65	9.69	1.04	2.69	19.37
179	转化神经变性病（英文）	Translational Neurodegeneration	4.76	1.85	7.97	0.78	3.86	19.22
180	浙江大学学报（英文版）B辑	Journal of Zhejiang University-Science B (Biomedicine & Biotechnology)	3.57	1.50	9.42	0.83	3.85	19.16
181	国际煤炭科学技术学报（英文）	International Journal of Coal Science & Technology	4.28	1.46	9.56	0.97	2.86	19.12
182	仿生工程学报（英文版）	Journal of Bionic Engineering	3.70	1.96	8.80	1.37	3.21	19.04
183	光电子前沿（英文版）	Frontiers of Optoelectronics	4.03	2.43	8.21	0.95	3.27	18.89
184	气候变化研究进展（英文版）	Advances in Climate Change Research	3.07	2.48	9.20	1.24	2.82	18.82
185	神经科学通报（英文版）	Neuroscience Bulletin	3.93	1.52	8.50	0.87	3.96	18.78
186	核技术（英文版）	Nuclear Science and Techniques	3.58	1.71	9.90	1.08	2.45	18.71
187	慢性疾病与转化医学（英文）	Chronic Diseases and Translational Medicine	1.69	1.28	13.02	0.67	1.98	18.64
188	中国病毒学（英文）	Virologica Sinica	4.61	1.57	8.34	0.83	3.15	18.51
189	国际护理科学（英文）	International Journal of Nursing Sciences	3.63	1.38	10.27	0.76	2.46	18.50
190	生物安全与健康（英文）	Biosafety and Health	1.68	1.36	12.91	0.67	1.86	18.49
191	卫星导航（英文）	Satellite Navigation	1.54	1.26	12.96	0.74	1.96	18.46
192	世界儿科杂志（英文）	World Journal of Pediatrics	3.94	1.44	9.18	0.76	3.15	18.46
193	高等学校学术文摘·医学前沿（英文）	Frontiers of Medicine	3.55	1.73	8.92	0.82	3.43	18.45
194	中草药（英文版）	Chinese Herbal Medicines	4.93	1.84	8.61	0.92	2.07	18.37
195	计算机科学前沿（英文版）	Frontiers of Computer Science	3.82	2.02	8.70	0.86	2.89	18.29
196	清华大学学报自然科学版（英文版）	Tsinghua Science and Technology	3.09	1.75	9.64	0.94	2.87	18.29
197	中国海洋工程（英文版）	China Ocean Engineering	2.88	1.48	10.76	0.91	2.19	18.21
198	高功率激光科学与工程	High Power Laser Science and Engineering	4.40	1.31	9.42	0.81	2.25	18.19
199	电子学报（英文）	Chinese Journal of Electronics	3.23	1.56	10.12	0.92	2.23	18.06
200	武汉理工大学学报-材料科学版（英文）	Journal of Wuhan University of Technology (Materials Science)	3.34	1.72	8.28	1.16	3.48	17.98

注：按国际传播力指数降序排序。

附录7 国际传播力TOP中文学术期刊名单

序号	期刊名称	国际传播者指数	国际传播内容指数	国际传播渠道指数	国际受众指数	国际传播效果指数	国际传播力指数
1	物理学报	2.01	6.55	16.94	15.29	17.96	58.75
2	生态学报	2.01	4.34	15.45	5.04	30.32	57.16
3	中国中药杂志	0.91	7.10	10.10	10.63	22.34	51.08
4	地球物理学报	1.92	5.73	16.67	9.21	17.06	50.59
5	岩石学报	1.80	3.19	10.65	8.47	26.39	50.50
6	农业工程学报	2.14	6.40	8.82	2.12	28.40	47.88
7	岩土力学	2.01	5.97	11.55	8.12	19.54	47.20
8	物理化学学报	1.83	3.98	14.23	8.64	18.15	46.84
9	科学通报	3.16	4.21	15.39	10.88	12.16	45.80
10	岩石力学与工程学报	1.34	6.21	8.50	1.71	27.30	45.07
11	石油勘探与开发	2.74	3.92	9.40	4.96	22.99	44.02
12	煤炭学报	1.79	6.14	9.98	1.71	24.13	43.75
13	中国电机工程学报	1.83	7.23	8.63	6.07	17.25	41.02
14	光谱学与光谱分析	2.69	3.76	11.48	10.44	11.93	40.31
15	光学学报	1.43	6.13	13.48	8.68	9.95	39.66
16	中国激光	1.21	6.06	13.41	8.03	9.44	38.16
17	环境科学	0.77	6.14	12.76	3.22	14.67	37.55
18	机械工程学报	2.68	6.59	12.51	2.50	13.27	37.54
19	中草药	0.28	7.19	7.19	11.57	10.79	37.01
20	地理学报	1.35	5.37	8.28	3.39	18.57	36.95
21	激光与光电子学进展	1.17	4.26	8.31	16.00	6.64	36.38
22	分析化学	2.01	3.37	12.70	8.04	7.99	34.12
23	稀有金属材料与工程	1.34	3.64	10.91	7.44	10.26	33.59
24	金属学报	1.77	4.09	13.02	4.78	9.47	33.14
25	地学前缘	1.94	6.07	11.51	1.22	12.07	32.81
26	农业机械学报	1.77	3.88	8.63	2.28	16.14	32.71
27	煤炭科学技术	0.51	3.58	20.60	1.22	6.56	32.47
28	应用生态学报	0.77	3.60	9.66	2.47	15.79	32.29

续表

序号	期刊名称	国际传播者指数	国际传播内容指数	国际传播渠道指数	国际受众指数	国际传播效果指数	国际传播力指数
29	地球科学	2.75	3.63	14.23	1.55	9.92	32.08
30	有机化学	0.51	3.32	9.08	8.94	10.15	32.01
31	化学进展	1.26	3.90	8.25	12.29	5.77	31.47
32	化学学报	0.28	3.37	12.73	7.38	7.15	30.90
33	高等学校化学学报	0.79	3.36	12.19	8.27	5.68	30.28
34	岩土工程学报	2.67	3.52	8.57	1.78	13.73	30.26
35	中华中医药杂志	1.03	7.41	1.68	15.44	4.43	30.00
36	食品科学	1.15	4.33	9.02	5.23	10.12	29.85
37	中国当代儿科杂志	1.57	4.12	10.10	1.85	12.05	29.69
38	无机材料学报	0.56	5.41	11.35	5.95	5.85	29.12
39	高电压技术	1.30	6.29	10.71	2.77	8.04	29.11
40	中华医学杂志	0.42	3.74	13.56	0.54	10.81	29.07
41	农业环境科学学报	0.77	3.29	18.01	1.48	5.50	29.04
42	地质学报	1.88	3.43	9.24	1.18	12.71	28.44
43	中国农业科学	0.79	5.91	9.43	1.48	10.79	28.41
44	中国环境科学	1.03	6.05	9.72	2.62	8.62	28.03
45	电网技术	1.10	6.28	6.04	3.45	11.10	27.97
46	电力系统自动化	1.92	4.30	6.36	3.65	11.71	27.94
47	中国针灸	0.51	6.19	7.57	5.74	7.91	27.93
48	中医杂志	0.44	7.06	3.48	12.97	3.41	27.36
49	药学学报	0.98	6.28	9.43	3.79	6.49	26.97
50	石油学报	2.13	3.51	9.78	0.94	10.26	26.62
51	光子学报	0.87	3.38	13.16	5.24	3.94	26.59
52	建筑结构学报	1.45	5.75	9.02	1.85	7.87	25.94
53	中国公路学报	2.23	5.97	8.50	1.71	7.46	25.87
54	武汉大学学报（信息科学版）	0.91	6.41	10.46	2.14	5.65	25.57
55	地理研究	1.35	5.22	4.05	3.80	11.11	25.54
56	东北大学学报（自然科学版）	0.63	3.33	15.90	1.35	3.84	25.05
57	天然气工业	0.90	3.57	8.63	1.38	10.45	24.92
58	材料导报	1.85	4.45	8.38	3.21	6.57	24.47

续表

序号	期刊名称	国际传播者指数	国际传播内容指数	国际传播渠道指数	国际受众指数	国际传播效果指数	国际传播力指数
59	自动化学报	1.92	3.73	8.02	2.06	8.59	24.32
60	生物多样性	1.22	5.73	7.70	1.21	8.21	24.08
61	色谱	0.28	3.30	13.34	3.32	3.82	24.06
62	中国实验方剂学杂志	0.60	6.88	1.04	8.90	6.63	24.05
63	作物学报	0.74	6.05	8.54	1.44	7.25	24.01
64	高分子学报	0.16	3.68	9.14	6.12	4.87	23.97
65	南方医科大学学报	0.60	4.01	9.46	2.43	7.28	23.78
66	电子与信息学报	0.99	3.57	8.95	5.43	4.80	23.73
67	软件学报	2.05	5.91	8.63	1.50	5.53	23.63
68	化工学报	1.29	6.06	7.19	2.22	6.59	23.35
69	中南大学学报（自然科学版）	1.12	3.38	10.59	0.98	7.23	23.29
70	力学学报	1.27	3.19	13.95	0.92	3.86	23.18
71	航空学报	1.16	4.14	8.82	2.95	6.10	23.18
72	电工技术学报	1.97	4.05	6.10	3.04	8.01	23.16
73	光学精密工程	0.39	5.60	10.97	0.96	5.15	23.08
74	中华流行病学杂志	0.82	3.13	8.95	0.53	9.63	23.07
75	中国有色金属学报	1.55	3.33	11.16	0.96	5.94	22.95
76	无机化学学报	1.21	3.13	8.89	5.68	4.01	22.93
77	清华大学学报（自然科学版）	0.51	3.58	12.76	1.37	4.49	22.72
78	化工进展	1.83	4.20	8.63	3.22	4.73	22.62
79	中国人口·资源与环境	0.87	4.30	3.35	2.59	11.38	22.49
80	振动与冲击	1.76	4.03	6.04	1.79	8.83	22.44
81	环境科学学报	1.67	3.48	7.25	2.04	7.98	22.42
82	中国机械工程	0.69	3.59	10.97	1.55	5.53	22.34
83	仪器仪表学报	1.55	5.72	8.82	1.21	4.99	22.29
84	中国临床心理学杂志	0.79	6.80	1.36	4.65	8.68	22.28
85	天津大学学报（自然科学与工程技术版）	0.51	3.03	14.81	0.96	2.90	22.21
86	中国光学（中英文）	1.53	5.51	10.27	2.30	2.51	22.11
87	中国科学院院刊	0.84	6.92	6.17	2.85	5.27	22.05
88	计算机集成制造系统	1.73	3.58	8.25	2.69	5.66	21.91

续表

序号	期刊名称	国际传播者指数	国际传播内容指数	国际传播渠道指数	国际受众指数	国际传播效果指数	国际传播力指数
89	控制与决策	0.78	5.83	6.23	2.07	6.93	21.84
90	针刺研究	0.34	5.45	8.89	2.05	5.08	21.80
91	硅酸盐学报	0.87	3.47	10.23	1.36	5.83	21.76
92	中华儿科杂志	0.30	3.13	9.34	0.53	8.39	21.69
93	北京大学学报（自然科学版）	0.39	3.31	13.08	1.08	3.77	21.63
94	材料工程	0.88	3.40	11.03	2.79	3.48	21.59
95	测绘学报	1.85	3.50	9.05	1.20	5.89	21.48
96	中国组织工程研究	1.10	4.82	6.29	4.68	4.52	21.42
97	林业科学	0.62	3.27	10.68	0.94	5.87	21.38
98	红外与毫米波学报	1.38	3.08	11.42	2.24	3.14	21.26
99	控制理论与应用	0.99	3.15	11.80	1.33	3.95	21.21
100	天然气地球科学	0.65	3.25	10.01	0.82	6.46	21.19

注：按国际传播力指数降序排序。